Maximilian Pütz ist als »Pick-up-Artist« und Verführungscoach deutschlandweit bekannt und häufig als Experte zu Gast in den Medien. In seinen gut besuchten Seminaren lehrt der Flirt-Guru und Begründer des »Casanova-Codes« die hohe Kunst der Verführung.

Arne Hoffmann, geb. 1969, ist Medienwissenschaftler, Journalist und Buchautor. Er hat bereits zahlreiche Bücher über das Verhältnis von Männern und Frauen veröffentlicht. Mit seinem Blog »Genderama« engagiert er sich für eine faire Geschlechterpolitik.

Maximilian Pütz
Arne Hoffmann

DAS GESETZ
DER EROBERUNG

Perfekte Strategien, wie Sie
jede Frau verführen

WILHELM HEYNE VERLAG
MÜNCHEN

Verlagsgruppe Random House FSC® N001967
Das für dieses Buch verwendete
FSC®-zertifizierte Papier *Holmen Book Cream*
liefert Holmen Paper, Hallstavik, Schweden.

Originalausgabe 04/2014

Copyright © 2014 by Wilhelm Heyne Verlag, München,
in der Verlagsgruppe Random House GmbH
Printed in Germany 2014
Redaktion: Angelika Lieke, München
Umschlaggestaltung und Motiv:
Hauptmann & Kompanie Werbeagentur, Zürich, Stephanie Hirt
Satz: Schaber Datentechnik, Wels
Druck und Bindung: GGP Media GmbH, Pößneck

ISBN: 978-3-453-63013-0

www.heyne.de

Vorbemerkung

Dieses Buch ist von zwei Autoren verfasst worden: Maximilian Pütz und Arne Hoffmann. Da Maximilian Pütz derjenige von beiden ist, der als Verführungscoach arbeitet und damit deutschlandweit bekannt geworden ist, erhält er in diesem Buch die dominante Stimme: Bei sämtlichen Berichten, die in der Ich-Perspektive geschildert werden, geht es um Maximilians Erlebnisse und Erfahrungen.

Inhalt

Vorwort

»All the world, even you,
should learn to love the way I do.«

BRYAN FERRY

Mit der Veröffentlichung von Ratgebern wie diesem tun mein Coautor Arne Hoffmann und ich uns eigentlich keinen Gefallen – erst recht nicht, wenn man die mittlerweile verhältnismäßig große Bekanntheit dieser Art von Büchern bedenkt. Jede Frau, die wir anbaggern und ins Bett bekommen wollen, wird sich herausgefordert fühlen und sagen: »Na, das wollen wir doch mal sehen!« Die Mitglieder des weiblichen Geschlechts sind vorgewarnt und erwarten von uns vermutlich die durchtriebensten Manöver. Glücklicherweise sind wir aber selbstbewusst genug, um uns über solche Dinge keine allzu großen Gedanken zu machen. Wir betrachten es als unsere Aufgabe, Männern, die bei Frauen noch erfolgreicher sein möchten als bisher, die dafür notwendigen Kenntnisse an die Hand zu geben, und wir tun alles, um dieser Aufgabe gerecht zu werden.

Dies gilt umso mehr, als inzwischen tatsächlich Not am Mann zu bestehen scheint. So hat das Statistische Bundesamt Deutschlands vor Kurzem einen Datenreport über allein lebende Menschen veröffentlicht. Während seit 1991 die Quote der Single-Frauen um 16 Prozent gestiegen ist, schnellte jene der Kerle um 81 Prozent nach oben. Diese Entwicklung betrifft vor allem junge Männer im heiratsfähigen Alter: 27 Prozent der 18- bis 34-Jährigen leben heute allein. Auch in sogenannten mittleren Jahren – von 35 aufwärts – liegt der Anteil der allein lebenden Männer signifikant über jenem der allein lebenden Frauen.[1]

Zugegeben: Ein Großteil dieser Männer zieht sich aufgrund einer bewussten Entscheidung aus den Bereichen Partnerschaft und Familie zurück. In den USA spricht man hier inzwischen von einem »Streik der Männer«; die amerikanische Psychologin Dr. Helen Smith veröffentlichte letztes Jahr einen Bestseller zu diesem Thema.[2] Der Grund für diesen Rückzug ist zum einen eine Geschlechterpolitik, die einseitig auf die Interessen von Frauen ausgerichtet ist. Zum anderen befindet Jeremy Nicholson in dem populärwissenschaftlichen Magazin *Psychology Today*, dass Männer heutzutage beim Daten einer Situation ausgesetzt sind, in der sie kaum gewinnen können: Einerseits verlangt unsere Gesellschaft von ihnen, herausragend »frauenfreundlich« zu sein und sich ganz den Bedürfnissen des schöneren Geschlechts zu widmen. Sobald sie das aber tun, laufen sie Gefahr, ausgenutzt und schlecht behandelt zu werden. Folgen sie jedoch den erotischen Ansprüchen der Frauen selbst und treten bestimmter und fordernder auf, landen sie zwar mit vielen Frauen im Bett, werden aber als »Machos« und »Aufreißer« abgewertet und erfahren oft weder Liebe noch Respekt. Während die unterwürfigen neuen Männer von Frauen als nicht besonders erotisch empfunden werden und deshalb schnell auf der Kumpelschiene landen – also alle Kosten dieser Beziehung tragen, während die begehrte Frau mit einem »echten Kerl« schläft –, werden diese echten Kerle wiederum als sexistisch beschimpft und vor allem in den Medien kontinuierlich angefeindet. Nicholsons Fazit: »Also sitzen immer mehr Männer lieber alleine auf der Couch, spielen Videospiele und ziehen sich aus der Datingszene zurück – genau so, wie es die psychologische Lehre des Behaviorismus vorhersagen würde.«[3]

Zwar gibt es seit einigen Jahren eine Männerrechtsbewegung in Deutschland, zu deren Vordenkern Arne Hoffmann gehört, aber dieser Bewegung wird es in unserer Gesellschaft natürlich ebenfalls sehr schwer gemacht, und sie muss mit endlosen Anfeindungen leben. Es steht also kaum zu erwarten, dass sich die Situation von uns Männern insgesamt binnen der nächsten Jahre deutlich verbessern wird. Bis dahin sollten wir versuchen, auf individueller Ebene ein möglichst glückliches Leben zu führen, wozu für viele von uns immer noch auch Sex und Liebe gehören. Unser letzter Ratgeber *Der perfekte Eroberer* hat hier schon einmal einige Grundlagen geschaffen und wurde von zahllosen Männern studiert und begeistert weiterempfohlen. Diese Begeisterung führte dazu, dass wir mit immer größerem Nachdruck dazu gedrängt wurden, einen Folgeband herauszubringen, der noch mehr in die Tiefe geht und die »Gesetze der Eroberung« nachvollziehbar erklärt. Diesem Verlangen sind wir herzlich gerne nachgekommen.

Was aber soll ausgerechnet uns dazu befähigen, anderen Menschen beizubringen, wie sie ein erfüllteres Liebesleben genießen können? Mit welchen Referenzen können wir belegen, in dieser Hinsicht kompetenter als jeder x-beliebige andere Mann zu sein?

Hier ein paar Hintergrundinformationen: Ich selbst bin einer der Mitbegründer der deutschen Gemeinschaft professioneller Verführer (»Pick-up-Artists«) und dort seit 2004 aktiv. Ich habe ein Diplom im Bereich Pädagogik und leite seit Jahren Workshops, in denen ich den unterschiedlichsten Männern beibringe, wie sie ihre Hemmungen überwinden und bei Frauen erfolgreicher sein können. Auch meine Online-Videokurse erfreuen sich großer und immer weiter wachsender Beliebtheit. Dementsprechend bin ich nicht nur in mehr Medien von *Focus* bis *Welt* porträtiert worden, als ich hier aufzählen kann, es gab mit *Jungfrau sucht die große Liebe* auch eine eigene RTL-Serie, in der ich unerfahrenen Männern im Bereich Erotik auf die Sprünge geholfen habe.

Mein Coautor Arne Hoffmann wiederum ist nicht nur männerpolitisch prominent, sondern aufgrund von etwa fünfzig veröffentlichten Büchern, darunter etlichen Sachbüchern und Ratgebern, einer der bekanntesten Geschlechterforscher und Sexperten Deutschlands. Sobald es darum geht, wie Frauen und Männer ticken, hat er eine passende Studie parat und sorgt dafür, dass alles, was ich hier aus meiner praktischen Erfahrung berichte, auch wissenschaftlich abgesichert ist. Das gilt ebenso für den Bereich Verführung: Wenn es irgendwo ein Sachbuch gibt, das erklärt, wie man sein Lächeln effektiv einsetzen kann, dann weiß Arne darüber Bescheid. Für das *Gesetz der Eroberung* wühlte er sich zusätzlich noch einmal quer durch fast die gesamte deutsche und englischsprachige Pick-up-Literatur und trennte dabei sorgsam die Spreu vom Weizen. Die Bücher, die unter Arnes prüfendem Blick bestanden und mit ihren Tipps in unseren Ratgeber mit aufgenommen wurden, findet ihr im Anhang dieses Buchs.

Dabei lautete die zentrale Frage immer wieder: Funktionieren die in diesen Ratgebern vorgestellten Techniken denn tatsächlich? Haben sie, auch wissenschaftlich betrachtet, Hand und Fuß? Zitieren wir hierzu noch einmal einen Beitrag Jeremy Nicholsons, diesmal »Do Pick-Up Artist Techniques Really Work?«, veröffentlicht 2013 in der Zeitschrift *Psychology Today*.[4] Darin berichtet Nicholson von zahlreichen Leseranfragen, ob man einen anderen Menschen durch den Einsatz der richtigen Techniken dazu bringen könne, dass dieser sich in einen verliebe oder mit einem schlafe. Nicholson antwortet darauf, dass es zwar keine absolut narrensichere Strategie gibt, mit der automatisch jeder x-beliebige Mann bei jeder x-beliebigen Frau landen kann. Sehr wohl aber greifen die gängigen Techniken der Verführer-Gemeinschaft auf grundlegende evolutionäre und psychologische Mechanismen zurück, sodass man damit seine Chancen auf Erfolg beim anderen Geschlecht enorm verbessern kann. Nicholson zitiert hierzu einen Beitrag in einem wissenschaftlichen Fachmagazin, dessen Autoren die fraglichen Taktiken genau unter die Lupe nahmen und die schließlich zu dem Fazit gelangten, dass »die Behauptungen, die von der Verführer-Szene aufgestellt werden«, tatsächlich »von einer beachtlichen und ständig wachsenden Literatur an physiologischer, soziologischer und evolutionspsychologischer Forschung gestützt« werden.[5]

Diese wissenschaftlichen Grundlagen des Verführens und die narrensicheren Tipps, die man durch sie ableiten kann, bilden die Grundlage für den Ratgeber, den du gerade in Händen hältst. Während ich in *Der perfekte Eroberer* viel von meinem eigenen Werdegang zum Profiverführer und meinen Erfahrungen dabei berichtet habe, geht es uns in *Das Gesetz der Eroberung* darum, zu erklären, warum viele Mechanismen beim Verführen von Frauen fast schon wie Naturgesetze funktionieren: Man muss sie nur kennen, um sie für sich nutzen zu können. Dabei bleiben diese Studien aber keine graue Theorie, sondern werden durch meine ganz praktische Erfahrung als Verführungscoach und Verführer gestützt, die ebenfalls mit jedem Tag größer wird. Ihr erhaltet in unseren Büchern also Tipps und Ratschläge, auf die ihr euch wirklich verlassen könnt.

Abschließend würde ich gerne erwähnen, dass das Studium der entsprechenden Methoden nicht ausschließlich dazu dienen kann, Frauen abzuschleppen. Da sie aus den Männern, die sie anwenden, reizvollere Partner machen, haben sie auch für diese Männer selbst, unabhängig von jedem Flirterfolg, einen ganz konkreten Nutzen. Sie machen sie beispielsweise attraktiver (was ja auch beruflich von Vorteil sein kann), besser gelaunt, leidenschaftlicher, zielstrebiger und selbstbewusster. Ein einfaches Beispiel: Du möchtest schlanker werden, weil du dir dadurch bei Frauen mehr Erfolg versprichst, bewegst dich also jeden Tag deutlich mehr als früher, und durch diese Bewegung verbessern sich dein Erscheinungsbild, dein Energielevel und deine Laune. Du fühlst dich einfach viel besser, als wenn du Tag für Tag nur auf der Couch sitzen und tütenweise Chips futtern würdest. All das führt zu häufigeren Kontakten, auch außerhalb von Flirts, und zu mehr Erfolg, nicht nur bei Frauen. Einen ähnlich angenehmen Nebeneffekt haben viele andere Techniken des Pick-up.

Wie stark sich dieser Erfolg auf den unterschiedlichsten Ebenen bei dir persönlich bemerkbar macht, hängt vor allem von deiner Motivation ab und davon, wie viel Zeit und Energie du in dieses Abenteuer investieren magst. Ein wenig werden wir dich hoffentlich auch mit diesem Ratgeber motivieren können – außerdem findest du darin alles, was du wissen musst, um aus dir einen tollen, begehrenswerten Mann zu machen, auf den viele Frauen abfahren. Wir wünschen dir in jeder Hinsicht nur das Beste!

Maximilian Pütz

Wie du die nötigen Grundlagen
für deinen Erfolg schaffst

Was ist das Wichtigste, was ein Verführungs-
künstler über Frauen wissen sollte?

Ich muss immer wieder schmunzeln, wenn ich in einem
Artikel lese, dass wir professionellen Verführer vermeintlich so »frauenverachtend« seien. Allerdings weiß ich auch,
wie dieser Eindruck entstanden ist. Schon vor einiger Zeit
haben Sozialpsychologen ein Phänomen erkannt, das als
Frauen-sind-wundervoll-Effekt bezeichnet wird. Beispielsweise ließen im Jahr 2004 die Psychologinnen Laurie
Rudman und Stephanie Goodwin in ihren Experimenten
Versuchspersonen am Computer bestimmte Aufgaben durchführen, die Rückschlüsse darauf zuließen, wie schnell jeder
Proband positive und negative Eigenschaften mit einem
der beiden Geschlechter verband. Ähnlich wie schon andere Wissenschaftler zuvor fanden Rudman und Goodwin
dabei heraus, dass Menschen angenehm besetzte Wörter
wie »gut«, »Ferien« und »Paradies« eher mit Frauen ver-
banden und weniger angenehme wie »schlecht«, »Schleim«
und »Trauer« eher mit Männern. Es gibt also in unserer
Gesellschaft ein klares Gefälle, wie die beiden Geschlechter bewertet werden.

Von dieser allgemeinen Auffassung sind insbesondere
etwas schüchterne junge Männer betroffen. Sie überhöhen
Frauen mitunter zu fast engelhaften Wesen, haben Angst,

sich ihnen zu nähern, dabei irgendetwas falsch zu machen, stellen sie insgesamt auf einen hohen Sockel, wo sie kaum erreichbar sind. Den Frauen selbst ist das oft überhaupt nicht recht. Sicher, sie genießen es, wie eine Prinzessin behandelt zu werden, aber Bewunderung aus der Ferne geht ihnen oft gehörig auf die Nerven. »Ich will nicht angehimmelt werden«, erklärt die von Emma Watson gespielte Studentin Sam ihrem Verehrer in dem Film *The Perks of Being a Wallflower (Vielleicht lieber morgen)*. »Ich will gemocht werden, weil ich die bin, die ich bin.« Und selbst eine Erzfeministin wie Gloria Steinem ist kein Fan davon, Frauen auf einen Sockel zu stellen, weil auch ein Sockel einen eng begrenzten Raum darstelle, aus dem Frauen eigentlich ausbrechen sollten.

Insofern ist es wichtig, jedem angehenden Verführungskünstler als Erstes Folgendes klarzumachen: Frauen sind genauso schüchtern und unsicher wie du, und sie sind genauso triebgesteuert wie du. Sie haben mitunter nur geschicktere Methoden, das zu kaschieren. Allerdings scheinen Frauen eher hormonellen Schwankungen unterworfen zu sein als Männer, was sich überraschend stark auf ihre Partnerwahl auswirken kann. Aber auch das berichten wir nicht, um Frauen herunterzumachen, sondern weil es schlicht den momentanen Stand der Forschung darstellt. Sollten Wissenschaftler morgen herausfinden, dass Männer hormonellen Schwankungen ebenso stark unterworfen sind, bräche uns deswegen auch kein Zacken aus der Krone.

Nun ist ein Verführungskünstler umso erfolgreicher, je mehr er von der Psyche einer Frau versteht – immer vor dem Hintergrund natürlich, dass Frauen unterschiedlich sind und es nur bestimmte Tendenzen gibt, die von Biologie und Gesellschaft herbeigeführt werden. Je mehr du also über Frauen weißt und diese Geschöpfe verstehst, desto besser. Aber wir empfehlen, dass du so schnell wie möglich deine Techniken in der freien Wildbahn ausprobierst, statt erst mal dicke Wälzer über die Psyche von Frauen zu lesen. Was also sind die wirklich wichtigen Dinge, die du dir hier klarmachen solltest?

- Frauen sind immer sehr auf ihren guten Ruf bedacht. Deshalb sind sie beispielsweise im Unterricht pflegeleichter, ziehen als Heranwachsende in der Regel nicht wie gleichaltrige Männer besoffen und laut grölend durch die Kneipen und so weiter. Vielleicht ist der Frauen-sind-wundervoll-Effekt das Ergebnis solch jahrzehntelanger hartnäckiger PR-Arbeit. Ihren guten Ruf zu bewahren bedeutet für eine Frau aber auch, dass sie darauf achten muss, sich nicht von jedem Kerl abschleppen zu lassen, weil sie andernfalls als eine Schlampe gelten könnte.

- Abgesehen davon empfinden die meisten Frauen ebenso sexuelles Begehren wie du. Bei ihnen ist diese Geilheit allerdings enger mit ihren anderen emotionalen Bedürfnissen verknüpft. Während du schon damit zufrieden bist, eine heiße Frau ins Bett zu bekommen, wäre das umgekehrt für eine Frau mit einem Mann in der Regel nicht befriedigend genug. Sie braucht viel mehr emotionales Drumherum, wozu es gehört, dass sie als ganze Person geschätzt und gewürdigt wird. Aus genau diesem Grund gibt es jede Menge Ratgeber wie diesen zu dem Thema, wie man eine Frau so perfekt umwirbt, dass sie sich einem schließlich hingibt. Ein Ratgeber, wie umgekehrt eine Frau einen Mann ins Bett bekommt, wäre tausendmal schneller geschrieben: »Komm nackt. Bring Pizza mit.«

- Frauen haben große Angst davor, verletzt zu werden, und ihnen ist beigebracht worden, dass Männer eine potenzielle Bedrohung für sie darstellen. Auch hier sind uns die Ergebnisse nur allzu gut bekannt: Von Antisexismuskampagnen, um uns Männer schon beim Flirten in unsere Schranken zu verweisen, bis zum sogenannten Bitch Shield, also fiesem Verhalten, mit dem eine Frau deine Flirtversuche abwehrt. Dass Männer ihrerseits auch Angst vor Frauen haben könnten und vor den Verletzungen, die sie durch sie erfahren, ist vermutlich den meisten Frauen nicht klar – und viele Männer versuchen ja auch, ihre Ängste sogar vor sich selbst zu leugnen oder zumindest zu überspielen, weil sie meinen, sonst nicht männlich genug zu wirken.[6]

Sobald du dir diese drei Punkte vor Augen geführt hast, wird dir klar, warum viele Frauen sich abweisend oder arrogant verhalten, obwohl du sie nur nett angesprochen hast, um sie ein wenig näher kennenzulernen, was eigentlich kein Verbrechen darstellen sollte. Du kannst also gelassen bleiben: Wenn du beim Anflirten erst mal gegen eine Eiswand prallst, liegt das weder zwangsläufig daran, dass du ein Freak bist, noch ist die Frau, bei der dir das passiert, deshalb automatisch eine fiese Zicke. Stattdessen ist es deine Aufgabe, auch mit ersten Abweisungen souverän umzugehen, statt dich wieder zu verkriechen oder ebenfalls unwirsch zu reagieren. Beide Reaktionen mögen, psychologisch betrachtet, naheliegend sein, aber beide lassen dich in den Augen einer Frau auch als zweitklassigen Beta-Mann erscheinen. Ebenso schlecht ist es, wenn du von Anfang an mit einer Abfuhr rechnest und dich einer Frau deshalb so vorsichtig näherst, dass du überängstlich oder irgendwie seltsam wirkst. Stattdessen liegt es an dir,

dich so unerschüttert zu geben wie möglich und ihr klarzumachen, dass sie für dich mehr als die Gelegenheit zu
einer schnellen Nummer darstellt. Du brauchst ihr nicht
alles durchgehen zu lassen, wenn sie sich wirklich unmöglich aufführt, aber auch in solchen Situationen gilt,
dass du umso beeindruckender wirkst, je gelassener du
damit umgehen kannst. Und da kann es dann in der Tat
eine Taktik darstellen, eine Frau und ihr Verhalten nicht so
furchtbar ernst zu nehmen, sondern dir klarzumachen,
welchen inneren Bedürfnissen dieses Verhalten entspringt.
Je eher du einer Frau verdeutlichen kannst, dass du in der
Lage bist, ihre Bedürfnisse zu erfüllen, desto eher sollte
sie sich auch um deine kümmern.

Habe ich bei einer schönen Frau auch dann Chancen, wenn ich selbst nicht so attraktiv bin?

Die meisten von uns kennen diese Situation: Wir begeg-
nen einer Frau, die wir nur allzu gerne ansprechen möchten, weil sie so verdammt hübsch ist. Leider ist sie aber
dermaßen attraktiv, dass wir glauben, sie befände sich außerhalb unserer Liga und wir hätten bei ihr mit unserem
eigenen eher durchschnittlichen Aussehen sowieso keine
Chance. Dieses Denken ist verständlich, aber es führt aus
einer ganzen Reihe von Gründen in die Irre.

Zunächst einmal haben gerade besonders gut aussehende
Frauen das Problem, dass die meisten Männer ähnlich denken wie du und sich deshalb mit dem Anbaggern zurückhalten.

Die Faustregel lautet: Je hübscher eine Frau ist, umso
seltener wird sie angesprochen.

Da die Attraktivität einer Frau immer auch im Auge des Betrachters liegt, kommt es sogar vor, dass viele Schönheiten, eben weil sie so selten angebaggert werden, den Eindruck haben, sie seien gar nicht ungewöhnlich attraktiv. Vielleicht stößt du bei einer solchen Frau also gerade auf keine Mauer der Arroganz, sondern sie ist sehr davon angetan, dass du einen Kontakt mit ihr herstellen möchtest.

Dass bei Frauen hohe Attraktivität automatisch mit Arroganz oder einer gewissen Distanziertheit verbunden ist, verweist die Flirtexpertin Victoria Zdrok ohnehin ins Reich der Mythen. »Im Schnitt sind die richtig heißen Frauen sexuell umtriebiger als ihre weniger attraktiven Geschlechtsgenossinnen«, erklärt sie ihren Lesern. »Sie investieren eine Menge Zeit, Mühe und Geld in ihr erotisches Aussehen, und sie zeigen ihren Körper gerne vor. Tendenziell sind sie exhibitionistischer, narzisstischer, impulsiver und wünschen sich die permanente Bestätigung ihres Sexappeals. Aus diesen Gründen bekommt man heiße Frauen tatsächlich leichter ins Bett als Durchschnittsfrauen; vorausgesetzt, Sie haben ihnen etwas zu bieten – und sei es nur das Vergnügen.«[7]

Wenn wir Männer Frauen beurteilen, stellt Schönheit zwar oft das wichtigste Kriterium dar. Umgekehrt gilt dies aber keineswegs. Beispielsweise sind Frauen generell gewillt, Hässlichkeit zu ignorieren, wenn der Mann dafür entsprechend finanzkräftig ist. Wer allerdings zu den unteren zehn Prozent auf der Attraktivitätsskala gehört, fanden amerikanische Forscher heraus, sollte zum Ausgleich besser volle 186 000 $ pro Jahr mehr verdienen als der Durchschnitt, damit er die gleichen Chancen hat. Da hoffen wir lieber, dass es um dich nicht ganz so schlimm steht – oder dass du in der Lage bist, durch entsprechendes Styling dieser Todeszone zu entkommen.

Das ist nämlich sehr gut möglich, wie die Psychologen Albert Mehrabian und Jeffrey Blum bei einer weiteren Untersuchung entdeckten. Sie beschäftigten sich mit der Frage, welche Dinge einen Menschen in den Augen der anderen attraktiv erscheinen ließen, und verglichen dabei jene Eigenschaften, die man kaum verändern kann (also etwa die Größe und den grundlegenden Körperbau), mit solchen, die sich verbessern ließen (etwa Körperpflege und Kleidung). Zu diesem Zweck legten sie Studentinnen und Studenten Fotos von Mitgliedern des jeweils anderen Geschlechts vor, ließen die Versuchspersonen die Attraktivität der Abgebildeten bewerten und maßen ihre emotionalen Reaktionen. In der statistischen Auswertung dieser Daten zeigte sich, dass die entscheidenden Faktoren in Fragen der Attraktivität durchgehend zu jenen Aspekten gehören, die man gut verändern kann, wenn man sich nur entsprechend darum kümmert: Körperpflege, eine ordentliche Frisur, gut sitzende Kleidung von hochwertiger Qualität, eine ansprechende Haltung und ein gesundes Gewicht. Es waren weder Schönheitschirurgie noch monatelanges Schuften im Fitnesscenter notwendig, um aus sich einen ansprechenden Menschen zu machen.[8]

Wir kennen dieses Prinzip, wenn es bei Männern zur Anwendung kommt, aus TV-Sendungen wie *Beauty & The Nerd* auf Pro7, die zeigen, wie aus eher absonderlich wirkenden Strebern durchaus vorzeigbare junge Männer werden, sobald sie sich unter kundiger Anleitung um ihr Styling kümmern. Auch ihre Schüchternheit macht dabei im Laufe der Zeit einem gewachsenen Selbstbewusstsein Platz. Was diese Männer hinbekommen, kann dir mit derselben Methode gelingen. Falls du glaubst, dass du das alleine nicht hinbekommst, weil du in Modedingen zu wenig Ahnung hast und dir ein wohlwollend-kritischer Blick von außen fehlt, wäre es eine Überlegung wert, eine professionelle Stilberatung in Anspruch zu nehmen. Das kostet zwar etwas, aber nicht die Welt. Und du findest auf diese Weise Kleidung, bei der du dich darauf verlassen kannst, dass sie dir steht – wodurch du vermutlich um einiges lässiger und selbstsicherer auftreten wirst.

Dass es darüber hinaus stark im Auge der Betrachterin liegt, wann sie einen Mann als attraktiv bewertet, ergab eine Studie, die Psychologen an mehreren europäischen Universitäten unter der Leitung von Lynda Boothroyd durchführten. In dieser Untersuchung zeigte sich, dass Frauen, die eine gute Beziehung zu ihrem Vater hatten, sich von Männern angezogen fühlten, deren Erscheinungsbild ihm ähnelte. Das zeige, dass es für menschliche Gehirne kein ideales »schönes Gesicht« gebe, sondern dass diese Bewertung auch dadurch geprägt wird, mit welchen Menschen wir eine besonders positive Beziehung haben. In der Regel wirst du nicht wissen, wie der Vater eines Mädchens aussieht, das du ansprichst, und ob sie ein gutes Verhältnis zu ihm hat. Es kann also sehr gut sein, dass du ihr sehr gefällst, obwohl du dich selbst gar nicht so attraktiv findest. Umgekehrt kann es auch sein, dass sie dich ablehnt, weil ihr dein Aussehen aufgrund persönlicher Hintergründe nicht gefällt, ohne dass du deswegen gleich glauben musst, unattraktiv zu sein.

In einer weiteren Studie, bei der Frauen zwischen Attraktivität, der Fähigkeit, Gefühle auszudrücken, und sozialem Geschick wählen sollten, stellte sich heraus, dass Attraktivität nur auf Platz drei in der persönlichen Wunschliste der Durchschnittsfrau landete. Wenn du also in der Lage sein solltest, deine Gefühle in deinem Gesicht besonders stark zu zeigen, bist du im Vorteil: Emotional ausdrucksstarke Gesichter werden von Frauen als attraktiver bewertet – solange es nicht in wildes Grimassenschneiden ausartet, natürlich.

Die Attraktivität eines Menschen wird für uns alle im Übrigen auch weniger wichtig, wenn an ihre Stelle Vertrautheit tritt. Das zeigte sich, als Wissenschaftler Männern und Frauen eine Reihe von Fotos zeigten und diese Versuchsteilnehmer dann angeben ließen, wen sie sich vorstellen könnten zu heiraten. Danach wurden einige dieser Fotos mehrere Male auf einen Bildschirm projiziert und die Versuchsteilnehmer erneut gebeten, eine Entscheidung zu treffen. Jetzt schwenkten mehrere Männer und Frauen zu einem der potenziellen Partner um, dessen Bild sie bereits mehrere Male gesehen hatten. Es kann also zu deinem Vorteil sein, wenn du öfter auch dann mit einer Frau zu tun hast, die anfangs noch nicht voll auf dich abfährt – deine Chancen könnten sich mit zunehmender Vertrautheit erhöhen.

Eine ganz andere Frage ist es, ob es sich für dich auf lange Sicht überhaupt als sinnvolle Strategie herausstellt, nur besonders scharfe Schnitten anzugraben, wenn du selbst eher durchschnittlich aussiehst. Auch hierzu gibt es nämlich Untersuchungen: Jemanden mit einem ähnlichen Grad an Attraktivität zu daten, führte in der daraus entstandenen Beziehung zu einem höheren Grad von Zufriedenheit und Erfolg. Aber vielleicht bist du ja auch nur an einem One-Night-Stand interessiert? Auch dabei könntest du Erfolg haben, wenn du keine Schönheit bist, aber dafür ein heller Kopf. In einer Untersuchung des Fachbereichs Psychologie der Universität von Kalifornien wurden Studentinnen Videos von Männern gezeigt, die Aufgaben bewältigten, welche geistiges oder körperliches Geschick erforderten. Danach wurden die Studentinnen befragt, wie sehr sie an den verschiedenen Männern »langfristig« beziehungsweise »kurzzeitig« interessiert wären. Dass clevere Kerle im Gegensatz zu den reinen Schönlingen für Langzeitbeziehungen geschätzt werden, hatten die Forscher erwartet; schließlich machten sie ein hervorragendes Potenzial als Ernährer einer Familie deutlich. Überraschend war, dass die Studentinnen die smarten Jungs sogar für eine kurze Liaison bevorzugten. Wenn du also eine hübsche Studentin siehst, selbst kein Adonis bist, aber dafür einiges auf dem Kasten hast, dann solltest du vor einem Kontaktversuch nicht zurückscheuen. In ihren Augen könntest du ein Hauptgewinn sein.

Muss ich ein »Alpha-Mann« sein, um bei Frauen anzukommen?

In der Szene professioneller Verführer und der begleitenden Literatur wird häufig eine bestimmte These vertreten: Die meisten Frauen könnten sich ausschließlich für dominante Alpha-Männer begeistern, also jene mit dem höchsten sozialen Status, und würden den Rest der Männerwelt mehr oder weniger verachten – das sei durch die Evolutionspsychologie so gut wie festgelegt. Deshalb sollte es das Ziel jedes erfolgreichen Aufreißers sein, ein ebensolcher Alpha-Mann zu werden. Man sollte hier allerdings davor warnen, das Kind mit dem Bade auszuschütten. Auch wenn du kein »Alpha« bist, kannst du durchaus Erfolg bei Frauen haben.

Die Hintergründe erklärt der Experte für Evolutionspsychologie Andrew Badenoch in seinem Blog zu diesem Thema unter der Überschrift *The Pick-Up Artists' Alpha-Male Narrative Myth*.[9] Badenoch fasst dort zunächst einmal die Lehre

zusammen, die von vielen professionellen Frauenerobe-
rern vertreten wird und die in etwa so lautet: Wir Menschen haben in der Steinzeit Reaktionen darauf entwickelt,
was wir bei anderen Menschen als attraktiv wahrnehmen.
Da Stammesführer damals Schutz und Zugang zu den
Ressourcen anboten, was für die körperlich schwächeren
Frauen reizvoll war, entwickelten diese Frauen eine Vorliebe für Männer mit solchen Führungsqualitäten, was im
Lauf der Jahrtausende, die die Steinzeit dauerte, zum festen Bestandteil der weiblichen Psyche wurde. Deshalb
schätzen sie auch heute noch Alpha-Typen, und Männer
sollten sich wie solche verhalten, wenn sie beim weiblichen Geschlecht erfolgreich sein möchten.

Badenoch bringt gegen diese These mehrere Einwände
vor (die er jeweils mit wissenschaftlichen Quellen belegt):

- Es gibt keine haltbaren Beweise dafür, dass sich Menschen im weitaus größten Teil ihrer Geschichte in hier-
  archisch aufgebauten Stämmen entwickelten – aber
  tonnenweise Belege dafür, dass diese Evolution in Gruppen stattfand, deren Mitglieder weitgehend gleichen
  Ranges waren und in denen Versuche Einzelner, diese
  Gruppen zu beherrschen, mit sozialen Sanktionen, Ver-
  bannung und Tod bestraft wurden. Alpha-Männer wurden also von den anderen Gruppenmitgliedern ausgeschaltet – nicht gerade ein Vorteil für ihre Reproduktion.
- Wäre Alpha-Verhalten ein Vorteil für die menschliche
  Reproduktion gewesen, hätte es sich im Laufe der Evo-
  lutionsgeschichte als Gewinnerstrategie durchgesetzt,
  und wir würden heute in einer Welt voller Alphas leben
  statt in einer Welt mit Milliarden von Beta-Männern.
- Experimente aus den Jahren 2007 und 2011 zeigen, dass
  Frauen sich während ihrer fruchtbaren Tage – der Zeit

also, auf die es ankommt – weniger durch testosteron-starke Männlichkeit angesprochen fühlen als durch Humor und Intelligenz. Die beiden letztgenannten Eigenschaften führen auch am ehesten zum Erfolg bei der Partnersuche.

Badenochs Urteil lautet deshalb: »Besonders männliches Alpha-Verhalten wirkt nur auf einige Frauen manchmal attraktiv. Aber wenn Sie über die nötige Intelligenz verfügen, ist Ihnen vermutlich selbst schon klar, dass es nicht vernünftig ist, bei jedem Spiel dieselbe Strategie zu wählen.«

Damit trifft Badenoch genau den Punkt. Du musst keineswegs immer die Rolle eines Alpha-Mannes einnehmen, nur weil einige Frauen darauf abfahren. Aber wenn du es gerade mit einer solchen Frau zu tun hast und du diese Frau ins Bett bekommen willst, kann es ganz gewiss nicht schaden, wenn derartige Fähigkeiten zu deinem Repertoire gehören. Für einen starken Alpha-Mann ist es auch wesentlich leichter, sich in die Rolle eines Betas zurückfallen zu lassen, als es umgekehrt für einen Beta-Mann wäre, von einem Augenblick zum anderen plötzlich Alpha-Verhalten an den Tag zu legen. Du musst nicht gleich deine gesamte Persönlichkeit verändern, falls dir die Alpha-Rolle nicht von Natur aus entspricht – es dürfte lediglich hilfreich sein, dominant auftreten und als jemand mit hohem Status erscheinen zu können, wenn die Situation es gerade erfordert. Denjenigen, die unser erstes Buch gelesen haben, ist der Satz »Öffne dein Herz, aber vergiss deine Eier nicht« vielleicht noch im Kopf. Und genau das ist die Balance, die du halten solltest.

Ähnlich verhält es sich mit der Frage, ob du dich einer Frau gegenüber besonders männlich geben solltest, wenn du bei ihr landen willst. Seit einigen Jahren liest man in Zeitungen und Zeitschriften immer häufiger, dass Frauen heute wieder auf besonders kernige Macho-Männer stünden. Ganze Bücher werden diesem angeblichen Wunsch gewidmet (beispielsweise Judith Luigs *Breitbeiner: Warum wir Machos trotzdem mögen*, in dem Arne und ich allerdings eher unfreundlich behandelt werden). Wenn man als Mann so etwas liest, glaubt man, es wären in der Frauenwelt plötzlich nur noch Supermachos gefragt, und man hat Angst, als Weichei oder Tunte zu wirken, wenn man zum Beispiel eine Leidenschaft für Lesezirkel, Esoterik oder rhythmische Sportgymnastik hat. Lieber tut man so, als interessiere man sich für kaum etwas anderes als Fußball, Autos und Holzfällerei.

Während es keinen Sinn macht, speziell auf Softi umzuschulen, ist der Supermacho beim weiblichen Geschlecht immer noch out. Als in einer Studie Frauen die Wahl zwischen einem Mann gegeben wurde, der sich nur für typisch männliche Aktivitäten interessierte, und einem, der sich für männliche wie weibliche Aktivitäten gleichermaßen aufgeschlossen zeigte, entschieden sich die Frauen mehrheitlich für Letzteren. Vermutlich machten ihn die Anknüpfungspunkte zu ihrer eigenen Welt sympathischer, er erschien ihnen »ganzheitlicher«, und er machte nicht den Eindruck, irgendetwas kompensieren zu müssen, indem er versuchte, James Bond zu imitieren. Eine andere Studie zeigte, dass Dominanz Frauen bei einem Mann nur ansprach, wenn sie von Hilfsbereitschaft und dem Willen zur Kooperation begleitet wurde – Eigenschaften, die, wenn auch fälschlich, traditionell eher Frauen zugesprochen werden. Du musst also keineswegs immer beweisen, dass du »ein ganzer Kerl« bist, sondern kannst dich in dieser Hinsicht ruhig entspannen.

Das Problem unserer Zeit ist nur, dass die meisten Männer in den letzten Jahrzehnten zu viel von der weichen, femininen Seite übernommen und zu viel von der dominanten männlichen Seite aufgegeben haben. Deswegen scheitern sie häufig bei Frauen. So war es auch bei mir und vielen meiner Kunden. Ich habe noch keinen Kunden gehabt, der bei Frauen erfolglos war, weil er zu machohaft wirkte, und den ich dabei coachen musste, empfindsamer zu werden. Aber vielleicht sind diese »echten Kerle« auch zu stolz und zu cool, um vor sich und anderen zuzugeben, dass sie beim Kontakt mit Frauen noch Hilfe benötigen.

Welche meiner positiven Eigenschaften sollte ich besonders betonen, um bei einer Frau zu landen?

Wenn du eine Frau anflirtest, kannst du nicht all deine unzähligen Vorzüge gleichermaßen betonen, ohne wie ein grauenvoll eingebildeter Egomane zu wirken. Du solltest dich besser auf einige wenige konzentrieren, mit denen du natürlich nicht offen prahlst, sondern die du entweder zeigst oder sie in subtilen Andeutungen erkennen lässt. Aber welche Eigenschaften sollten das am besten sein?

Die Antwort gibt ein Experiment, bei dem Wissenschaftler Frauen ein schmales Budget zur Verfügung stellten, das sie für die gewünschten Eigenschaften ihres Partners ausgeben konnten. Eben weil dieses Budget begrenzt war, konnten es sich die Versuchsteilnehmerinnen nicht leisten, die eierlegende Wollmilchsau zu suchen, wie es in vielen Kontaktanzeigen geschieht, sondern mussten sich jeweils auf wenige wünschenswerte Kriterien beschränken. Dabei zeigte sich, dass die folgenden vier besonders häufig gewählt wurden: Intelligenz, Geld, hohe Arbeitsmoral (bringt Geld) und Sinn für Humor. Zugespitzt formuliert wäre also ein arbeitswütiger, reicher Clown mit Doktortitel für viele Frauen der ideale Partner.

Während du deinen Intelligenzquotienten nicht mal eben um einiges anheben kannst und sich echte Intelligenz auch schwer vortäuschen lässt, stehen dir bei den anderen Dingen viele Wege offen. Wenn du vermögend bist, kannst du das durch die Art zu erkennen geben, wie du dich kleidest, welche Uhr du trägst und so weiter – viele Männer machen das. Wenn du wenig Geld hast, kannst du im Gespräch aber immer noch deinen Ehrgeiz und deine Bereitschaft, hart zu arbeiten, betonen: Das zeigt einer Frau immerhin, dass du als möglicher Ernährer einiges Potenzial bietest. Es bleibt nur zu überlegen, ob du diese Karte wirklich spielen solltest, wenn du nicht als Zahlmeister und Versorger herhalten willst. Besonders weit kann es dich aber bringen, wenn du deinen Sinn für Humor aufblitzen lässt.

Wie wichtig diese Eigenschaft Frauen bei einem Mann ist, zeigen auch weitere Untersuchungen. Bei einer gaben die Forscher den Teilnehmerinnen Texte über verschiedene Männer zu lesen. Der zentrale Unterschied zwischen diesen sich ansonsten sehr ähnelnden Geschichten war der Humor des betreffenden Mannes. Bei diesem Versuch zeigte sich, dass Frauen Männern mit viel Sinn für Humor auch andere positive Eigenschaften zuschrieben. So wurden diese als einfühlsamer wahrgenommen, als glücklicher, intelligenter, männlicher, kreativer und sogar größer. Verrückte Weiber? Mitnichten – diesen sogenannten »Halo-

Effekt« gibt es auch bei uns Männern: Wir ordnen schönen Frauen unbewusst auch andere positive Eigenschaften zu – was nicht ganz dumm ist, denn Schönheit entspringt, ebenso wie andere Vorzüge, besonders guten Genen. In ähnlicher Weise benutzen Frauen offenbar den Sinn für Humor eines Mannes unbewusst, um davon andere Eigenschaften abzuleiten.

In einer anderen Studie stellten Forscher den Versuchsteilnehmerinnen Männer vor, von denen sie behaupteten, dass sie der jeweiligen Frau zu 90 Prozent ähneln oder aber im Gegenteil ihr zu 90 Prozent nicht ähneln würden. Danach wurden diese Frauen aufgefordert, den fremden Männern am Telefon Witze vorzulesen. Die Männer wiederum lachten entweder amüsiert oder sie reagierten zurückhaltend und neutral. Das Ergebnis dieses Experiments: Die Frauen ordneten einen Mann, der ihnen zu 90 Prozent unähnlich war, aber lachte, als attraktiver ein als einen Mann, der ihnen zu 90 Prozent ähnelte, aber unbeeindruckt blieb.

Es empfiehlt sich also durchaus, sich einer Frau gegenüber, an der du Interesse hast, als besonders humorvoll und witzig zu zeigen. »Mach einer Frau ein Kompliment, und sie wird lächeln«, sagte einmal die Schauspielerin Nia Vardalos *(My Big Fat Greek Wedding)*. »Aber bring eine Frau zum Lachen, und sie könnte sich für dich ausziehen.«

Hier ist es wichtig für dich, zu erkennen, dass Humor keineswegs angeboren ist. Es gibt natürlich Menschen mit einer humoristischen Begabung, aber die meisten Comedians zeichnen sich dadurch aus, dass sie früher einmal sehr unwitzig waren. Humor ist also in erster Linie einmal harte Arbeit. Menschen, die es gelernt haben, sich Humor anzueignen, sind aber meistens lustiger als die Naturtalente, weil sie in diesen Bereich wirklich Zeit investiert haben. Ich empfehle dir dringend, in dieser Richtung etwas zu tun.

Bleibt die Frage, wie du deinen Humor noch weiterentwickeln und dann auch demonstrieren kannst, um damit bei Frauen zu landen. Hier einige Beispiele:

- Beschäftige dich noch weit intensiver als bisher zum Beispiel mit Comedysendungen im Fernsehen, witzigen Büchern, satirischen Magazinen und dergleichen mehr. Sinn der Übung ist, dein ganzes Denken mehr in Richtung Humor zu führen, sodass es dir viel leichterfällt, selbst ähnliche Sprüche zu bringen. Das kann ganz unbewusst geschehen; du kannst dich aber auch bewusst damit auseinandersetzen, warum bestimmte Witze so gut funktionieren. Bald solltest du bestimmte wiederkehrende Muster erkennen; zum Beispiel, dass eine Erwartungshaltung aufgebaut und dann gebrochen wird, dass etwa in Vergleichen Dinge zusammengeführt werden, die eigentlich nicht zusammenpassen, dass zutreffende Beobachtungen bis ins Absurde übertrieben und zugespitzt werden. Vielleicht kannst du irgendwann die Pointe eines Witzes schon erahnen, sobald ihn ein Stand-up-Comedian zu erzählen beginnt.
- Beschränke dich aber nicht darauf, Witze auswendig zu lernen, die dir gefallen, um sie dann deinem Date zu erzählen. Das kann ganz nett sein, reicht aber nicht aus. Frauen schätzen Humor unter anderem deshalb, weil er ein Anzeichen für Intelligenz und Kreativität ist. Witze auswendig lernen und sie dann abspulen kann auch ein Achtjähriger. Wesentlich reizvoller ist es, wenn du deinen Humor aus der Situation heraus entstehen lässt und entsprechende Bemerkungen machst.

- Schule deine Beobachtungsgabe im Alltag. Was nimmst du wahr, das sich für eine komische Anmerkung anbietet? Du darfst nicht erwarten, bei einem Date plötzlich vor Witz und Schlagfertigkeit zu sprühen, wenn du anderweitig keinen großen Wert darauf legst. Gut von witzigen Erlebnissen zu erzählen ist eine der wenigen Verführungstechniken, die du unauffällig vor all deinen Freunden und Bekannten üben kannst – nutze das aus! Experimentiere ein wenig damit, Gesten, Mimik und Tonfall so geschickt einzusetzen, dass das, was du erzählst oder kommentierst, ein besonderer Knaller wird.

- Nicht alles wirkt auf jeden und in jeder Situation gleichermaßen komisch. Es kann sein, dass sich deine Freunde bei einem Scherz auf dem Boden gewälzt haben, der deinem Date kaum ein müdes Lächeln entlockt. Lass dich dadurch nicht entmutigen. Finde lieber heraus, wie du ihr Humorzentrum stattdessen kitzeln kannst. Dabei ist es hilfreich, so viel wie möglich über diese Frau und ihr Wesen zu wissen, denn dadurch kannst du darauf schließen, was sie witzig finden dürfte und was du besser vermeiden solltest, damit du in kein Fettnäpfchen trittst. Mit anderen Worten: Frauen aus Emden finden Ostfriesenwitze in der Regel nur begrenzt komisch.

- Achte besonders aufmerksam auf die Reaktion der Frau, die du mit deinen Scherzen erreichen möchtest. Lächelt sie nur aus Höflichkeit, oder ist sie tatsächlich amüsiert? Du magst über einen großartigen Sinn für Humor verfügen – aber trifft das auch auf sie zu? Welche witzigen Bemerkungen macht sie selbst? Und seid ihr generell auf derselben Wellenlänge, was Humor angeht? Wenn man Humor einsetze, um einen potenziellen Partner für sich zu gewinnen, verrät der Comedian Steve Allen in seinem Buch *How to be Funny*, »versucht man vernünftigerweise, diesen Menschen auf seiner Ebene zu erreichen. Wenn die Person, bei der man landen möchte, ein eher nüchterner Mensch ist, könnte er zum Beispiel nicht so angetan davon sein, dass man selbst unaufhörlich Witze reißt, Grimassen schneidet oder ein Papierhütchen auf dem Kopf trägt«.

- Klopfe nur dann witzige Sprüche, wenn du ausreichend entspannt bist. Nervosität bringt einen schnell dazu, hektisch zu erzählen und dadurch selbst die beste Pointe zu ruinieren. Besonders peinlich ist das, wenn Pick-up-Neulinge mit vermeintlich ulkigen Sprüchen eine Frau anbaggern (»Ich habe meine Telefonnummer verloren, kann ich deine haben?«) und sich dabei vor Unsicherheit verhaspeln und sich komplett zum Affen machen.

- Zumindest ein wenig Aggression ist immer Teil von Humor; schließlich machen wir uns oft genug über andere Leute lustig oder über Dinge, die von ihnen geschaffen wurden. Hier ist es aber wichtig, nicht übers Ziel hinauszuschießen und dadurch eher als verletzender Lästerer statt als humorvoller Mensch wahrgenommen zu werden. Davor kannst du dich auch dadurch schützen, dass du hin und wieder dich selbst und dein eigenes Verhalten auf die Schippe nimmst. Was könnte zum Beispiel dein Date über dich denken, wenn diese Frau besonders sarkastisch drauf wäre? Mit Sprüchen wie »Du denkst jetzt bestimmt, ich ...« kannst du sie wunderbar zugleich entwaffnen, ein wenig kokettieren und zeigen, dass du souverän genug bist, dich selbst nicht so ernst zu nehmen. So ist mir aufgefallen, dass gerade das humorvolle Reden über seine Fehler bei Frauen Wunder wirkt. Es ist genau das Gegenteil von dem, was die meisten Männer machen, und wirkt gerade deswegen selbstbewusst und erfrischend anders.

Es zeigt, ich muss mich nicht vor dir profilieren und aufplustern. Ich mag mich so, wie ich bin, und bin mir auch meiner »Fehler« bewusst und kann diese akzeptieren.

Aber übertreib das nicht so sehr, dass du dich selbst regelrecht durch den Kakao ziehst – damit wirkst du nicht sehr erotisch. Nachdem du den fünften Scherz über dein Körpergewicht oder den Altersunterschied zwischen dir und der Schnecke, die du angräbst, gemacht hast, merkt selbst die Dümmste, dass du damit in Wahrheit ein echtes Problem hast.

- Generell solltest du es nicht so sehr übertreiben, dass du zur endlosen Witzmaschine wirst oder über alles nur noch ironisch sprechen kannst. Dieses Verhalten kann auch eine zwanghafte Masche werden, um zum Beispiel zu vermeiden, über echte Gefühle zu sprechen oder über Dinge, für die du stehst und die dir wichtig sind. Auch die erotische Ausstrahlung eines Clowns ist sehr begrenzt. Ein paar lustige Sprüche und treffende Anmerkungen an einem Abend reichen vollkommen aus.
- Wenn du es gar nicht auf die Reihe bekommst, selbst lustige Sprüche zu klopfen, dann zeig wenigstens Gefallen daran, wenn dein Date es tut. Zwar sind die Geschlechterrollen, wie der Psychologe Eric Bressler herausfand, normalerweise umgekehrt verteilt: Frauen stehen vor allem auf Männer, die sie zum Lachen bringen, und Männer auf Frauen, die über ihre Witze lachen. Unabhängig davon kannst du deinen Humor auch zeigen, indem du auf Scherze entsprechend eingehst, bis du selbstsicher genug bist, mit eigenen witzigen Bemerkungen zu glänzen.
- Zuletzt sei noch einmal daran erinnert, dass ein Date kein Auftritt bei *Deutschland sucht das Supertalent* ist, bei dem

du deine Begabung vor einer Jury unter Beweis zu stellen hast, sondern auch immer eine Gelegenheit, abzuchecken, ob die Frau, mit der du dich triffst, deinen eigenen Ansprüchen genügt. Du magst über Humor verfügen – aber gilt das auch für sie? Wenn sie über keinen deiner Witze lachen kann oder dir sogar einen Vortrag darüber hält, über welche Dinge man Witze machen dürfe und über welche nicht, macht es dich vielleicht glücklicher, wenn du dich nach einer anderen umsiehst.

Wie du Frauen am besten ansprichst

Wie kann ich den sexuellen Charakter einer Frau erkennen?

Wäre es nicht toll, wenn wir bei einer Frau auf den ersten Blick erkennen könnten, wie sie im Bett ist? Verblüffenderweise können wir das tatsächlich – und zumindest unbewusst nehmen wir solch eine Einschätzung regelmäßig vor. Dies zeigte eine Untersuchung von Lynda Boothroyd von der britischen Universität Durham. Hier ergab sich, dass 72 Prozent aller Versuchspersonen allein durch Betrachten einer Porträtfotografie einschätzen konnten, welche sexuellen Einstellungen die abgebildete Frau aufwies und ob sie etwa für eine kurze Affäre aufgeschlossen war. Das Muster war häufig dasselbe: Bereit für sexuelle Abenteuer zeigten sich vor allem jene Frauen, die besonders attraktiv wirkten – insbesondere solche mit großen Augen und ausgeprägten Lippen.

Wenn du dich mit einer Frau unterhältst, kannst du viele weitere hilfreiche Signale beobachten. Spiegelt sie beispielsweise dein Sprechtempo und deine Körpersprache? Wenn ja, erklärt der Professor für Sozialpsychologie Michael Cunningham, dürfte auch ihr sexuelles Verhalten mit deinem übereinstimmen. Sollte jedoch einer von euch beiden eher lebhaft und der andere sehr ruhig sein oder sollte deine Gesprächspartnerin, wenn du etwas sagst, gerne mal zu einem anderen Thema springen, könnt ihr euch vermutlich auch beim Sex weniger gut aufeinander einstellen.

Wie eine Frau sich im Bett verhält, verrät häufig auch ihr Verhalten in anderen Situationen des Lebens. Stochert sie lustlos in ihrem Essen herum, oder genießt sie es auf sinnliche Weise? Lässt sie sich Zeit, oder isst sie sehr hastig? Wie reagiert sie, wenn du mit ihr den Rest des Nachmittags planen möchtest? Hat sie eigene Ideen, oder reagiert sie mit »Ich weiß nicht, was schlägst du vor?«. Eine Frau, die weiß, was sie will, und das auch zum Ausdruck bringen kann, ist auch im Bett selbstbewusst und lässt einen Mann nicht lange herumrätseln, was ihr Spaß macht und was nicht.

Bemerkenswert ist schließlich das Ergebnis einer Studie, die an über 2000 weiblichen Zwillingen durchgeführt wurde. Dabei zeigte sich, dass diejenigen Frauen am häufigsten Orgasmen hatten, die eine große emotionale Intelligenz aufwiesen – also die Fähigkeit besaßen, Gefühle bei sich selbst und anderen wahrzunehmen und damit umzugehen. Frauen mit häufigen Orgasmusstörungen befanden sich, was emotionale Intelligenz anging, am unteren Ende der Skala. Die Psychologin Andrea Burri, Leiterin der Studie, erklärte: »Emotionale Intelligenz scheint eine direkte Auswirkung auf die Sexualität einer Frau zu haben, da diese Eigenschaft ihre Fähigkeit beeinflusst, ihre sexuellen Wünsche und Erwartungen ihrem Partner mitzuteilen.«[10] Wenn du es also mit einer Frau zu tun hast, die bereits im Gespräch einfühlsam auftritt, dann werdet ihr beide vermutlich auch im Bett glücklich miteinander.

Des Weiteren hat meine persönliche Erfahrung gezeigt, dass du deine Augen auch ruhig auf weniger auffällig gekleidete Frauen richten solltest. »Stille Wasser sind tief« ist

nicht nur ein Sprichwort. Gerade sehr aufreizend gekleidete Frauen wollen oft nur kokettieren und ihre Macht demonstrieren und sind nicht wirklich an Sex interessiert,
während die durchschnittlicheren »guten Mädchen« häufig wirklich an Sex interessiert und noch dazu oft überaus
leidenschaftlich sind.

An welchen Signalen merke ich, dass eine Frau auf mich steht?

Wenn wir mit einer Frau flirten, wüssten wir Männer doch
recht gerne, ob sie für weitergehende erotische Kontaktversuche von uns ansprechbar ist oder eher nicht. Hundertprozentig sicher kann man sich hier zwar nicht sein,
aber es gibt bestimmte Körpersignale, die manchmal bewusst eingesetzt, manchmal unbewusst gegeben werden
und eine gewisse Aufgeschlossenheit demonstrieren. Manche dieser Signale sind offensichtlich, andere sehr subtil.
Manche werden von selbstbewussten, leidenschaftlichen
Frauen eingesetzt, manche von eher braven oder gar schüchternen Frauen, die einen starken Mann als Beschützer
suchen. Deine Aufgabe ist es, darauf zu achten, wie viele
und welche dieser Signale die Frau deiner Wahl gibt –
daran kannst du dich orientieren, was dein weiteres Vorgehen betrifft.

Je mehr dieser Signale bei der Frau zusammenkommen,
die du anflirtest, desto besser stehen deine Chancen. Also
überschätze nicht eine einzelne Geste, um ihr möglicherweise zu entnehmen, dass diese betreffende Frau großes
Interesse an dir hegt. Sinnvoller ist es, die Signale, die von
ihr ausgehen, insgesamt zu betrachten und dabei auch die

Situation zu berücksichtigen, in der diese vermeintlichen Botschaften gesendet werden. (Beispielsweise kann eine Frau natürlich auch einfach nur deshalb Kleidungsstücke ablegen, weil es dort, wo ihr euch befindet, gerade brüllend heiß ist.)

Hier einige eindeutige Signale:

- Sie blickt über ihre Schulter zurück, nachdem sie an dir vorbeigegangen ist.
- Sie sieht dir lange und aufmerksam ins Gesicht.
- Sie betrachtet dich mit dem »Schlafzimmerblick«, schaut dich also durch halb geschlossene Lider an.
- Sie spielt die Schüchterne, indem sie dich erst ansieht und dann scheu zur Seite oder nach unten blickt.
- Sie guckt so, als ob sie einsam und hilfsbedürftig wäre.
- Sie wirft ihr Haar leidenschaftlich zurück.
- Sie leckt sich mit der Zunge über ihre leicht geöffneten Lippen.
- Sie legt ihren Kopf schief, um kleiner zu wirken oder das Bedürfnis zu zeigen, sich an jemanden anzulehnen.
- Sie lehnt sich zurück und verschränkt ihre Arme im Nacken, wodurch sie ihre Brust nach vorne schiebt und ihre Achselhöhle zeigt.
- Sie hat ihre Handflächen oder ihr Handgelenk offen in deine Richtung gedreht.
- Sie nimmt eine Körperhaltung ein, in der sie auf subtile Weise auf ihren Genitalbereich deutet – etwa indem sie eine Hand an die Hüfte legt.
- Sie zeigt sogenanntes »Putzverhalten«, versucht sich also durch kleinste Handlungen noch etwas attraktiver zu machen – etwa indem sie ihre Kleidung glättet oder ein vermeintliches Stäubchen darauf entfernt, sich mit der Hand durchs Haar streift (um es ordentlicher oder

voller erscheinen zu lassen) oder ihren Schmuck über-
prüft.

- Sie zieht Kleidungsstücke wie Jacke oder Strümpfe aus
  und zeigt ihre Haut.
- Sie geht häufig auf Tuchfühlung, fasst dich also immer
  wieder – vielleicht wie aus Versehen – an.
- Sie streichelt längliche Objekte, lässt etwa ihre Finger
  über ihre Zigarette, ihren Lippenstift, einen Kuli oder ein
  Glas gleiten. Die Symbolik einer solchen Geste ist kaum
  übersehbar.
- Sie streicht über ihre Schenkel.
- Sie kreuzt immer wieder ihre Beine, legt also zunächst
  etwa das linke Bein über das rechte, dann wieder das
  rechte über das linke und so weiter. Mit diesen Bewegungen stimuliert sie unbewusst ihren Genitalbereich,
  es handelt sich also um eine angedeutete Selbstbefriedi-
  gung.
- Sie zeigt mit ihrem Knie oder Fuß zielstrebig auf dich.
- Sie stampft mit dem Fuß auf, was ebenso innere Unruhe
  signalisieren kann wie das Bedürfnis, auf sich aufmerksam zu machen.
- Ihr Fuß spielt mit einem bereits halb ausgezogenen
  Schuh.
- Sie steht bei der Unterhaltung mit dir so, dass ihre Waden
  leicht nach außen gedreht und die Zehen aufeinander
  gerichtet sind, womit sie besonders harmlos und schutz-
  bedürftig erscheint.
- Sie lacht sogar dann über deine Witze, wenn sie nicht
  besonders gelungen sind.
- Sie verhält sich trotzig, um dich spielerisch herauszufordern.
- Sie stellt dir viele Fragen und scheint an dir interessiert
  zu sein.

- Sie trinkt während des Gesprächs mit dir ziemlich viel Alkohol. Viele Frauen erlauben sich eher sexuelle Kontakte, wenn sie leicht angetrunken sind und somit später eine »Entschuldigung« für ihr Verhalten haben.
- Sie verabschiedet sich nicht, nachdem sie das Gespräch mit dir beendet hat – was je nach der konkreten Situation eine versteckte Einladung sein kann, ihr zu folgen.
- Sie lädt dich ein, sich zu ihrer Gruppe zu gesellen.
- Auf irgendeine Weise findet sie einen »Grund«, noch mehr Zeit mit dir zu verbringen.
- Sie fragt nach deiner Telefonnummer.
- Sie reagiert in irgendeiner Weise positiv auf deine eigenen Kontaktversuche.

Insbesondere wenn es darum geht, körpersprachliche Signale als Anzeichen von Interesse zu deuten, solltest du aber an die folgenden Punkte denken, um keiner Fehlinterpretation aufzusitzen:

- Wie sehr weicht das Verhalten, das deine Gesprächspartnerin gerade zeigt, von ihrem üblichen Verhalten ab? Wenn es bei ihr beispielsweise eine Marotte ist, ständig den Sitz ihrer Kleidung und ihrer Frisur zu überprüfen, hat das in diesem Fall keine große Bedeutung mehr.
- Denk daran, dass Körpersprache auch kulturelle Hintergründe haben kann. Wenn du zum Beispiel mit einer Frau sprichst, die aus einem Land wie beispielsweise Spanien stammt, und sie dich während eurer Unterhaltung immer wieder anfasst, dann zeigt sie damit nur ein Verhalten, das in ihrer Heimat ganz selbstverständlich ist.

Jetzt magst du einwenden: Ist es nicht ziemlich offensichtlich, dass eine Frau, die die oben aufgeführten Signale sendet, für den Mann, an den sie gerichtet sind, ein gewisses Interesse hegt? Ja, der Hintergrund solcher Signale sollte eigentlich offenkundig sein. Dennoch gibt es viele Männer, die nicht in der Lage sind, selbst solche Signale entsprechend zu deuten, weil sie derart überzeugt von ihrer mangelnden Attraktivität auf Frauen sind, dass sie sich unbewusst taub und blind machen. Da kann in einem Club oder einer Party eine noch unbekannte Frau aus einiger Entfernung zehn Sekunden und länger Blickkontakt mit ihnen aufrechterhalten, fast so, als ob sie ihnen telepathisch mit aller Willenskraft die Nachricht senden würde: »Nun sprich mich endlich an, du Trottel!« Und ein paar Stunden später gehen beide alleine nach Hause, wobei der betreffende Mann sich denkt, dass er diese Schöne doch zu gerne angesprochen hätte, wenn sie ihm nur irgendwie ein gewisses Interesse gezeigt hätte. Ebenso häufig kommt es vor, dass eine Frau einem Mann unaufgefordert erzählt, was sie am Wochenende treibt oder ihn beiläufig fragt, was er nach Feierabend so plane – und der betreffende Mann überhört jeglichen Unterton, gibt höflich Antwort und setzt das Gespräch ansonsten im bisherigen Plauderton fort. Währenddessen fühlt sich diese Frau, als ob sie nicht nur mit Zaunpfählen, sondern sogar mit Laternenpfählen gewunken hätte, ohne den geringsten Erfolg zu haben.

Der andere Grund, warum wir Männer diese Signale häufig nicht deuten können, ist, dass wir ganz anders kommunizieren als Frauen. Bei Frauen sagt eine hochgezogene Augenbraue oft direkter, was sie über eine Person denkt, als das, was sie tatsächlich ausspricht. Genauso wirst du von einer Frau äußerst selten eine direkte Bekundung ihres Interesses hören. Sie zeigt es dir stattdessen durch Anspielungen und ihre Körpersprache – die viele Männer nicht verstehen. Von Frauen höre ich immer wieder: »Was soll ich denn noch machen, damit er endlich checkt, dass ich auf ihn stehe?« Und die Männer reagieren regelmäßig verwundert: »Meinst du wirklich, dass sie Interesse an mir hatte?«, wenn ich ihnen die weibliche Körpersprache nach einem Kontaktversuch aufschlüssele.

Was soll eine Frau in so einer Situation tun? Wünschenswert wäre natürlich, dass sie dich anspricht und dir damit das Nervenflattern bei der Vorstellung erspart, dir einen Korb zu holen. Das werden aber die wenigsten Frauen machen. Das Rollenverhalten, dass in der Regel ein Mann immer noch eine Frau anspricht, an der er interessiert ist, und nicht umgekehrt, hält sich aus zwei Gründen stabil. Erstens wollen Frauen sich selbst den Bammel beim ersten Kontaktversuch genauso gerne ersparen wie du, können sich ihre Schüchternheit aber eher leisten, eben weil sich hier schon eine Rollenverteilung etabliert hat, bei der sie passiv bleiben dürfen. Und zweitens hat eine Frau, die entgegen der üblichen Rollenverteilung selbstbewusst auf Männer zugeht, häufig Angst, dadurch zu wirken, als ob sie leicht zu haben wäre. Gerade wenn sie hübsch ist, möchte sie diesen Ruf aber natürlich vermeiden – nicht nur, weil dadurch ihr Status leidet, sondern auch, weil sie dann von allen möglichen Kerlen angegraben wird, mit denen sie nichts anfangen kann. Deshalb setzt sie die oben erwähnten Signale häufig ganz gezielt ein, sodass ein Mann erkennen kann, woran er bei ihr ist.

Ein besonderes Problem kann entstehen, wenn eine Frau zunächst deine Avancen abgewehrt hat, später aber lockende Signale sendet. Du hast dich inzwischen dafür entschieden, diese Signale zu ignorieren, weil du die betreffende Frau innerlich bereits als »nicht erreichbar« abgelegt hast. Natürlich willst du dir keinen zweiten Korb holen. Wenn verbale und nonverbale Botschaften derart auseinanderlaufen, hast du für deine Zurückhaltung immerhin einen nachvollziehbaren Grund. Tatsächlich ist es in solchen Fällen aber wahrscheinlich, dass sich diese Frau selbst noch nicht über ihre Gefühle für dich im Klaren ist. Als du sie mit deinem ersten Versuch, ihr näherzukommen, um eine klare Ansage gebeten hast, hat sie aus dieser Unsicherheit heraus erst einmal abgelehnt. Das ist nur logisch: Wenn wir ein Angebot erhalten, dessen Wert oder Schaden wir noch nicht einschätzen können, lehnen wohl die meisten von uns vorsichtshalber erst einmal ab. Danach hat sie sich aber durch den Kopf gehen lassen, wie es mit dir sein könnte. Sie ist sich jedoch immer noch unsicher und will auch selbst nicht wie eine Idiotin dastehen, indem sie dir jetzt doch plötzlich ein Date anbietet, nachdem sie dich zuerst zurückgewiesen hat. Also verbringt sie wie aus Zufall Zeit in deiner Nähe und sendet lockende Signale. Du hast sie schließlich schon einmal angebaggert, als sie noch gar keine gezielten Signale in deine Richtung gesendet hat: Vielleicht klappt es ja ein zweites Mal? Sicherheitshalber hält sie sich dabei auch noch ein Hintertürchen offen, falls sie es sich wieder anders überlegt.

Erschreckend viele Frauen zeigen einem Mann auch gerade dann die kalte Schulter, wenn sie ihn interessant finden. Ich weiß auch nicht, weshalb sie diese selbstschädigende Strategie fahren, aber in meinen vielen Gesprächen mit Frauen höre ich immer wieder den Satz: »Wenn ich einen Mann richtig toll finde, dann versuche ich, ihn möglichst lange zu ignorieren.«

Je nachdem, wie es dir dabei geht, kann eine mögliche Reaktion von dir so aussehen, dass du dieses Spiel eine Zeit lang mitspielst. Du startest also selbst keine neue, eindeutige Flirtoffensive, suchst aber deinerseits wie zufällig die Nähe dieser Frau, zeigst dich ansprechbar und schlägst ihr vielleicht auch ein Treffen vor, das natürlich allem Anschein nach überhaupt nichts mit erotischen oder romantischen Gefühlen zu tun hat. Und dann schaust du, wie sich diese Frau daraufhin verhält und wie sich die Geschichte entwickelt.

Es kann übrigens auch wichtig sein zu wissen, womit eine Frau signalisiert, dass sie in erotischer Hinsicht nichts mit dir anzufangen weiß. Für sein Buch *Sex Signals* befragte der Sexualforscher Timothy Perper eine Reihe von Frauen, welche Strategien sie anwendeten, um Männer, von denen sie angebaggert wurden, höflich zurückzuweisen. Dazu zählten die folgenden:

- Die Frauen achten darauf, mit dem betreffenden Mann nicht allein zu sein und auch nicht an einem besonders romantischen oder für Sex gut geeigneten Ort, insbesondere nicht in der eigenen Wohnung.
- Sie holen ein Kartenspiel heraus, um eine romantische oder erotische Atmosphäre zu unterbinden. (Je nach Kartenspiel könnte es passieren, dass ich selbst keine Lust mehr auf Sex hätte und sie lieber in einer Runde *Magic The Gathering* aufs Kreuz legen würde.)
- Sie wählen im Gespräch betont sachliche Themen wie zum Beispiel aktuelle politische Probleme oder Unfälle im Haushalt (etwa eine verstopfte Toilette).
- Sie erwähnen, dass es schon sehr spät sei und sie am nächsten Morgen früh rausmüssten.

- Sie vermeiden Körperkontakt und körperliche Nähe.
- Wenn das alles nichts hilft, reden sie irgendwann Klartext.[11]

Mit anderen Worten: Wenn eine Frau kein Interesse an dir hat, merkst du es schon. Solange solche eindeutigen Signale jedoch fehlen, kannst du guten Gewissens ausprobieren, wie weit deine Annäherungsversuche zugelassen werden.

Wie setze ich Blickkontakt richtig ein?

Erfreulicherweise gibt es heute zu so gut wie jeder Frage ein eigenes Sachbuch, das einem erklärt, was immer man wissen möchte – vorausgesetzt, man weiß, wo man es findet. Selbst zum Thema Blickkontakt gibt es seit einigen Jahren ein Grundlagenwerk, das viele Fragen beantwortet: Michael Ellsbergs *The Power of Eye Contact*. Der Autor ist der Begründer sogenannter »Eye Gazing Parties« in den USA – Veranstaltungen, bei denen fremde Leute jeweils mehrere Minuten lang nichts anderes tun, als einander schweigend in die Augen zu sehen. Dabei entsteht Ellsberg zufolge, sobald die anfängliche Phase der Schüchternheit und des Herumalberns überwunden ist, häufig eine überraschend starke erotische Spannung und Anziehungskraft zwischen den Beteiligten, die sich danach in leidenschaftlicher Zuneigung füreinander entlädt.

Auf den Veranstaltungen, von denen Ellsberg berichtet, zeigt sich ein Phänomen, das bereits Ende der Achtzigerjahre in psychologischen Untersuchungen ermittelt wurde. Damals führte man Versuchsteilnehmer unterschiedlichen

Geschlechts zusammen und forderte sie dazu auf, einander längere Zeit in die Augen zu sehen. Die Versuchspersonen berichteten daraufhin, romantische Gefühle verspürt zu haben.[12]

Schon etwa zwanzig Jahre zuvor hatte der Sozialpsychologe Zick Rubin in seiner Studie *Measurement of Romantic Love* ähnlich Bemerkenswertes herausgefunden. Dabei hatte er an mehrere Paare Fragebögen verteilt und diese Paare dann in einem Warteraum sich selbst überlassen, wobei sie jedoch heimlich beobachtet wurden. Das Ergebnis: Je verliebter die jeweiligen Partner ihren Antworten zufolge waren, desto länger dauerte der Blickkontakt, den sie beim Gespräch miteinander hielten. Offenbar scheint der Mechanismus auch umgekehrt zu funktionieren: Wir schauen einander über längere Zeit intensiv in die Augen, wenn wir verliebt sind – und deshalb ruft es in unserem Gehirn ebenfalls ein Gefühl von Verliebtheit hervor, wenn uns jemand für längere Zeit unverwandt in die Augen blickt.

Einige weitere für uns Verführungskünstler interessante Aspekte, über die Ellsberg in seinem Buch berichtet, sind die folgenden:

- Die meisten Menschen, einschließlich der Selbstbewusstesten unter uns, sind »eye shy«, also ausgesprochen schüchtern, wenn es um den Blickkontakt mit Fremden geht. Offenbar ist in uns mindestens unterbewusst der feste Glaube verankert, dass wir anderen Leuten Zugang zu unserer Seele, zu unserem Innersten ermöglichen, wenn wir ihnen tief in die Augen sehen. In einer spirituellen Gruppe, die ich für einige Zeit besuchte, machten wir eine sogenannte Liebesmeditation. Die Aufgabe bestand darin, sein Herz zu öffnen und der

Person vor sich einfach nur in die Augen zu sehen. Dabei habe auch ich sehr intensive Erfahrungen gemacht. Für Personen, die mir vorher eher unsympathisch waren, empfand ich auf einmal Sympathie. Für Leute, die mir zutiefst zuwider waren, entwickelte ich plötzlich Mitgefühl. Ich habe abwechselnd geweint und gelacht. Es ist bei diesem intensiven Augenkontakt fast so, als ob man sich direkt mit der reinen Seele des Gegenübers verbindet, man schaut praktisch »hinter die Fassade« und sieht den Menschen wirklich, ohne dass die eigenen Vorurteile dabei im Wege stehen. Ich kann nur jedem empfehlen, diese Übung mit einer ihm nahestehenden Person einmal auszuprobieren.

Aus ebendiesem Grund betrachten wir einen offenen Blick als ein sehr deutliches Signal für Vertrauenswürdigkeit. (Natürlich wissen das auch zahllose Lügner, weshalb sie einem direkt in die Augen sehen, während sie einen anschwindeln, während umgekehrt ehrliche, aber schüchterne oder depressive Menschen mit dem Blickkontakt Probleme haben.) Menschen, die mit Blickkontakt wenig Schwierigkeiten haben, werden darüber hinaus in der Regel für besonders selbstbewusst gehalten – eben weil die meisten von uns in dieser Beziehung eher zurückhaltend sind.

- Wenn du Blickkontakt üben möchtest, kannst du das beispielsweise tun, indem du durch die Stadt bummelst und versuchst, bei jedem, der dir entgegenkommt, die Augenfarbe zu erkennen. Behalte dabei aber einen neutralen Gesichtsausdruck bei und achte auf einen sanften Blick, damit bei den Leuten nicht der Eindruck entsteht, dass du sie niederstarren willst.

- Du kannst solche Übungen auch mit anderen Leuten durchführen, mit denen du täglich zu tun hast, beispielsweise Kellnern, Verkäufern und Kassierern.

Der Volksmund sagt: »Die Augen sind der Spiegel der Seele.« Das mag sich vielleicht extrem esoterisch anhören, hat sich aber als vollkommen wahr herausgestellt. Gerade Frauen haben ein verdammt gutes Gespür, was in einem Mann vorgeht, mit dem sie sich unterhalten. Und wenn sie sagt: »Der hat schöne Augen«, meint sie damit selten, dass sie besonders schön geschnitten sind oder ihr die Farbe gefällt, sondern dass das, was durch diese Augen strahlt, schön ist. Ich nenne das in meinen Workshops »charismatisches Senden«. Es ist hier besonders wichtig, die eigenen Empfindungen ganz intensiv wahrzunehmen und den Willen zu entwickeln, diese seinem Gegenüber mitzuteilen. Das ist im Prinzip alles. Du kannst es mit einer guten Freundin oder einem guten Freund üben, auf jeden Fall mit jemandem, dem du vertraust. Versuch, dich einfach in eine bestimmte Gefühlslage zu bringen, und schau dann der anderen Person direkt in die Augen – sie muss erraten, wie du dich gerade fühlst. Mach dir keinen Kopf, wenn es am Anfang nicht so gut klappt, man muss das wirklich üben, aber später ist es sehr von Vorteil, wenn deine Verführung eher über die Augen läuft als über das gesprochene Wort.

Und was ist mit der sexuellen Spannung, die durch das Lächeln angeblich verloren geht? Dazu weiß ein von Ellsberg interviewter Verführungskünstler namens Lance Mason etwas zu sagen: »Die erste Person, die lächelt, entscheidet sich dafür, die Spannung zu reduzieren. Aus der Dating-Perspektive kann das eine gute oder eine schlechte Sache sein. Du möchtest Kontrolle darüber haben. Wenn ich Blickkontakt mit einer Frau aufnehme und sie für mich wirklich da ist, höre ich oft auf zu lächeln, weil es sich in diesem Moment richtig anfühlt, sexuelle Spannung aufzubauen. Dann kommt es wieder vor, dass ich Blickkontakt mit einer Frau aufnehme und feststelle, dass die Spannung zu viel für sie wird. Dann entscheide ich mich dafür, zu lächeln.«

Jedenfalls sollte man eine Frau nicht anschauen wie ein bettelndes Hündchen, rät die Flirtexpertin Leil Lowndes in einem ihrer Ratgeber.[13] Geschickter ist es, sie ins Auge zu fassen wie ein Juwelier, der ein wertvolles Schmuckstück betrachtet. Dabei solltest du natürlich nicht ihren Körper unter die Lupe nehmen, sondern den Eindruck erwecken, als würdest du ihr Auftreten erforschen, ihr Verhalten und ihren Charakter. Zeige dann ein Lächeln des Wohlgefallens. Die Frau, auf die du es abgesehen hast, sollte sich so fühlen, als ob du in ihr innerstes Wesen geblickt hättest und das, was du dort erkannt hast, überaus schätzt. Dann stehen die Chancen gut, dass sie sich bei dir geborgen fühlt und dir schon bald aus der Hand frisst.

Und was ist, wenn eine Frau den Blickkontakt mit dir abbricht – was unweigerlich häufig vorkommen wird? Entscheidend ist, auf welche Weise das geschieht. Dem Sexualforscher Timothy Perper, der für seine Studien das Verhalten von Frauen und Männern in Hunderten von Bars und anderen Treffpunkten untersuchte, gelang es, daraus eine hilfreiche Regel abzuleiten:

- Wenn die Frau schüchtern zu Boden blickt, handelt es sich um typisches Flirtverhalten. Das stellt praktisch eine Einladung für dich dar, sie anzusprechen.
- Lässt sie ihren Blick zur Seite abschweifen, hat sie noch keine klare Entscheidung getroffen und behält sich das

Urteil vor, ob sie dich für einen Depp hält oder für einen Mann, mit dem sie etwas anfangen könnte.
- Blickt sie aber zur Decke, könnte sie genauso gut gleich die Augen verdrehen. Sie ist genervt und findet dich alles andere als sympathisch.

In seinem Buch *Sex Signals* erklärt Perper darüber hinaus, was typisch für den Blick eines Liebenden ist: Dieser zeichne sich durch entspannte Muskeln um die Augen herum aus, was die Augen etwas weiter geöffnet als üblich erscheinen lasse, geweitete Pupillen, das gelegentliche visuelle Abtasten des Gesichts der geliebten Person sowie Schwierigkeiten, den Blickkontakt mit diesem Menschen zu unterbrechen. All das kannst du natürlich auch simulieren, wenn du dir etwas davon versprichst.[14]

In meinen Coachings bestätigt sich diese Tatsache immer wieder: Ratschläge, man solle möglichst wenig lächeln, um dadurch männlicher zu wirken, stammen von einem anderen Planeten. Wenn wir Frauen auf der Straße ansprechen, dann brechen wir damit erst mal eine soziale Konvention, und die Frauen sind zunächst ein wenig verwirrt und vielleicht auch verunsichert. All das kann man mit einem Lächeln schnell ins Gegenteil verkehren. Es sagt: »Ich bin dir wohlgesinnt; ich will dir nichts Böses«, und lässt das Gegenüber entspannen.

Es gibt nun mal Momente, um sexuelle Spannung herbeizuführen, und Momente, um Sympathie herzustellen. Über die Flexibilität, je nach Situation ihr Verhalten entsprechend anzupassen, verfügen viele Männer leider nicht.

Wie kann mir ein Lächeln zum Erfolg verhelfen?

Es ist wirklich unglaublich, was ein kleines Lächeln alles bewirken kann, und auch ich lerne durch meine Coaches immer wieder dazu. Ich hatte mal einen schwarzen Coach, der diesbezüglich wirklich die Krönung von allem darstellte, was ich bisher erlebt habe. Er hat wildfremden Frauen bereits in den ersten Minuten die anzüglichsten Sachen gesagt und kam damit auch noch sehr gut an. Er hatte einfach dieses unwiderstehliche breite Eddie-Murphy-Lächeln, das nur Schwarze haben. Ich war dabei, als er eine Frau auf der Straße mit folgendem Satz angesprochen hat: »Ich muss dir mal ein Kompliment machen. Ich würde dir zu gerne mal den Arsch versohlen, aber so richtig hemmungslos.«

Ich war damals mit einer Freundin unterwegs und habe das Ganze gefilmt. Meine Begleiterin hat die Welt nicht mehr verstanden, als der Typ schließlich auch noch die Telefonnummer der Frau bekommen hat.

Ein anderes Mal war ich mit ihm und meinen Workshop-Teilnehmern in der Stadt, und er schrie zu unser aller Überraschung auf einmal aus voller Kehle: »Wo sind die Muschis?« Just in diesem Moment kamen zwei Mädels um die Ecke, und er ging einfach strahlend auf sie zu, sagte: »Ach, da seid ihr ja«, und hakte sich bei ihnen ein. Ein Lächeln kann also wirklich magisch wirken und selbst die krassesten Aktionen sympathisch machen.

Auch hiermit hat sich die Wissenschaft ausführlich beschäftigt. Das Buch, das vermutlich das Grundlagenwerk der Lächelforschung darstellt, ist Marianne LaFrances *Lip Service*. Dieses Werk stellt eine kleine Fundgrube von Erkenntnissen dar, die auch beim Flirten und Verführen hilfreich sein können:

- Beispielsweise erfahren wir, dass man »echtes« und »künstliches« Lächeln anhand objektiver Kriterien tatsächlich gut voneinander unterscheiden kann. Beim »echten« Lächeln lächeln die Augen mit, was nichts anderes bedeutet, als dass sich die Muskeln darum zusammenziehen. Für die allermeisten Menschen ist es allerdings unmöglich, diese Muskelkontraktion bewusst herbeizuführen. Wer sich also zu einem Lächeln zwingen will, obwohl ihm wegen seiner Schüchternheit gar nicht danach ist, braucht sich keine Vorwürfe zu machen, dass er kein »echtes« Lächeln zustande bringt. G.-B. A. Duchenne, der diese Entdeckung erstmals machte, formulierte es mit den Worten: »Das eine Lächeln gehorcht dem Willen, aber das andere entsteht nur durch die süßen Gefühlsbewegungen der Seele.«

Allerdings sind wir Menschen zumindest unbewusst sehr gut in der Lage zu erkennen, mit welcher Form des Lächelns wir es gerade zu tun haben. Das fand man heraus, als man einer Gruppe von Versuchspersonen Fotos eines Models mit drei verschiedenen Gesichtsausdrücken zeigte: einmal neutral, einmal mit einem »künstlichen« Lächeln und einmal mit einem »echten«. Wenn man sie danach fragte, konnten die Versuchspersonen keinen Unterschied zwischen den letzten beiden Aufnahmen benennen. Das »echte« Lächeln führte bei ihnen trotzdem zu positiveren Reaktionen.

- Lächeln ist normalerweise eine soziale Handlung. Das zeigte sich beispielsweise, als Psychologen Menschen heimlich beim Bowling beobachteten. Diejenigen, die alleine kegelten, lächelten nicht – auch nicht, wenn es ihnen gelang, viele Pins mit einem Wurf umzustoßen. Das Lächeln zeigte sich nur bei jenen, die in einer Gruppe aktiv waren – in dem Moment, in dem sie sich wieder von der Bahn ab- und ihren Freunden zuwandten.

Wenn wir lächeln, dann häufig, um damit Kontakt herzustellen. So zeigte sich in verschiedenen Studien, dass Menschen glauben, jemanden zu kennen, wenn sie von dieser Person angelächelt werden. Wenn man Versuchspersonen etwa Fotos von Prominenten und von Unbekannten zeigt, von denen jeweils manche lächelten und manche nicht, dann glaubten die Leute eher, dass ihnen auch ein Unbekannter vertraut vorkam, solange er oder sie nur lächelte. »Ein Lächeln ist, wie bereits einen Fuß in der Tür zu haben«, kommentierte Marianne LaFrance diese Tatsache.

- Wann immer wir mit Menschen zu tun haben, die uns nur mit neutralem Gesichtsausdruck anschauen, obwohl wir finden, dass sie eigentlich lächeln sollten, nehmen wir das persönlich. Diese unschöne Erfahrung müssen vor allem Menschen machen, die aufgrund einer neurologischen Erkrankung nicht lächeln können, sondern zu einem maskenhaften Gesichtsausdruck verurteilt sind. Obwohl die Leute, die mit ihnen zu tun haben, wissen, dass die Erkrankten nicht absichtlich unfreundlich sind, reagieren sie auf das fehlende Lächeln negativ und gehen auf Distanz.
- Man kann sich selbst häufigere und stärkere Glücksgefühle verschaffen, indem man einfach mehr lächelt. Das ließ sich in einem Experiment beweisen, in dem man Versuchspersonen Zeichentrickfilme zeigte, während sie einen Stift entweder zwischen ihren Zähnen oder zwi-

schen ihren gespitzten Lippen halten mussten. Im ersten Fall waren sie also zu einem – sehr künstlichen – Lächeln gezwungen und empfanden die gezeigten Filme prompt als lustiger. Machte man dasselbe Experiment nicht mit Zeichentrickfilmen, sondern indem man den Versuchspersonen Fotos von den Gesichtern schwarzer und weißer Menschen zeigte, äußerten sich diejenigen Versuchspersonen weniger rassistisch, die den Stift quer zwischen ihren Zähnen hielten. Ein Lächeln, so gezielt und mechanisch es auch herbeigeführt sein mag, macht uns also automatisch offener gegenüber Kontakten zu Fremden.

- Häufig führt ein breites Lächeln – auch ein bewusst eingesetztes Lächeln – dazu, dass der Gesprächspartner zurücklächelt. Da dieser sich automatisch glücklicher fühlt, sobald er lächelt, führt das zu der Schlussfolgerung: Lächeln Sie jemanden an, und Sie beide fühlen sich danach fast automatisch glücklicher als zuvor. Allerdings erzeugt ein »echtes Lächeln« eine deutlich größere Wirkung als ein »falsches«. Das belegt ein Experiment, das Robert Cialdinis in seinem Buch *Yes!* vorstellt – ein Buch, in dem es um grundlegende Überzeugungstechniken geht. Cialdini berichtet von einem Experiment der Soziologin Alicia Grandey, die ihren Versuchspersonen zwei Aufzeichnungen eines Gesprächs an einer Hotelrezeption zeigte. Dabei unterhielt sich die vermeintliche Empfangschefin des Hotels mit einem vermeintlichen Gast. Tatsächlich waren beides Schauspieler. Im ersten Video war der Schauspielerin, die die Empfangsdame verkörperte, aufgetragen worden, wirklich freundliche Gefühle für ihren Gast zu entwickeln und zu überlegen, wie sie ihm einen möglichst angenehmen Aufenthalt bereiten konnte. Beim zweiten Gespräch sollte sie lediglich rein mechanisch-professionell lächeln. Nach ihrer Meinung befragt, äußerten die Versuchspersonen, die sich das erste Video anschauten, eine größere Zufriedenheit darüber, wie die Empfangsdame ihre Aufgabe erledigte, als jene, die das zweite Video zu sehen bekamen.

»Ist das Lächeln nur aufgesetzt, kann es sein, dass wir eher ein Stirnrunzeln ernten«, ziehen Robert Cialdini und seine Coautoren ein Fazit solcher Beobachtungen und schließen daran die Frage an: »Was also können wir tun, um uns und anderen mehr authentische positive Erfahrungen zu ermöglichen?« Sie empfehlen ein Training, um »mit emotionalen Situationen besser umzugehen und Stimmungen bewusster zu steuern«, sowie vor allem die angenehmen Seiten anderer Menschen stärker wahrzunehmen: »Viele von uns halten sich viel zu oft bei den Fehlern anderer Menschen auf. Wenn wir stattdessen versuchen, an ihrem Charakter irgendetwas zu finden, das uns gefällt, werden sie uns sympathischer sein – und als Folge davon werden auch wir ihnen sympathischer erscheinen. Kurz: Beide Seiten kommen sehr viel besser weg.«

Die mangelnde Fähigkeit, an den Menschen generell etwas Positives zu finden, kenne ich nur zu gut von den Männern in meinen Kursen. Sie sind meist »überkritisch«, was ihre Umwelt und ihre Mitmenschen angeht.

Sind sie in einem Club mit schönen, gestylten Frauen, dann sind das doch eh alles arrogante und oberflächliche Tussis. Fordere ich sie auf, eine bestimmte Frau anzusprechen, so haben sie häufig genug etwas an ihr auszusetzen. Sie ist ihnen dann vielleicht aus irgendeinem Grund nicht hübsch genug. Ein echter Verführer hat eine andere Einstellung zum Leben. Er kann an jeder Frau etwas Schönes und Liebenswertes finden und freut sich darüber, ihnen ein Lächeln ins Gesicht zu zaubern. Wenn ich mit der übergewichtigen 60-jährigen Kassiererin herumschäkere, dann fühlt sie sich gut, auch wenn sie und ich wissen, dass es nicht um ein ernsthaftes Werben von meiner Seite geht.

An dieser Stelle sollten wir noch einmal zu LaFrances *Lip Service* zurückkehren, wenn es um die Frage geht, in welcher Wechselwirkung Männlichkeit und Lächeln zueinander stehen. Auch hierzu gibt es aufschlussreiche Forschungsergebnisse. Beispielsweise verglichen Wissenschaftler Abertausende Fotos von Männern und Frauen, zusammengestellt über Facebook, Oberstufen-Jahrbücher, Zeitungen, Websites, Reklame und dergleichen mehr. Das Ergebnis war bei all diesen Vergleichen konstant: Frauen und Mädchen wurden öfter lächelnd gezeigt als Jungen und Männer. Ein ähnliches Verhältnis zeigte sich, wenn man alltägliche Begegnungen und Gespräche analysierte, ob in Restaurants, Büros, Konferenzen, politischen Versammlungen oder Klassenzimmern. Auf der sehr stabilen Grundlage solcher umfassenden Forschungen ist für Sozialpsychologen ein Lächeln inzwischen typisch weiblich und ein neutraler Gesichtsausdruck typisch männlich. Darüber hinaus lächeln gerade jene Männer weniger breit und offen, die über einen hohen Gehalt von Testosteron im Blut verfügen. Stattdessen zeigen sie ein grimmiges Lächeln, das manche Beobachter als »wölfisch« beschreiben.

Bittet man Versuchspersonen zudem, anhand von Fotos zu beurteilen, wie dominant bestimmte Menschen wirken, dann erscheinen lächelnde Menschen in der Tat weniger dominant. Dieses Experiment führte in verschiedenen Pick-up-Blogs und -Foren zu der Schlussfolgerung:

Wer beim Flirten vor allem dominant erscheinen möchte, sollte dabei auf das Lächeln lieber verzichten.

Das dürfte jedoch eine voreilige Schlussfolgerung darstellen. Zum einen ist es einigermaßen absurd, wenn Männer wenig hilfreiches Verhalten beibehalten, nur um klassischen Männlichkeitskonzepten gerecht zu werden. Männer gehen beispielsweise auch seltener zu Vorsorgeuntersuchungen, machen häufiger Überstunden, wählen gefährlichere und gesundheitsschädlichere Berufe und dergleichen mehr. Besonders gut tut ihnen all das nicht. Mit dem Lächeln ist es ähnlich: Warum sollten wir Männer auf eine Mimik verzichten, die uns guttut und Türen öffnet, nur weil sich etliche andere Männer damit selbst ein Bein stellen?

Zum anderen gibt es im Zusammenhang mit lächelnden Männern ein weiteres bemerkenswertes Experiment. Hierfür verglich man zwei Gruppen von Männern, die den verschiedenen Enden eines Spektrums von Soziosexualität angehörten. Aus der Psychologensprache übersetzt bedeutet dies: Die Männer der einen Gruppe hatten häufiger mehrere Sexualpartner nebeneinander, mehr One-Night-Stands und waren grundsätzlich aufgeschlossener für spontanen Sex. Die Männer der anderen Gruppe zogen es vor, Sex nur in einer lange dauernden Intimbeziehung zu haben, also in einer festen Partnerschaft.

Nun ließen die Wissenschaftler Männer aus beiden Gruppen von einer attraktiven Frau befragen. Und was die Forscher bereits vermutet hatten, bestätigte sich: Männer, die in sexueller Hinsicht besonders aufgeschlossen waren, betrachteten das Interview als eine Möglichkeit des Anbandelns und brachten die volle Kraft ihres Lächelns erkennbar häufiger zum Einsatz. Während sie insgesamt nicht öfter lächelten als andere Männer, zeigten sie sich in einer

Situation, die die Möglichkeit zu einer sexuellen Begegnung in sich barg, sehr »kontaktbereit«, wie es die Forscher bezeichneten.

Es ergibt also durchaus Sinn, wenn Frauen Fotos von lächelnden Männern weniger attraktiv (weil weniger männlich) finden als Fotos von Männern mit einem neutralen Gesichtsausdruck. Im persönlichen Kontakt ist das jedoch etwas anderes. Hier weiß eine Frau, dass dieses Lächeln speziell ihr gilt und ein Angebot darstellen kann.

Das ist einer der Gründe, warum wir dir auf jeden Fall dazu raten möchten, beim Ansprechen einer Frau häufiger zu lächeln.

Nun stellt Professorin Marianne LaFrance in ihrem Buch die Behauptung auf, dass ein Anlächeln quasi automatisch zu einem Lächeln des Gegenübers als Erwiderung führt. Das können von uns selbst durchgeführte Experimente allerdings nicht bestätigen: Viele Menschen ignorierten unser Lächeln einfach, was einigermaßen frustrierend sein kann.

Irrt LaFrance also? Nein, das tut sie nicht. Stattdessen muss man beachten: LaFrances Buch ist in den USA erschienen, und dort unterscheidet sich die Alltagskultur zum Teil erheblich von der deutschen. Dieser Aspekt wird leider häufig übersehen. Zahlreiche amerikanische Flirtratgeber werden ins Deutsche übersetzt, als ob sich deren Inhalt eins zu eins auf unsere Verhältnisse übertragen ließe, und viele deutsche Autoren orientieren sich unkritisch und ohne Gewichtung durch eigene Erfahrungen an solchen Ratgebern. Wir hatten bereits in *Der perfekte Eroberer* davor gewarnt, die Erkenntnisse amerikanischer Pick-up-Ratgeber ungefiltert auf unsere Flirtkultur zu übertragen.

Schraube deine Erwartungen also nicht zu hoch, wenn du hoffst, dass die von dir angelächelte Frau zurücklächelt. Aber lass dich auf keinen Fall entmutigen, wenn eine direkte Reaktion wie die spontane Erwiderung deines Lächelns zunächst ausbleibt! Die allermeisten Menschen, bei denen wir das ausprobiert haben, zeigten in der darauffolgenden Begegnung in irgendeiner Form eine spürbar größere Freundlichkeit im Umgangston und Verhalten. Wildfremde Leute grüßten uns freundlich (»Der scheint mich zu kennen, sonst würde er mich nicht anlächeln«), und von manchen Frauen haben wir ein wirklich süßes Lächeln als Erwiderung erhalten, das unsere Laune stark gehoben hat.

Gerade weil die meisten Leute unseres Kulturkreises im Alltag entweder mürrisch, neutral oder von einer zurückhaltenden, eher unterkühlt-höflichen Freundlichkeit geprägt sind, kann offensives Anlächeln einen wirkungsvollen Kontrast darstellen, der sehr positiv bewertet wird. Viele von uns machen diese Erfahrung, wenn sie andere Kulturen vor allem in südlichen Ländern besuchen und dort auf einen Umgang miteinander stoßen, der von sehr viel mehr Lächeln geprägt ist. Erst dieser Kontrast macht ihnen den Unterschied bewusst – und wieder zu Hause schwärmen sie ihren Bekannten davon vor, wie freundlich die Leute in ihrem Urlaubsland gewesen seien.

Du hast hier die Wahl zwischen zwei Einstellungen: »Einer muss den Anfang machen.« Und: »In Deutschland lächelt keiner, also setze ich auch ein mürrisches Gesicht auf.« Nur die erste Einstellung bringt dich bei Frauen weiter. Dass du dich anders verhältst als »normale« Menschen, löst bei manchem vielleicht erst einmal Skepsis aus. Bei vielen anderen führt es jedoch zu regelrechter Begeisterung. Beispielsweise habe ich im Stil von »Knut Hansen«, einer fiktiven Figur des Schauspielers Christian Ulmen, eine Zeit lang jeden, mit dem ich in Kontakt kam, mit einem lauten »Grüß dich, mein Lieber!« beziehungsweise »Grüß dich, meine Liebe!« angesprochen. Damit wollte ich eigentlich nur ein wenig herumalbern, war dann aber überrascht, wie überaus positiv andere auf mich reagierten. Die Menschen, die ich so begrüßte, waren mir gegenüber von Anfang an viel aufgeschlossener. Ich mache diese Erfahrung immer wieder: Man kann sich entweder an den gesellschaftlichen Konsens anpassen und so weder negativ noch positiv auffallen – oder aber man tanzt aus der Reihe und stößt möglicherweise zwar hier und da auf Gegenwehr, kommt in den meisten Fällen aber eher gut an. Vergiss nicht, dass gerade in Deutschland eine offene, kommunikative Art viel mehr einschlägt als in Amerika. In Amerika bin ich mit diesem Auftreten einer von vielen – hier ein Unikat.

Es gibt in diesem Zusammenhang noch mehr erfreuliche Botschaften: Im November 2012 berichtete die Schweizer Zeitung *Blick* unter der Schlagzeile »Männer ›smilen‹ sich Frauen gefügig« über eine Studie der Universität von Granada, die in diesem Zusammenhang überaus aufschlussreich ist. »Wenn ein Mann eine Frau dazu bringen will, zu tun, was er möchte, braucht er sie bloß anzulächeln«, heißt es in dem Artikel. »Die Wissenschaftler stellten bei Experimenten fest, dass Damen sich von einem simplen Herrenlächeln bezirzen lassen. Und zwar so sehr, dass sie deswegen eher bereit sind, die Wünsche des Mannes zu erfüllen. Das Phänomen ließ sich sogar dann nachweisen, wenn das freundliche Lächeln von einer sexistischen Bemerkung männlicherseits begleitet wurde.« Wie kommt das? Die Erklärung, die die Wissenschaftler dafür anboten, lautete, dass Frauen ein weitaus größeres Gewicht auf die Körpersprache ihres Gegenübers legen als auf das, was er sagt. Das Lächeln löst in ihnen positive Gefühle aus, und diese möchten sie gerne aufrechterhalten. Wie wichtig ihnen das unbewusst ist, zeigte sich auch darin, dass sie als Reaktion auf das Lächeln eines Mannes eine devotere Körperhaltung einnahmen. Eine Frau dominieren zu wollen, indem man sie nicht anlächelt, dürfte also die falsche Entscheidung sein.

Einen zusätzlichen Bonus dieses Vorgehens kannst du selbst ausprobieren: Geh einmal zehn Minuten lang durch die Stadt und lächle jeden Entgegenkommenden an. Das wird für dich anfangs gewöhnungsbedürftig sein, eben weil die meisten Menschen nicht zurücklächeln. Nach einiger Zeit sollte dieses Verhalten bei dir aber zu einer deutlichen Stimmungsaufhellung führen, bis hin zu einem leicht euphorischen Gefühl. Das überrascht nicht, wenn man sich daran erinnert, dass schon das rein mechanische Lächeln, das durch das Halten eines Bleistifts zwischen den Zähnen erzeugt wird, zu einer besseren Laune beiträgt. Öfter mal lächelnd durchs Leben zu gehen und dieses Lächeln dann auch beim Anbaggern beizubehalten, macht dich in doppelter Weise attraktiv: einmal äußerlich, weil lächelnde Menschen nun mal hübscher sind als grimmige, aber auch innerlich, weil du beschwingter auftrittst und sich deine gute Laune vermutlich auf die angepeilte Frau überträgt.

Falls dir das zwanglose Lächeln am Anfang schwerfällt, können dir lustige Hörbücher helfen. Als ich ein solches Buch einmal unterwegs gehört habe, musste ich an einer Stelle so heftig grinsen, dass sich dadurch offenbar eine Frau angeflirtet fühlte, die ich gar nicht anflirten wollte. Sie strahlte mich plötzlich mit einem breiten Grinsen an. Ich war verwirrt und habe mich gefragt, warum es in Deutschland auf einmal so ganz anders läuft als gewohnt. Frauen, die einen von sich aus anflirten – gibt es noch Wunder? Bis mir auffiel, dass ich ja selbst mit einem fetten Grinsen herumgelaufen war.

Ich finde es immer wieder faszinierend, in Diskotheken die Eckensteher zu beobachten: also Typen, die dort am Rand der Tanzfläche das Geschehen betrachten. Von ihnen gibt es zwei Arten: Der eine ist schüchtern und verkrampft und hofft insgeheim, dass ihn eine Frau anspricht. Der andere ist Modell Muskelprotz. Er steht betont lässig in der Ecke und hält sich einfach für zu cool, um eine Frau anzusprechen. Stattdessen glaubt er: »Wenn ich nur möglichst cool aussehe, kommen die Weiber schon von alleine.«

Tun sie aber leider nicht.

So unterschiedlich diese beiden Typen Mann auch sein mögen, haben sie doch drei Dinge gemeinsam:

1. Sie machen keine Party, sondern gucken sich die Party nur an.
2. Sie lächeln nicht.
3. Sie gehen garantiert alleine nach Hause.

Gute Laune und Lächeln sind so mächtig, dass sich Menschen dieser Wirkung kaum entziehen können. Ich merke das immer wieder, wenn ich mit Kumpels unterwegs bin. Wir sind alle sehr erfolgreich bei Frauen, und jeder von uns hat eigentlich immer mindestens eine Frau in seinem Leben, also ist für uns das gemeinsame Ausgehen nicht unbedingt gleichbedeutend mit Jagd. Wir verbringen einfach eine super Zeit miteinander, lachen viel, machen viel Blödsinn und kümmern uns eigentlich gar nicht um die Frauen. (Verhalten uns also genau so, wie die meisten Frauen es in solchen Situationen tun.) Das macht viele Frauen wahnsinnig. So bilden sich immer mehr Frauengrüppchen, die sich ganz zufällig in unserer Nähe aufhalten ... Wir werden ständig um Feuer gebeten (das scheint das weibliche Gegenstück zu den abgelutschten Aufreißersprüchen mancher Männer zu sein), und es wird auf die eine oder andere Art versucht, mit uns in Kontakt zu kommen.

Ein Lächeln strahlt eine innere Grundzufriedenheit aus. Jemand fühlt sich wohl in seiner Haut und hat keinerlei Aufmerksamkeit nötig. Das zieht Menschen magisch an. Die Eckensteher hingegen wirken bedürftig, und das turnt Menschen ab.

Wie man geschickter vorgeht, verrät die Flirtexpertin Leil Lowndes in ihrem Ratgeber *How to Create Chemistry with Anyone*. Sie empfiehlt uns Männern, uns bei der Begegnung mit einer Frau vorzustellen, es handele sich um jemanden, den wir lieben und unbedingt beschützen möchten, beispielsweise unsere kleine Schwester. Diese Haltung werde auch in unser Lächeln wandern und von einer Frau wesentlich anziehender empfunden als beispielsweise ein lüsternes Grinsen. Wobei, und hier möchten wir Leil Lowndes zum Teil widersprechen, auch ein lüsternes Grinsen beim Kontakt mit einer Frau beispielsweise in einem Club von Vorteil sein kann: dann nämlich, wenn man bereit ist, von Anfang an sexuell gefärbtes Interesse zu signalisieren. Gerade wer bei Frauen allzu schnell als »zu harmlos« eingestuft wird und immer wieder auf der gefürchteten Kumpelschiene landet, sollte sich einmal überlegen, ob er eine Frau nicht öfter mal anlächelt, während er sich im Zusammenhang mit ihr sexuell gefärbte Gedanken durch den Kopf gehen lässt. Häufig dürfte die angelächelte Frau dieses Begehren bewusst oder unbewusst spüren. Wenn sie wenig von dir hält, kann es natürlich sein, dass sie dieses Lächeln als »schmierig« abwertet, aber dann hattest du ohnehin keine guten Chancen. Solltet du aber ihr Typ sein, bringst du sie vielleicht dazu, deine Gedanken zu teilen.

Auf einen letzten Punkt, den es zu beachten gilt, weist schließlich der Kommunikationsexperte Nicholas Boothman in seinem Buch *How to Make Someone Fall in Love With You in 90 Minutes or Less* hin. Er rät seinen Lesern, sich nicht übertrieben viel Mühe zu geben, und verweist hierzu auf eine Studie, die an der Universität Princeton durchgeführt wurde. Hierbei wurden Studenten beiderlei Geschlechts nach ihren Methoden befragt, Menschen einzuschätzen, denen sie zum ersten Mal begegneten. Diese nannten »Übereifer« als einen der häufigsten Aspekte, die ihnen einen Menschen als wenig sympathisch erscheinen ließen. Dies, so Boothman, führe zu der Schlussfolgerung: »Lächele nicht allzu strahlend, sei nicht zu witzig oder über die Maßen höflich.« Andernfalls wirkst du so, als ob du dich anderen Leuten regelrecht andienen wolltest, was deinen Status senkt und die Frage nahelegt, welche Hintergedanken dich wohl zu diesem Verhalten veranlassen. Besonders authentisch und vertrauensbildend erscheint ein solcher Auftritt selten – nicht in den USA und vermutlich sogar noch weniger hierzulande. Besser ist es, eine natürliche Freundlichkeit auszustrahlen, was durch die entsprechende innere Einstellung am einfachsten geschieht.

Es läuft mal wieder auf die Frage hinaus, warum du etwas tust. Lächelst du, um zu gefallen, oder lächelst du, weil dir etwas gefällt?

Wie überwinde ich Schüchternheit und Nervosität vor dem Ansprechen einer Frau?

Warum schaffen es so viele von uns nicht, eine Frau, die uns gefällt, einfach anzusprechen? Ich habe den Eindruck, es hat viel mit sozialer Konditionierung zu tun. Wenn wir Kinder sind, gelingt es den meisten von uns noch problemlos, unbefangen auf ein gleichaltriges Mitglied des anderen Geschlechts zuzugehen und zu fragen: »Willst du mit mir spielen?« Aber im Laufe unseres Lebens lernen wir durch bestimmte Erfahrungen, in solchen Situationen mit Angst, Schüchternheit, Unsicherheit und Zurückhaltung zu reagieren. Dieses Lernprogramm wird dabei so sehr Kernbestandteil unserer geistigen Prozesse, dass wir es nur selten einfach mit ausreichender Willenskraft übergehen können.

Ich denke, dass diese soziale Angst eine der am weitesten verbreiteten und verschwiegenen Ängste überhaupt ist. Niemand spricht darüber, aber alle haben sie mehr oder weniger stark ausgeprägt. Ich kenne nur einen ganz kleinen Bruchteil von Männern, ich würde die Zahl unter die Fünf-Prozent-Marke setzen, die wirklich ungezwungen auf Frauen zugehen können – und zwar in jeder Situation, nicht nur besoffen im Club. Egal, wie cool sich die Männer nach außen geben, egal, wie attraktiv sie sind oder wie erfolgreich, diese Angst teilen fast alle. Das Schwierige daran ist, dass sie diese Angst oft sogar vor sich selbst verleugnen. Das spiegelt sich dann in Aussagen wie, sie hätten das gar nicht nötig oder fänden es primitiv, eine Frau einfach so auf der Straße »anzubaggern«.

Es ist schon ziemlich traurig, dass es heute als irgendwie schmutzig oder primitiv gilt, eine Frau im alltäglichen

Leben anzusprechen. Mich würde wirklich sehr interessieren, wer die Regel aufgestellt hat, dass man Frauen nur in Diskotheken ansprechen darf. Und was ist mit den Frauen, die gar nicht in Diskotheken gehen? Wie universell und verbreitet diese Angst auch bei Leuten ist, die in unserer Wahrnehmung als sehr mutig gelten würden, wurde mir erst letztens wieder bewusst.

Gerade vor ein paar Wochen hatte ich ein Einzelcoaching mit einem professionellen Fallschirmspringer. Er wollte mich herausfordern und sagte zu mir: »Wenn du mir Angst machst, mache ich dir auch Angst. Wie wäre es morgen mit einem Fallschirmsprung?« Ich willigte sofort ein und habe diese Entscheidung nicht bereut. Es ist schon ein unbeschreibliches Erlebnis, wenn du da aus 4000 Metern Höhe nach unten guckst und sich dein Tandembuddy nach vorne fallen lässt ... Da hilft nur noch schreien.

Wieder auf dem Boden angekommen, sind wir in die Innenstadt gegangen, und ich habe ihn verschiedene Übungen durchführen lassen. Dabei betonte er immer wieder, dass es für ihn schlimmer sei als jeder Fallschirmsprung, den er je gemacht hätte – dabei habe ich ihn nur fremde Frauen grüßen und später Komplimente verteilen lassen. Um 19 Uhr brach er das Coaching ab, weil er zu kaputt war, um weiterzumachen. Mancher setzt sich also lieber einer realen Todesgefahr aus, als eine völlig ungefährliche Frau anzusprechen.

Wenn es speziell um das Anbaggern von Frauen geht, wird dieses Problem vermutlich noch durch etwas verschärft, das der Psychologe Wolfgang Hantel-Quitmann als »Madame-Bovary-Syndrom« bezeichnet. Damit spielt er auf die überzogene Erwartungshaltung an, die viele Frauen auf der Suche nach ihrem Traumprinzen hegen und der Hantel-Quitmann in seiner Berufspraxis vielfach begegnete. »Nachdem Frauen lange Jahrhunderte unterge-ordnet waren«, zitiert ihn die Zeitschrift *Focus*, »behaupten sie sich jetzt selbst. Das Pendel schlägt jetzt weit auf die andere Seite aus. Die Ansprüche sind derart extrem, dass sie oft kaum zu erfüllen sind.«[15] Insofern schrecken immer mehr Männer davor zurück, zum Schaulaufen überhaupt noch anzutreten.

Wenn du diesen Ratgeber liest, gehörst du allerdings vermutlich nicht zu dieser Gruppe. Stattdessen suchst du wohl eher brauchbare Tipps, wie du deine Nervosität in einer entsprechenden Situation senken kannst. Leider ver-hält es sich mit diesem Thema ein wenig wie mit dem Thema Abnehmen: Es gibt viele Ratschläge, auf die so mancher Betroffene oder »Experte« schwört und die ihm persönlich auch geholfen haben mögen, aber noch immer nicht den Königsweg, mit dem wirklich jeder Erfolge ver-zeichnen kann. So bleibt es oft bei der Methode »Versuch und Irrtum«, um zu überprüfen, welcher Weg einem per-sönlich liegt und zur eigenen Persönlichkeit passt.

Einige gängige Tipps in diesem Bereich sind die folgen-den:

• Mach dir klar, dass die Frau, bei der du landen möch-test, kein Ziel ist, bei dem du entweder erfolgreich sein oder scheitern, also versagen kannst. So zu denken setzt dich zu sehr unter Druck und vernachlässigt die Tatsache, dass du bei vielen Frauen selbst mit dem bes-ten Flirtversuch nicht ankommst. So wie beim Fußball bist du nicht alleine dafür verantwortlich, dass ein Pass glückt. Betrachte sie also besser als Mitspielerin, und mach dich nicht fertig, wenn dein Versuch misslingt. Diese veränderte Einstellung kann bereits einiges aus-machen.

- Ebenso entlastend ist es für manche, wenn sie die Verantwortung für den Erfolg oder Misserfolg eines Kontaktversuchs einer in ihren Augen wohlwollenden höheren Macht überantworten, also beispielsweise Gott, dem Schicksal oder dem Universum.
- Stell dir vor, die betreffende Frau wäre bereits eine gute Bekannte von dir, und sprich sie in entsprechend entspanntem Tonfall an.
- Versetze dich gedanklich zurück in einen Moment eines großen Triumphs oder Erfolges. Wissenschaftler haben herausgefunden, dass schon eine ausreichend bildliche Erinnerung an einen solchen Moment der Stärke ausreichen kann, einen neuen Testosteronschub zu erzeugen, der selbstbewusster macht.
- Ein anderes Hormon, das soziale Ängste senken kann, ist Oxytocin. Es verstärkt das menschliche Vertrauen und beugt dem Fluchtreflex vor. Zu einer starken Ausschüttung von Oxytocin kommt es beispielsweise, wenn man 20 Sekunden lang von einem anderen Menschen umarmt worden ist. Nun kannst du beim Frauenanbaggern natürlich keinen professionellen Umarmer mitschleppen, aber Wissenschaftler haben herausgefunden, dass Oxytocin, ähnlich wie im vorigen Beispiel Testosteron, auch entsprechend ausgeschüttet wird, wenn man sich eine solche innige Umarmung nur intensiv genug vorstellt.
- Es ist unglaublich schwer, urplötzlich einen fremden Menschen ansprechen zu müssen, wenn man davor einige Zeit lang kaum mit anderen Menschen gesprochen hat. Dein Gehirn verhält sich dann wie ein Auto, das aus dem Stand auf 200 Stundenkilometer beschleunigen soll. Geschickter ist es, sich zuerst »aufzuwärmen« – durch ein Gespräch mit Freunden oder mehrere vorher-

gehende kurze Kontakte zu Fremden. Plaudere also mit Verkäufern, Busfahrern, Bedienungen oder wer sonst immer greifbar ist, bevor du auf die Pirsch gehst.

- Härter, aber potenziell erfolgversprechender ist es, soziales Unwohlsein durch spezielle Übungen aushalten zu lernen. Du sprichst also nicht nur mit Personal aus den sogenannten »Lächelberufen« wie zum Beispiel einer Bedienung im Bistro, die sich in der Regel beruflich zu Freundlichkeit verpflichtet fühlt, sondern nimmst gezielt auch dann Kontakt mit Fremden auf, wenn du dich dabei unwohl fühlst, also zum Beispiel indem du mit der Person, die vor dir in der Schlange an einer Kasse wartet, ein Gespräch zu beginnen versuchst. Lerne dabei immer mehr, den Reflex zu vermeiden, diesen Kontakt möglichst schnell zu beenden, damit du dich wieder wohler fühlst. Eine wenig hilfreiche Reaktion, die ich bei vielen Anfängern immer wieder beobachte. Alles läuft eigentlich gut, aber aus irgendeinem Grund »flüchten« sie aus dem Gespräch und lassen eine verdutzte Frau zurück. Je besser du dieses Gefühl in solchen Situationen aushalten kannst, desto eher gelingt dir das auch beim ersten Kontakt mit einer attraktiven Frau.

Gerade die netten Männer haben ein großes Problem mit dem Ansprechen. Sie sind viel zu sehr im Kopf des Mädchens als in ihrem eigenen. Sie denken nicht: »Wow, was für eine tolle Frau, die will ich haben«, und sprechen sie an, sondern: »Wenn ich sie anspreche, wie wird sie sich dann fühlen? Vielleicht findet sie meinen Spruch total blöd? Sie ist ja gerade mit ihren Freudinnen unterwegs, ich will ihr Gespräch nicht einfach so unterbrechen. Sie liest gerade ein Buch, da will sie sicher nicht gestört werden« und so weiter. Das sind alles Einwände, die ich in meinen

Workshops von Männern gehört habe. Ein Teil der Angst vor dem Ansprechen ist also die starke Tendenz, einen Konflikt zu vermeiden und der Frau nicht auf die Füße zu treten.

Ändere deine Einstellung. Hör auf zu glauben, dass man Frauen in Watte packen muss und du selbst ein derart entsetzlicher Typ bist, dass sie ein Flirtversuch deinerseits auf lange Zeit traumatisieren würde. Wir wissen selbst, dass genau das die Botschaft ist, die viele Medien in jüngster Vergangenheit uns Männern mal wieder einzubläuen versucht haben. Das sind dieselben Medien, die uns professionelle Verführer als Frauenfeinde hinstellen möchten. Aber diese Botschaften sind Bullshit. Sie machen niemanden glücklich – außer einer sehr kleinen Gruppe von Frauen, die damit in unserer Gesellschaft Ruhm und Anerkennung einfahren. Aber dabei brauchst du dich ja nicht zu deinem eigenen Schaden zum Komplizen zu machen.

Mit wissenschaftlich fundierten Methoden, mutiger zu werden, hat sich der US-amerikanische Psychologe Robert Biswas-Diener in seinem Buch *The Courage Quotient* beschäftigt. Er stellt darin zwei Techniken vor, derer sich auch Verführungskünstler bedienen können:

- Kommt in Gruppen zusammen, um aktiv zu werden und Hemmungen zu überwinden. Wie gut das funktioniert, erlebe ich regelmäßig bei meinen Workshops, deren Teilnehmer einzeln größte Hemmungen hätten, eine fremde Frau anzusprechen, in der Gruppensituation aber einen Mut aufbauen können, der jeden einzelnen Teilnehmer bei seinen Flirtversuchen trägt.
- Es klingt nach dem vorigen Tipp vielleicht widersinnig, aber ebenso sinnvoll kann es sein, sich sozialem An-

passungsdruck frühzeitig zu verweigern. Robert Biswas-Diener erwähnt hierzu beispielhaft die Reaktion von Menschen, die sich nicht trauten, Verbrechensopfern zu Hilfe zu kommen, weil sie in dieser Situation umgeben waren von anderen Menschen, die ebenfalls abwarteten, statt zu handeln. Jeder blickte nur auf die Reaktionen seiner Mitmenschen, die alle ebenfalls nichts taten, und keiner setzte sich in Bewegung, weil er nicht derjenige sein wollte, der aus der Reihe tanzte. Dass wir versuchen, uns gegenüber unserer Gesellschaft so konform wie möglich zu verhalten, ist vermutlich ein uraltes Erbe der Menschheitsgeschichte – wer sich diesem Druck nicht beugte, konnte (und kann noch heute[16]) ausgegrenzt und isoliert werden. Je früher du lernst, diesem Druck zu widerstehen, desto eher kannst du dich ihm auch in ganz konkreten sozialen Situationen verweigern und zum Beispiel auf einem Stadtfest eine unbekannte Schöne ansprechen. Vielleicht liegt hier sogar der wahre Grund dafür, dass sich frühe Pick-up-Artists in schrille, vielleicht sogar peinlich wirkende Klamotten kleideten, bevor sie im Nachtleben auf Streifzug gingen. Sie signalisierten damit nicht zuletzt für sich selbst, dass sie die gängigen sozialen Regeln für sich persönlich ablehnten – und gingen später entsprechend forscher auch bei ihren Kontaktversuchen vor.

Wenn du auf radikale, aber effektive Weise Ähnliches erreichen möchtest, dann setz dich bewusst peinlichen Situationen aus. Fang klein an, indem du zum Beispiel in die U-Bahn einsteigst und lautstark allen Mitfahrern einen wunderschönen guten Morgen wünschst. Wiederhole solche Aktionen regelmäßig, und denk dir immer schwierigere Dinge aus. Ich habe irgendwann spontane Reden in Bahnen gehalten, was wirklich immer wieder sehr hart war … aber irgendwann macht es dir wirklich kaum noch etwas aus.

In meinen Einzelcoachings fallen immer wieder Sätze wie »Das ist mir aber peinlich, was denken da bloß die Leute von mir?«. Darauf erwidere ich: »*Das* ist dir peinlich? Dann schau dir das mal bitte an.« Daraufhin mache ich etwas noch Extremeres, fange zum Beispiel in der Fußgängerzone an, *Satisfaction* von den Stones zu singen und dabei alle Instrumente zu imitieren und wild zu tanzen. Auf solche Aktionen reagieren die Umstehenden fast immer, und mein Kunde empfindet garantiert ein stärkeres Gefühl von Scham als ich, der ich mich gerade komplett zum Affen mache. Ich versuche, meinem Kunden in derartigen Situationen klarzumachen, dass er irgendwelchen Leuten, die er noch nicht mal kennt, viel zu viel Macht über sich einräumt: Er lässt andere darüber entscheiden, wer er ist. Warum sollte ich mich danach richten, was Leute, die vielleicht den ganzen Tag vor der Glotze sitzen und Trash-TV schauen, über mich denken? Die Masse der Menschen, denen wir uns so gerne anpassen möchten, führt ein dumpfes, langweiliges Leben … aber seltsamerweise versucht sich jeder an ihren Werten und Idealen zu orientieren. Schau dir doch einmal an, wie glücklich und zufrieden sie auf dich wirken, und dann überleg dir, ob ihre Normvorstellungen diejenigen sind, an denen du dich wirklich orientieren möchtest.

Nun dürfte es viele Menschen geben, die so schüchtern sind, dass bei ihnen die bisher vorgestellten Tipps nicht ausreichen, damit sie es schaffen, eine ihnen noch unbekannte Frau anzuflirten. Ihnen könnten psychologische Techniken helfen, die ausgefeilter und tiefgreifender sind, aber auch dementsprechend mehr Zeit und Aufwand benötigen.

Bei einer dieser Techniken geht es vor allem darum, dein Selbstmitgefühl zu verstärken, also deine Fähigkeit, mit dir selbst ebenso sorgsam umzugehen, wie du es mit einem geliebten Menschen tun würdest. Diese Idee ist ein relativ neues Konzept: Selbstmitgefühl wird von Psychologen inzwischen als hilfreicher wahrgenommen als Selbstbewusstsein, da es einen Menschen innerlich stärkt, ohne ihn zugleich anfällig für Narzissmus, Ärger, Selbsttäuschung und andere schädigende Entwicklungen zu machen. In den USA erscheinen derzeit jedes Jahr mehrere Bücher zu diesem Thema, einige der Titel erhält man inzwischen auch in Deutschland. Du findest sie in den Literaturangaben dieses Ratgebers oder indem du dich mit dem Stichwort »Selbstmitgefühl« an den Buchhandel wendest.

In ihrem Buch *The Charisma Myth* nennt die Kommunikationsberaterin Olivia Fox Cabane mehrere Aspekte, die verdeutlichen, warum Selbstmitgefühl auch beim Anflirten von Frauen hilfreich sein kann. Demnach sind Menschen mit hohem Selbstmitgefühl

- durch die Probleme des Alltags schwerer zu erschüttern, sie reagieren weniger negativ auf schwierige Situationen wie zum Beispiel Ablehnung,
- sie fühlen sich mit anderen Menschen stärker verbunden,
- sie empfinden weniger Selbstmitleid (ein wesentlicher Unterschied zum Selbstmitgefühl),
- sie werden nicht von ihrem inneren Kritiker niedergemacht,
- sie strahlen mehr Wärme und ein größeres Selbstbewusstsein aus.

Fox Cabane zitiert einen ihrer Klienten mit dem Satz, durch sein gewachsenes Selbstmitgefühl spüre er mittlerweile, »dass ich immer mehr zu einem Alpha-Mann wurde«. Diese Bemerkung verdeutlicht auch gut, dass man sich unter einem echten Alpha-Mann eben keinen polternden, Frauen unterdrückenden Macho vorstellen sollte, sondern einen Mann, der emotional stabil ist und in sich ruht und dessen Autorität aus dieser Reife erwächst.

In ihrem Buch stellt Fox Cabane mehrere Techniken vor, mit denen man sein Selbstmitgefühl stärken kann. Eine von ihnen ist die buddhistische Metta-Meditation. Hierbei setzt du dich bequem hin, schließt deine Augen und atmest zwei- oder dreimal tief ein. Dabei stellst du dir vor, Massen sauberer Luft zu deiner Schädeldecke zu saugen. Beim Ausatmen stellst du dir vor, dass diese Luft durch deinen ganzen Körper braust und alle Sorgen hinwegfegt.

Denke dann an einen Augenblick in deinem Leben, wo du eine gute Tat vollbracht hast, ob groß oder klein. Sobald du diesen Moment vor Augen hast, denke an ein Wesen, ob menschlich oder mythisch, das große Warmherzigkeit dir gegenüber empfinden könnte, also zum Beispiel Buddha, Jesus oder den Dalai Lama. Stell dir dieses Wesen intensiv vor, seine Wärme, Freundlichkeit und Zuneigung, seine Augen und sein Gesicht. Fühle, wie seine Wärme auf dich ausstrahlt und dich umhüllt. Betrachte dich durch seine Augen mit Wärme, Freundlichkeit und Zuwendung. Fühle, wie es dir für alles vergibt, was dein innerer Kritiker an dir zu bemängeln hat. Dir wird komplett und absolut vergeben. Fühle, dass du vollständig akzeptiert wirst, so, wie du bist, genau jetzt, in diesem Moment des geistigen Wachstums. Du bist perfekt, so, wie du bist.

Es ist inzwischen wissenschaftlich belegt, dass Übungen dieser Art zu einem signifikanten Nachlassen von Depressionen, Angst, Selbstkritik, Scham und Minderwertigkeitsgefühlen führen.[17] Generell ist Meditation gut geeignet, das menschliche Gehirn dauerhaft so zu verändern, dass es mit unangenehmen Gefühlen besser zurechtkommen kann.[18]

Einen anderen Ansatz, um seine Angst vor dem Ansprechen in den Griff zu bekommen, liefert die sogenannte Acceptance and Commitment Therapy (ACT). Sie orientiert sich an der Erfahrung, dass es keinen Sinn hat, mit bestimmten Handlungen – hier: dem Anflirten von Frauen – zu warten, bis man endlich selbstbewusst genug dafür ist. Stattdessen ist es vernünftig, so zu handeln, als ob man bereits selbstbewusst wäre, woraufhin sich, wenn man dies oft genug getan hat, das gewünschte Gefühl von selbst einstellt. Die Angst, die man dabei zunächst empfindet, sollte man nicht versuchen zurückzudrängen, weil dies viel zu viel Energie erfordert und zu viel Aufmerksamkeit auf diese Angst lenkt. Sinnvoller ist es, diese Angst (und andere unangenehme Gefühle) bewusst zu spüren und zu akzeptieren. Auf diese Weise kann sich die Angst von einer Störung und einem Hemmnis zu einem auch im positiven Sinne elektrifizierenden Gefühl wandeln, das einen mit Energie auflädt – ähnlich wie sich zum Beispiel ein Skateboarder vor einem besonders gewagten Sprung fühlt.

Wesentlich ausführlicher erklärt der Psychotherapeut Russ Harris diese Methode in seinem Buch *The Confidence Gap*. Dabei kommt Harris auch auf die Konfrontationsmethode zu sprechen, die wir in unserem Vorgängerband *Der perfekte Eroberer* empfohlen haben. Er erwähnt hierzu Albert Ellis, einen der einflussreichsten Psychologen des 20. Jahrhunderts. Als junger Mann hatte auch Ellis fürchterliche Angst davor, von Frauen abgelehnt zu werden. Um diese Furcht zu bewältigen, sprach er im botanischen Garten von New York über hundert attraktive Frauen an und bat sie um eine Verabredung. Zwar sagte keine einzige dieser Frauen Ja, dafür aber war, sobald Ellis mit dieser Übung fertig war, seine Angst vor Ablehnung bei null angelangt: Er hatte sich erfolgreich gegen Zurückweisung abgehärtet.

Leider betont Russ Harris trotzdem, dass er diese Methode nicht empfehlen würde – und zwar mit der folgenden Begründung: »Viele Frauen mögen es nicht, auf diese Weise belästigt zu werden, und außerdem lässt das Ellis ein bisschen wie einen dieser Pick-up-Künstler erscheinen ...« Ich fürchte, damit zeigt Harris eine leider typische Einstellung unserer Zeit: Es ist besser, ein Mann leidet sein Leben lang unter sozialer Angst, als dass er einige Frauen für nicht einmal eine Minute einer Situation aussetzt, die ihnen milde unangenehm sein könnte.

Tatsächlich halten wir die von Albert Ellis praktizierte Methode für einen der erfolgversprechendsten Wege, seine Angst vor Ablehnung in den Griff zu bekommen. Unter dem Namen Konfrontationstherapie ist sie ja inzwischen noch etwas feiner ausgebaut worden: Dabei setzt man sich mit seiner Angst in einem von Stufe zu Stufe ansteigenden Ausmaß aus, hält auch mal inne, wenn der nächste Schritt zu viel wird, geht schlimmstenfalls auch mal wieder eine Stufe zurück. Mit dieser »Salamitaktik« können sich Menschen die unterschiedlichsten Ängste abgewöhnen – von der Angst vor Spinnen oder anderen Tieren über die Angst vor Höhen oder geschlossenen Räumen bis zur Angst davor, eine Rede zu halten oder auf offener Straße wildfremde Frauen anzusprechen.

Diese Methode funktioniert wirklich sehr gut. Es gibt nur zwei Probleme bei der ganzen Geschichte. Erstens besitzen die meisten Menschen nicht die nötige Härte oder Disziplin, um überhaupt den ersten Schritt zu wagen, und zweitens besteht das Risiko, schon bei der ersten Erfahrung auf eine außergewöhnlich abweisende Frau zu stoßen. Das kann natürlich extrem entmutigend sein.

Insofern sollte jemand, der diese Methode anwendet, irgendeine Form von Unterstützung haben – beispielsweise durch therapeutische Begleitung oder aber auch im Rahmen der von mir angebotenen Workshops.

Vielleicht ist es dir eine Nummer zu heftig, hundert Frauen nacheinander nach einem Date zu fragen. Aber es gibt ja auch eine ganze Reihe von niedrigstufigeren Annäherungen, mit denen du deine Schüchternheit schrittweise reduzieren kannst. Du könntest zum Beispiel jeden Tag

- zu sechs fremden Frauen »Hi!« sagen,
- einer anderen Frau lächelnd mit einem kurzen Heben der Hand zuwinken,
- eine Frau wegen einer Kleinigkeit ansprechen (etwa nach dem Weg oder der Uhrzeit fragen und ihr ein Kompliment machen, während du dich von ihr verabschiedest).[19]

Auf diese Weise würdest du ganz allmählich und Schritt für Schritt deine Schüchternheit abbauen. Wenn dieser Weg für dich gut funktioniert, gibt es keinen Grund, warum du ihn nicht wählen solltest. Im Gegenteil: Er bietet gegenüber einem allzu forschen »aufreißermäßigen« Auftreten durchaus Vorteile. Während Arne und ich zum Beispiel grundsätzlich Anhänger eines nonkonformistischen Verhaltens sind, müssen auch wir einräumen, dass es in der

Tat gute Gründe gibt, sich an bestimmte gesellschaftliche Erwartungen anzupassen. Beispielsweise weiß man inzwischen, dass das Belohnungssystem im Gehirn aktiviert wird, wenn man sich in Übereinstimmung damit verhält, was in einer Gemeinschaft als sozial akzeptabel gilt. Viele Frauen schreckt es insofern auch ab, wenn sie es plötzlich mit einem Mann zu tun bekommen, der erkennbar gegen den Strom schwimmt. Man wünscht sich natürlich, dass diese Frauen einen als selbstbewussten, autonomen Freigeist wahrnehmen, der stark genug ist, solche Konventionen zu übertreten. Vielleicht nimmt einen so manche Frau stattdessen aber auch als komischen Vogel wahr. Dem könnte man entgegenwirken, indem man zeigt, dass einem selbst zumindest klar ist, was sozial von einem erwartet wird, und dass man diese Grenzen nur übertritt, weil man von der angesprochenen Frau ganz hin und weg ist: »Ich würde ja so was sonst nie machen, aber als ich dich eben gesehen habe, musste ich ganz einfach …«

Und schließlich sollte man nie vergessen, dass auch Schüchternheit ihre Vorteile hat. »Wenn wir einander umwerben, sind Signale der Bescheidenheit, Schüchternheit und Harmlosigkeit absolut notwendig«, erklärt der Anthropologe David Givens. »Wenn man sich verwundbar zeigt, erteilt man damit anderen die Erlaubnis, sich einem zu nähern.«[20]

Auf welche Weise kann ich eine fremde Frau am geschicktesten ansprechen?

Die Idee, eine fremde Frau mit einem bestimmten vor-gefertigten Satz anzusprechen, kam nicht erst in der Ge-meinschaft professioneller Verführungskünstler auf, son-dern fand sich schon lange Zeit in diversen Flirtratgebern. Ein Tipp, den die Autoren solcher Bücher schüchternen Männern geben, lautet, sich einer Frau zu nähern, in-dem sie ihr offenbaren: »Ich bin mir selbst nicht sicher, was ich hier tue, eigentlich bin ich sehr schüchtern …« Eine so ehrliche Kontaktaufnahme schaffe Sympathie und führe damit auch zu einer entsprechend freundlichen Ant-wort.

Auch ich habe diese Erfahrung gemacht – Ehrlichkeit, auch über die eigene Unsicherheit, kann sehr bestechend wirken. Aber auch hier ist es wichtig, wie man die Bot-schaft transportiert. Es klingt paradox, wenn ich sage, man sollte seine »Unsicherheit« selbstbewusst rüberbrin-gen, aber genau das ist der Punkt. Niemals stelle ich mich vor die Frau und sage unterwürfig, wie wir es aus so man-cher Hollywood-Produktion kennen: »Ich weiß, ich bin ein Loser, und ich weiß auch, dass eine Frau wie du sicher niemals mit einem Mann wie mir ausgehen würde, aber ich bitte dich, mir wenigstens eine Chance zu geben.«

Es geht nicht darum, seinen eigenen Wert unter dem ihren zu sehen, sondern darum, dass die Situation an sich beängstigend oder ungewohnt ist. Gerade für Anfänger eignet sich diese Art des Ansprechens besonders, da sie in den meisten Fällen den aufrichtigen Gefühlen des An-sprechenden entspricht.

Eine andere Art, Frauen anzusprechen – eher etwas für Fortgeschrittene –, ist in der Pick-up-Szene als »cocky & funny« bekannt. Beispielsweise kann jemand, der so arbeitet, ein Gespräch beginnen, indem er sich ironisch darüber beklagt, wie schwer erträglich es für ihn sei, immer nur als Sexsymbol wahrgenommen zu werden. Wahlweise kann er einer fremden Frau auch vorwerfen, er habe genau mitbekommen, wie sie seinen Hintern gemustert habe. Der Sinn dieser Methode besteht darin, aus dem normalerweise von einem Mann erwarteten Rollenverhalten auszubrechen und es umzukehren, damit die Frau zu überrumpeln, sie in ein Gespräch zu verwickeln und dabei von Anfang an selbstbewusst und witzig zu wirken. Aber funktioniert diese Methode tatsächlich ausreichend zuverlässig?

Das war eines der Dinge, die der Mainzer Psychologe Andreas Baranowski in seiner Diplomarbeit *The Science of Seduction* auf den Prüfstand stellte. Zu diesem Zweck ließ er fünf männliche Studenten von durchschnittlicher Attraktivität in Klagenfurt und Stuttgart ausschwärmen und fremde Frauen auf drei verschiedene Arten ansprechen, um sie dann nach ihrer Telefonnummer zu fragen. Die drei Anbaggermethoden waren

- direkt (also etwa mit einem unverblümten Kompliment),
- unverfänglich (also mit banalen Statements wie »Hi« oder »Wie findest du die Band?«),
- mit einer Methode, die am ehesten dem »cocky & funny« ähnelte.

Das erste Ergebnis: Von 49 Frauen, die Baranowskis Studenten ansprachen, erhielten sie zunächst einmal nur von dreien die Telefonnummer. Das weist darauf hin, wie schwierig dieses Ziel in unserer mitteleuropäischen Kultur zu erreichen ist. Wenn du als Anfänger 16 Frauen ansprechen musst, um endlich von einer die Telefonnummer zu erhalten, bist du keineswegs besonders unbegabt oder unattraktiv, sondern befindest dich ganz normal im Durchschnitt.

Aber eigentlich ging es Baranowski ja darum, die verschiedenen Anbaggermethoden nach ihren Erfolgsaussichten zu gewichten. Zu diesem Zweck sprach nach dem Kontaktversuch ein Wissenschaftler aus Baranowskis Forschungsteam jede Frau noch einmal an und bat sie, einen Fragebogen auszufüllen, mit dem sie bewerten sollten, welche Methode sie am stärksten für den betreffenden Mann eingenommen hatte. Hierbei wurde die unverfängliche, also letztlich die am wenigsten mutige und einfallsloseste Methode am höchsten bewertet. Männer, die sie angewendet hatten, wurden als am attraktivsten, intelligentesten und liebenswertesten eingestuft. Und nicht zuletzt war das die einzige Methode, die tatsächlich dazu geführt hatte, von immerhin drei Frauen die Telefonnummer zu erlangen.

Möglicherweise schätzen Frauen die unverfängliche Methode deshalb am meisten, weil sie ihnen noch das größte Spektrum an Möglichkeiten lässt, damit umzugehen. Sowohl die direkte als auch die etwas abgedrehte Methode des Ansprechens zwingen die überrumpelte Frau, die vielleicht eben noch mit ihren Gedanken ganz woanders war, in irgendeiner Form darauf zu reagieren. Das ist zwar aus der Sicht vieler Verführungskünstler genau der Sinn der Sache, im realen Leben machen die meisten Frauen daraufhin aber offenbar lieber die Schotten dicht.

Insofern kann es gerade für einen Anfänger am besten sein, die unverfängliche Methode zu nutzen, weil sie die sicherste ist. Man darf aber bei solchen wissenschaftlichen Experimenten nicht vergessen, dass den von Baranowski eingesetzten Studenten sicherlich viele der unterschiedlichen Fähigkeiten fehlten, die beim Ansprechen nötig sind. Ich habe öfter in meinen Seminaren demonstriert, dass ich selbst mit den dümmsten Sprüchen noch die Telefonnummer einer Frau bekommen kann. Ein Mann, der wenig Erfahrung mit dem Ansprechen von Frauen hat, tut sich mit der Cocky-&-funny-Methode mit Sicherheit schwer. Er kommt damit meistens nur arrogant rüber. Später gehört diese Technik aber zu einer der effektivsten Methoden, weil sie sexuelle Spannung aufbaut. Frauen mögen die unverfängliche Methode vielleicht als »die angenehmste« empfinden, aber wenn man sie einmal danach fragen würde, bei welchem Kontakt sie richtig scharf geworden und mit dem betreffenden Mann nach kurzer Zeit ins Bett gesprungen sind, dann war das sicher nicht jemand, der sie nach dem Weg gefragt hat.

Hinzu kommt, dass die Frech-und-lustig-Masche vor allem für nächtliche Aufrisse in Clubs empfohlen wird. Dort sind die Frauen erstens von Anfang an in Flirtlaune, und man muss sich zweitens von einer großen Konkurrenz langweiligerer Männer abheben. Der inzwischen auch international bekannte Verführungskünstler Roosh V. erklärt dies in seinem Buch *Day Bang* und empfiehlt, tagsüber mit einer möglichst langweiligen Eröffnung zu beginnen. In dieser frühen Phase gehe es nämlich noch nicht darum, Anziehung herzustellen – stattdessen gelte es, Frauen, die überraschend von einem wildfremden Mann angesprochen werden, nicht zu verschrecken. Aus diesem Grund empfiehlt er, wann immer sich die Möglichkeit ergibt, die entsprechende Frau zunächst mit großem Interesse auf irgendein Objekt anzusprechen, das sie gerade mit sich herumträgt – beispielsweise interessierte Fragen zu einem Buch zu stellen, das sie gerade liest, oder zu dem Laptop, an dem sie arbeitet. Tu so, als ob du dir gerade selbst einen neuen Laptop oder ein neues Buch kaufen willst, und erkundige dich, ob die Frau, an der du in Wahrheit interessiert bist, hierzu eine Empfehlung abgeben kann. Die Frau dürfte in dieser ersten Gesprächsphase nicht sofort auf Abwehr schalten, weil du vermeintlich nicht an ihr, sondern nur an dem betreffenden Objekt interessiert bist. Erst wenn du den Eindruck hast, dass sie mit dem Gespräch und mit dir warm geworden ist, solltest du auf eine persönlichere Ebene wechseln.

Roosh V. entwickelte diese Methode, nachdem er entdeckt hatte, dass vor allem alte Menschen völlig hemmungslos ein Gespräch beginnen, indem sie einen zu den verschiedensten Dingen befragen. Dementsprechend gibt er etwas ironisch den Tipp: Stell dir vor, dass du ein herumwandernder, leicht verwirrter alter Mann bist, der alles Mögliche über eine bestimmte Sache wissen will, und versuche, dieses Gespräch mehrere Minuten aufrechtzuerhalten. Damit die Situation nicht in ein einseitiges Interview ausartet, solle man möglichst bald üben, immer wieder eigene Statements einzubauen – zum Beispiel über den eigenen Lesegeschmack und kürzlich begeistert verschlungene Werke –, um die Gesprächspartnerin zu eigenen Fragen zu provozieren. Sobald du es geschafft hast, eine Frau dazu zu bekommen, dass jetzt sie dir die Fragen stellt, hast du offenkundig ihr Interesse geweckt.

Was tust du, wenn die Frau, die du kennenlernen willst, gerade kein Utensil dabeihat, das als Aufhänger dienen könnte? Dann überleg dir, ob du in der Situation, in der ihr euch befindet, nicht selbst ein Objekt heranziehen kannst. Befindet ihr euch zum Beispiel in einem Klamottenladen, schnapp dir ein passendes Stück und frag die Frau, ob es dir wohl stehen würde – du bräuchtest gerade einen »weiblichen Blick«, und zwar nicht von einer Verkäuferin, die einem ja doch nur wahllos irgendetwas aufschwatzen würde. Befindet ihr euch auf der Straße, dann erkundige dich nach einem speziellen Geschäft, das du gerade hier in der Nähe suchst. Erwähne dann beiläufig, was du dort kaufen möchtest, und versuche, die Frau so immer weiter in eine normale Unterhaltung zu verwickeln.

Viele andere Datingcoaches empfehlen, Opener auswendig zu lernen. Das würden wir dir allerdings nur empfehlen, wenn dir am Anfang absolut nichts einfällt, was du sagen könntest. Das Problem dabei ist nämlich, dass gerade, wenn du diese Opener von Experten übernimmst, die vielleicht besonders witzig und kreativ sind, es dir überhaupt nichts bringt, wenn du selbst nicht annähernd so witzig und kreativ bist. Die Frau erhält in diesem Fall einen gewissen Eindruck von dir, dem du später nicht gerecht werden kannst. Letztlich ist immer das ganze Gespräch entscheidend dafür, ob sie dich will, und niemals nur der Anmachspruch allein – was leider in die Köpfe der meisten Männer schwer reinzukriegen ist. Was wir dir also empfehlen, ist, deine eigenen Opener zu entwickeln. Nimm dir eines der in diesem Buch beschriebenen Konzepte und denk dir einfach etwas aus, was deinem Humor oder deinen Interessen entspricht. Wenn dich etwas wirklich interessiert und du Frauen darauf ansprichst, dann merken sie das, und genauso merken sie, wenn du einfach nur einen Text auswendig gelernt hast.

An dieser Stelle solltest du allerdings aufpassen. Wenn du dich schon ein wenig mit den Weisheiten beschäftigt hast, die in der Pick-up-Szene verbreitet werden, dann hast du vermutlich schon davon gelesen, dass man sogenannte »Negs« einsetzen solle, also kleine Provokationen und Sticheleien, mit denen man vor allem eine hübsche Frau ein wenig aus der Reserve lockt. Auf diese Weise würde man nicht wie andere unterwürfige Bewunderer wirken, sondern sich interessanter machen, etwaige Arroganz von Anfang an unterbinden und die betreffende Frau ein wenig herausfordern. Typische »Negs« wären beispielsweise:

- »Erst neulich habe ich eine Frau in genau demselben Outfit gesehen.«
- »Du hast tolle Haare. Ist eine Perücke, oder? Na ja, sieht trotzdem ganz hübsch aus.«
- »Du erinnerst mich an meine Tante Ulla …«

Nun wird bereits in der US-amerikanischen Pick-up-Gemeinde sehr kontrovers diskutiert, ob diese Negs wirklich so sinnvoll oder vielleicht nicht sogar schädigend sind. Auch weisen seriöse Texte über Pick-up darauf hin, dass Negs auf keinen Fall so benutzt werden sollten, dass die angesprochene Frau sich schlecht fühlt.[21] Noch nachdrücklicher warnt die deutsche Flirtexpertin Nina Deißler vor dem Einsatz solcher Statements. Sie weist darauf hin, dass in der amerikanischen Kultur, wo die Negs entstanden sind, sich viele Menschen bei jeder sich bietenden Gelegenheit mit Komplimenten überschütten und diese so zu Floskeln geraten. Verglichen damit sind Negs ein Zeichen dafür, dass man sich von der Masse abhebt, und man erzeugt damit Aufmerksamkeit. Deutschland jedoch, argumentiert Deißler weiter, besitzt im Vergleich zu den USA (und zu südlicheren Ländern erst recht) eine relativ kühle und distanzierte Gesprächskultur – jedenfalls keine Kultur, in der man voreinander besonders dick mit Komplimenten aufträgt. Daher dürften beim Flirten hierzulande Negs keinen positiven, sondern eher einen negativen Effekt ausüben.[22] Auch ich habe in der Praxis eher schlechte Erfahrungen damit gemacht. Ich erinnere mich diesbezüglich an mehrere Situationen, wo ich mir einen an sich netten Flirt durch solche Negs zerstört habe. Einmal habe ich ein paar Frauen gefragt, ob ich wohl auf eine Bad-Taste-Party geraten wäre, da die 80er schon lange out seien. Sie trugen alle 80er-Jahre-Kleider. Der Flirt war bis dahin sehr gut verlaufen, nach diesem Statement konterten sie allerdings nur mit »Du bist ja ein Arschloch« – das war's dann. Ein anderes Mal sagte ich zu einer Frau, sie hätte ja mehr Muskeln als ich – was ebenso zu einem abrupten Ende der Begegnung führte. Man braucht schon extrem viel Fingerspitzengefühl, um zu wissen, wann so ein Kommentar angebracht ist und wann man ihn besser unterlässt. Negs sind in Deutschland wirklich nur effektiv, wenn dir eine Frau extrem arrogant begegnet. Dann kannst du ihr damit zeigen, dass du ihr Spiel nicht mitspielst und ihr überlegen bist. Andere Frauen fühlen sich durch solche Sprüche oft sehr schnell beleidigt.

In der ersten Annäherungsphase ist es sinnvoll, nicht allzu sehr aufzudrehen, um deine »Beute« nicht zu verschrecken. Sehr viele Frauen verhalten sich fremden Männern gegenüber wie scheue Rehe. Es kann also durchaus vernünftig sein, wenn du dich nicht allzu sehr ins Zeug legst. Gerade wenn du Anfänger auf diesem Gebiet bist, wirkst du nicht authentisch, wenn du einerseits mit mörderoriginellen Sprüchen glänzen willst, man dir aber andererseits deine Nervosität deutlich anmerkt. Je zwangloser sich das Gespräch entwickelt, desto besser. Erst wenn dieses Gespräch in Gang gekommen ist, kannst du ein bisschen Zunder geben, damit du nicht wie ein Langweiler wirkst.

Viel zu viele Männer machen sich viel zu viele Gedanken, was sie überhaupt sagen sollen, wenn das Entscheidende wäre, überhaupt mal den Mund aufzumachen. Es ist leider immer noch so, dass man soziale Interaktionen nicht aus einem Buch lernen kann und am Anfang einfach den Sprung ins kalte Wasser wagen muss – mit der Zeit gewinnt man an Selbstbewusstsein und merkt, dass es viel mehr darauf ankommt, wie man etwas sagt, als darauf, was man sagt. Meine Trainer und ich beweisen immer wieder, dass wir Frauen wirklich mit dem größten Müll anreden können und trotzdem Erfolg dabei haben. Du findest hierzu einige Videos auf YouTube. Es war eine Art Wettbewerb für uns, uns gegenseitig mit möglichst unsinnigen oder dreisten Sätzen auf die Frauen loszuschicken. So war eine Herausforderung, möglichst oft in einer Unterhaltung *Star Trek* zu erwähnen: »Ach, wo du das gerade sagst. Das erinnert mich gerade an Folge 123 aus *The Next Generation*, da hatte Captain Picard ein ähnliches Problem.« Oder wir haben die Frauen mit bewusst schlechten Anmachsprüchen aus der *Bravo* angesprochen.

Nachdem du eine Frau auf die bis hierher dargestellte Weise angesprochen hast, sollte es dir gelingen, zumindest ein kurzes Gespräch mit ihr zu führen, dessen Grundregeln sich nicht wesentlich von den Grundregeln für ein Gespräch bei einem Date unterscheiden, die wir dir in einem späteren Kapitel noch genauer erklären werden. Wenn dies ebenfalls geglückt ist, kommt es zuletzt nur noch darauf an, dass du einen guten Abgang hinlegst. Ein wesentlicher Teil dieses Schlusspunkts besteht darin, mit dieser Frau, wenn sie dir immer noch gefällt, einen anhaltenden Kontakt zu etablieren. Das kannst du beispielsweise mit den folgenden Sätzen tun:

- »Heißt du auch xy auf Facebook? Dann add ich dich mal gerade.«
- »Gib mir doch mal deine Nummer. Wenn ich mal wieder in München bin, melde ich mich bei dir.«
- »Wie ist denn deine Nummer? Dann schicke ich dir den Namen der Band per WhatsApp.«

Oder wenn du dich gerade besonders verwegen fühlst:

- »Was hast du denn für den Rest der Nacht noch so vor?«[23]

Damit es dir besser gelingt, eine dir noch unbekannte Frau anzusprechen, ist es sinnvoll, dich mit diesem Thema wiederholt gedanklich auseinanderzusetzen. Du wirst in deinem Leben immer wieder in Situationen kommen, in denen dir eine solche Kontaktaufnahme nicht gelingt. Schnell ist man dann dabei, diesen Misserfolg auf seine Nervosität in der konkreten Situation zu schieben: »Ich habe dann immer Mattscheibe, und mir fällt nichts ein …« Tatsächlich sind viele Situationen aber wirklich schwierig, und dir würde in der oft knappen Zeit, die du zur Verfügung hattest, um eine gute Idee zu entwickeln, auch nichts Geeignetes einfallen, wenn du zu Hause noch einmal darüber nachdenkst. Am besten ist es also, wenn du lernst, dein Denken in diesen Fragen zu schulen. Wann immer eine solche Kontaktaufnahme missglückt ist, denk also zu Hause und in Ruhe so lange darüber nach, was du hättest tun oder sagen können, das tatsächlich realistische

Aussichten auf Erfolg gehabt hätte, bis dir etwas Passendes einfällt. Noch besser: Notiere deine Gedanken dazu in einem eigenen Heft. Du wirst bald sehen, dass du deine »Flirt-Intelligenz« durch entsprechendes Training genauso verbessern kannst wie verbale, mathematische oder praktische Fähigkeiten.

Wie setze ich meine Körpersprache meisterhaft ein?

Ich bin davon überzeugt, dass ich einem Mann seinen Erfolg mit Frauen sozusagen an der »Nasenspitze« ansehen kann. Mittlerweile habe ich ein scharfes Auge für die Ausstrahlung/Körpersprache von Männern entwickelt und denke, dass ich sie so wahrnehme, wie es auch Frauen tun. Die Körpersprache eines Menschen verrät einem sofort, woran man ist, und lustigerweise verändert sich diese auch automatisch, je selbstbewusster ein Mann wird. Selbst während eines Tages Einzelcoaching oder in meinen Wochenendcoachings lässt sich diese Verwandlung beobachten. Viele Männer achten überhaupt nicht auf ihre Körpersprache und haben so auch keine Chance, sie zu verbessern. Was ein fataler Fehler ist.

Man kennt das aus dem Internet, es kann der tollste Film sein, aber wenn der Ton und das Bild von schlechter Qualität sind, dann quäle ich mich nicht da durch, sondern warte lieber auf eine bessere »Präsentation«. Und genauso verhält es sich mit uns Menschen in sozialen Interaktionen. Es nützt dir nichts, dass du vielleicht viel intelligenter bist als dein Nebenbuhler. Solange du dich nicht entsprechend verkaufen kannst, wird er dich trotzdem übertrumpfen – und genau zu diesem Ergebnis kommt auch die Wissenschaft.

»Körpersprache zählt 99 Prozent, wenn es darum geht, einen möglichen Partner zu umwerben«, erklärt der Anthropologe David Givens in seinem Buch *Love Signals*. Wenn das stimmt, dann gilt dies allerdings in zweierlei Hinsicht. Wie du deine Körpersprache einsetzt, wirkt nämlich auf zwei Menschen – auf die Frau, die du näher kennenlernen möchtest, und auf dich selbst.

Letzteres ist vielen Menschen nur unzureichend klar. Das verwundert nicht: Gesicherte wissenschaftliche Erkenntnisse dazu gibt es erst seit Kurzem. So fand das Forscherteam um die amerikanische Sozialpsychologin Dana Carney im Jahr 2010 heraus, dass unterschiedliche Körperhaltungen auch verschiedene biochemische Reaktionen im Gehirn des Menschen auslösen, der diese Haltungen einnimmt, und dass diese biochemischen Reaktionen wiederum Auswirkungen auf sein Selbstbewusstsein haben. Wenn du zum Beispiel mehr Raum für dich beanspruchst und deinen Körper mehr öffnest, indem du dich zum Beispiel breitbeiniger hinsetzt oder -stellst oder indem du einen Arm auf die Lehne eines benachbarten Stuhls legst, dann verändert sich auch deine Psyche. In Experimenten konnte nachgewiesen werden, dass durch solche Haltungen Hormone wie Testosteron, die ein selbstsicheres und dominantes Auftreten unterstützen, um 15 Prozent ansteigen, während Hormone wie Cortisol, die für Ängste verantwortlich sind, um bis zu 25 Prozent fallen. Indem ein Mensch nur jeweils eine Minute lang zwei Positionen einnimmt, die Macht verkörpern, wird er auch tatsächlich kraftvoller, stellten die Forscher fest. Der betreffende Mensch ist dann auch eher bereit, ein Risiko einzugehen.[24] In späteren Experimenten zeigte sich, dass Menschen mit einer entsprechend offenen und raumgreifenden Körpersprache auch in sozialen Situationen wie beispielsweise einem Vorstellungsgespräch besser abschnitten.[25]

Auch hier zeigte sich also die beim Pick-up bekannte Maxime, die wir schon im Kapitel über Schüchternheit angesprochen haben: Es ist nicht der beste Weg, darauf zu warten, bis man sich psychisch stark und selbstbewusst genug fühlt, um sich entsprechend zu verhalten. Erfolgversprechender ist es, sich in einer bestimmten Weise zu verhalten, obwohl man sich noch gar nicht so richtig danach fühlt, und dann darauf zu warten, dass die Psyche nachzuckelt. Der Appetit kommt sozusagen beim Essen.

Ebenso wenig vernachlässigen sollte man allerdings, welche Auswirkungen die richtige Körpersprache auf eine Frau haben könnte, bei der du landen möchtest. Insbesondere schüchterne Männer und solche, die Schwierigkeiten haben, die richtigen Worte zu finden, können sich dadurch behelfen, dass sie sozusagen ihren Körper für sich sprechen lassen. Folgende Tipps sind hierbei aus anthropologischer und psychologischer Sicht am brauchbarsten:

- Frauen finden die Hände und Handgelenke von Männern überraschend attraktiv. Es bietet sich also an, dass du diese Zonen deines Körpers zur Schau stellst, indem du zum Beispiel die Ärmel deines Hemdes hochkrempelst.
- Ein effektiver Weg, die unbewusste oder bewusste Angst vieler Menschen vor Fremden zu senken, besteht darin, seine offenen Handflächen zu zeigen. Möglicherweise

wird damit symbolisch ausgedrückt, dass man unbewaffnet daherkommt.

- Du solltest vermeiden, Signale zu senden, die Angst vor Fremden verraten, also zum Beispiel weder den Blick abwenden noch die Lippen zusammenpressen oder darauf herumkauen.

- Lass dich nicht allzu sehr dadurch verunsichern, dass eine Frau, die du ansprichst, solche körpersprachlichen Signale zeigt, also zum Beispiel die Stirn runzelt oder das Gesicht verzieht. Wenn man derartige Signale nicht bewusst unterbindet, finden sie unwillkürlich statt. Diese Angst vor Fremden verschwindet von selbst, sobald diese Frau etwas vertrauter mit dir geworden ist.[26]

Ebenfalls sehr gründlich haben sich die Sozialpsychologen Bob Fennis und Marielle Stel damit auseinandergesetzt, welche Form der Körpersprache die Chance wesentlich erhöht, von einer Frau, die man für sich gewinnen möchte, ein Ja zu hören. Dabei war ein zentraler Aspekt ihrer Forschungen, dass nicht jede angesprochene Person gleichermaßen aufgeschlossen dafür ist: Manche Menschen sind im entsprechenden Moment offen, aufnahmebereit und interessiert, andere misstrauisch, in Eile oder einfach nur desinteressiert. Auch hier gilt es mal wieder zu kalibrieren, das heißt sich auf sein Gegenüber einzulassen und entsprechend zu reagieren. Wenn du also eine Frau für dich gewinnen möchtest, die eher vorsichtig und zurückhaltend wirkt, ist es geschickt, wenn du auf ausholende Gesten verzichtest, stattdessen Ruhe ausstrahlst und dich, falls ihr sitzt, dabei ein wenig zurücklehnst, um entspannter zu wirken und nicht in den persönlichen Raum dieser Frau vorzustoßen. Plakativ gesagt: Wie ein leidenschaftlicher Klischee-Italiener aufzutreten, der unbedingt ein gebrauchtes Auto verkaufen möchte, wäre hier die falsche Vorgehensweise. Ein gemäßigtes, seriöses Auftreten mit präzisen Bewegungen hilft schon eher. Stößt du hingegen auf eine Frau, die für deinen Kontaktversuch offen ist, dann ist es sinnvoll, mehr Energie in deine Körpersprache zu investieren.

Hier solltest du allerdings daran denken, dass sich die Einstellung einer Frau dir gegenüber im Verlauf eines Gesprächs auch ändern kann. Wenn sie anfangs noch vorsichtig war, ist es dir nach einigen Minuten vielleicht gelungen, ihr Misstrauen zu überwinden. Das zeigt sie jetzt in ihrer eigenen Körpersprache, also etwa indem sie sich dir stärker zuwendet, den Blickkontakt länger hält und öfter lächelt. Jetzt kann deine Körpersprache lebhafter werden: Deine Armbewegungen werden zum Beispiel offener, ausgreifender und energievoller, und du beugst dich im Redefluss weiter nach vorne, um Nähe herzustellen. Sobald du merkst, dass die Frau darauf anspringt, weißt du auch, dass der Zeitpunkt erreicht ist, wo du sie nach ihrer Telefonnummer fragen oder sie zu einem weiteren Treffen einladen kannst. Solange du noch beruhigend und gezielt »langweilig« gewirkt hast, wären deine Chancen hier nicht allzu groß gewesen.[27]

Wie gehe ich am besten damit um, wenn eine Frau mich abblitzen lässt?

Die Angst davor, von einer Frau, die man toll findet, einen Korb zu bekommen, dürfte für die allermeisten Männer die größte Hürde auf ihrem Weg zum erfolgreichen Verführer darstellen. Wie bereits im Kapitel über Schüchtern heit erwähnt, wird derselbe Teil des Gehirns durch Zurückweisung aktiviert, der auch auf körperliche Schmerzen reagiert. Insofern hilft es vielen Männern wenig, sich immer wieder zu sagen, dass es »vernünftiger« ist, wenigstens einen Kontaktversuch bei einer Frau zu starten, als gar nichts zu tun, da sie in letzterem Fall garantiert unbefriedigt bleiben, während sie im Fall des Ansprechens zumindest eine Chance haben, dass sich daraus etwas entwickelt. Es bleibt dabei, dass aus ihrer Perspektive jedes Ansprechen so wirkt, als ob sie bewusst an eine stromführende Leitung greifen würden. Man möchte sich peinliche Situationen lieber ersparen: Sei es, dass sich die betreffende Frau als scheues Reh entpuppt und einen aus großen Augen anstarrt, als hätte sie einen Perversen vor sich, sei es, dass sie sich als arrogantes Miststück herausstellt und den mutigen Mann mit ein paar ätzenden Bemerkungen niedermacht. Wir alle haben Frauen beiderlei Typs schon erlebt – und zahllose, nicht weniger irritierende Schattierungen dazwischen.

Und trotzdem ist es für deinen Weg als Verführer von größter Bedeutung, solchen möglichen Zurückweisungen nicht auszuweichen, ja sie sogar aktiv herauszufordern. Erfahrungen mit Zurückweisungen zu machen ist ungeheuer wichtig für dein Glück in der Liebe.

Möglicherweise denkst du jetzt: »Jaja, das habt ihr doch schon im Kapitel über Schüchternheit erzählt. Man holt sich praktisch so lange einen Korb, bis man dagegen so abgehärtet ist, dass es einem kaum mehr etwas ausmacht und die Angst vor dem Ansprechen so deutlich reduziert hat.« Das stimmt zwar, ist aber keineswegs das, worauf wir hinauswollen. Es gibt einen anderen Grund, warum du das Risiko der Zurückweisung ganz bewusst eingehen, wenn nicht gar provozieren solltest.

Wir müssen uns über eines klar werden: Die leider auch von vielen Pick-up-Gurus verbreitete Vorstellung, man könne mit der richtigen Technik jede Frau vögeln, die man wolle, ist ein narzisstischer Wunschtraum. Es ist ein Wunschtraum von Allmacht, der vor allem von jenen Männern geträumt wird, die bislang von viel zu vielen Frauen abgeblockt oder verletzt worden sind – ähnlich wie bei einem schwächlichen Jungen, der sich in seinen Fantasien ausmalt, Superkräfte zu besitzen.

Aber weil nun mal jede Frau verschieden ist, gibt es in Wahrheit keine Allzweckanmache, die automatisch bei jeder funktioniert.

Was einem Mann mit hoher Wahrscheinlichkeit passiert, wenn er nach einer Art Geheimrezept sucht, von dem er sich erhofft, dass es ihm Zurückweisungen erspart, ist Folgendes: Er endet als genau jene Sorte »nice guy«, die von Frauen praktisch nur auf der Kumpelschiene akzeptiert wird! Du willst keine Frau abschrecken, sondern jede zufriedenstellen, also versuchst du, keine Ecken und Kanten zu zeigen und alles zu verbergen, was als Schwäche wahrgenommen werden könnte. Um Himmels willen keine Sprüche klopfen, die als »sexistisch« wahrgenommen werden könnten, keine Witze, die vielleicht ein bisschen dümmlich wirken, keine überraschenden Provokationen, die Frauen irritieren könnten, keine Sentimentalität, die dich vor einer Frau als Weichei erscheinen lassen könnte, keine Albernheiten, die so wirken könnten, als wärst du noch in der Pubertät hängen geblieben ... All diese Verhaltensweisen, die du nicht zulassen willst, machen dich zu einem grauen Schatten deines Selbst. Du wirkst wie ein Mitglied des diplomatischen Dienstes in der Botschaft eines fremden Landes – und auf Frauen wirkst du vor allem unglaublich bedürftig. Du hast Angst davor, dich zu geben, wie du bist, weil das möglicherweise bei einer hübschen Frau auf Kritik stoßen könnte.

Natürlich bist du in dieser Hinsicht ein Kind unserer Gesellschaft. Unsere Medien sagen dir tagaus, tagein, was du als Mann alles tun solltest, damit du vor den Augen von Frauen Bestand haben kannst. Selbst unsere Pick-up-Literatur kann in dieser Hinsicht kontraproduktiv für deinen Erfolg sein, denn auch dort findest du ja haufenweise Techniken, die dich bei Frauen in ein gutes Licht rücken sollen. Wir können dich nur warnen, dich solchen Ratschlägen – selbst unseren – nicht so neurotisch zu verschreiben, dass du daraus eine Art Religion aus festen Regeln machst, nach denen du dich richten musst und die du auf keinen Fall brechen darfst. Ja, alle diese Regeln sind vernünftig und oft auch wissenschaftlich abgesichert, aber das ist noch lange kein Grund, deswegen deine ganze Persönlichkeit zu verbiegen.

Mark Manson hingegen rät in seinem Buch *Models* dazu, gezielt zu polarisieren, also die Grundzüge deiner Persönlichkeit nach außen zu kehren. Denn auf diese Weise ziehst du diejenigen Frauen an, die auch zu dir und deiner Persönlichkeit passen, statt dass du verzweifelt versuchst, als der perfekte Mann für jede beliebige Frau zu erscheinen.

Wenn du aber deine Persönlichkeit dermaßen nach außen kehrst, handelst du dir automatisch auch Zurückweisungen von Frauen ein, die nichts mit dir anfangen können – und mit denen du deshalb zwangsläufig nicht glücklich werden würdest. Wenn du zum Beispiel gerne große Sprüche klopfst und dein Humor nicht immer stubenrein ist – was willst du dann mit einer zickigen Tussi, die jede Gelegenheit nutzt, dir deswegen Vorwürfe zu machen? Wenn du im Innersten ein Softi bist und gerne Liebesgedichte schreibt – was willst du mit einer Frau, die nur auf gefühlsarme Machos steht? Und wenn dich eine Frau ablehnt, weil du mit 35 Jahren noch zu Hause bei deinen Eltern wohnst, dich dieses Leben aber glücklich macht – was zur Hölle willst du mit der? Willst du dein ganzes Leben ihr zuliebe umschmeißen? Oder glaubst du, du könntest deine Lebensverhältnisse monatelang vor ihr verheimlichen? Zum Teufel damit!

»Zurückweisung hat ihren Grund«, erklärt Mark Manson. »Sie hält Menschen, die nicht gut füreinander sind, auseinander.«

Manson sagt seinen Lesern so deutlich, wo der Hammer hängt, dass wir ihn gern noch etwas ausführlicher zitieren. »Warum möchtest du mit einem Menschen intim werden, der dich nicht zu schätzen weiß?«, fragt er beispielsweise. »Warum solltest du dich jemals mit so einer Person zufriedengeben? Weil sie heiß ist? Komm schon, Mann, hab ein bisschen mehr Selbstrespekt. So denken nur Kerle, die sehr bedürftig sind und nur über wenig Selbstachtung verfügen, Kerle, die ihre komplette Persönlichkeit ändern würden, nur um bei irgendeiner Frau landen zu können. Der erste Schritt, um attraktiver zu werden, besteht darin, Zurückweisung als einen Mechanismus zu verstehen, der jene Frauen aus deinem Leben eliminiert, mit denen du nicht glücklich werden würdest. Zurückweisung ist ein Segen und kein Fluch.«

Hier begehen sehr viele Pick-up-Artists einen Fehler: Sie versuchen, das optimale Verhalten herauszufinden, um allen Frauen zu gefallen. Umgekehrt wird ein Schuh daraus: Ich bin eine starke Persönlichkeit, die genauso oft geliebt wie gehasst wird – und das ist gut so. Authentisches Verhalten baut nachhaltig dein Selbstbewusstsein auf, weil du andere Leute nicht mehr zum Richter darüber machst, was gut und schlecht an dir ist, sondern du diesen Job selbst übernimmst. Wenn eine Frau mich und meine Sprüche zu krass findet, dann grübele ich nicht: »O Gott, was habe ich nur wieder falsch gemacht«, sondern denke mir: »Na, wenn die so verkrampft ist, hätte ich eh keinen Spaß im Bett mit ihr.«

Um das ein wenig näher zu erläutern, teilt Manson Frauen in drei Kategorien ein. Die einen sind für dich nicht empfänglich, die anderen sind empfänglich, und wieder andere sind neutral. Bei Frauen, die mit dir grundsätzlich nichts anfangen können, hast du ohnehin keine Chance.

Frauen, die dir gegenüber neutral eingestellt sind, schieben dich automatisch auf die Kumpelschiene, solange du keine starken Signale sendest, werden aber empfänglich für dich, falls sie auf dein polarisierendes Verhalten anspringen. Bei Frauen, die grundsätzlich für dich empfänglich sind, besteht die größte Herausforderung für dich darin, herauszufinden, wer diese Frauen sind. Bei ihnen sind all die Pick-up-Techniken hilfreich, die wir in unseren Ratgebern vorstellen, denn diese Techniken verstärken die Empfangsbereitschaft solcher Frauen und treiben die Sache voran.

Das sinnvollste Verhalten gegenüber Frauen, die für dich nicht empfänglich sind, besteht nicht darin, das Risiko einer Zurückweisung zu minimieren. Es besteht darin, auch diese Frauen zu identifizieren und dann verdammt noch mal so schnell wie möglich zu einer Frau zu wechseln, bei der du echte Erfolgschancen hast – und zwar so, wie du bist. Du wirst auf diesem Weg wie ein starker Magnet. Frauen, die genau das wollen, was du bist, ziehst du sehr stark an, und die anderen stößt du natürlicherweise ab. Wir wiederholen diese Botschaft, um diesen Punkt wirklich deutlich zu machen: Dein Ziel bei einer Frau, die mit dir nichts anfangen kann, sollte sein, das so zügig wie möglich herauszufinden und weiterzuziehen. Leider wird selbst in vielen Dating-Ratgebern dieser Aspekt nicht ausreichend klargestellt – und von Gesellschaft und Medien sowieso nicht. Die sagen dir tagaus, tagein, wie du gefälligst zu sein hast, um eine Partnerin zu finden – und wenn sie Lust haben, erzählen sie dir morgen das Gegenteil.

Wenn du dich in eine Frau verrennst, die du attraktiv findest, zu der du aber nicht passt und die dich deshalb zurückweist, weshalb du dich ihr ständig mit deinem Verhalten anzubiedern versuchst, kann das im schlimmsten, leider sehr häufigen Fall zu einer Art Störung führen, die im Pick-up-Jargon als »Oneitis« bezeichnet wird. Du siehst nur noch diese eine Frau und willst unbedingt ihren individuellen Ansprüchen gerecht werden, harrst dabei Monate, wenn nicht Jahre aus, statt dich einfach nach einer anderen Hübschen umzusehen, die mit deinem Charakter etwas anfangen kann. Der Versuch, eine Frau umstimmen zu wollen, die sich nicht für dich interessiert, ist eine unglaubliche Verschwendung von Lebenszeit und Energie. Noch dazu lässt dich dies oft keineswegs als geduldig und beharrlich erscheinen, sondern als bedürftig – du verschlechterst deine Chancen also mit jedem Tag. Psychologen bezeichnen diese Form von Besessenheit übrigens als »Limerenz« und bringen sie mit Süchten und sogenannten Zwangsstörungen in Verbindung. Eine überstarke Furcht vor Zurückweisung ist ein deutliches Symptom dieser Verfassung, auf die ich im nächsten Kapitel ausführlicher eingehen werde.

Die Vorstellung, bei der begehrten Wunschpartnerin lediglich durch ausreichend Ausdauer und die richtigen Verhaltensweisen landen zu können, entpuppt sich in den meisten Fällen als Illusion.

Ich habe schon mit einigen Frauen geschlafen, die mich am Anfang regelrecht zum Kotzen fanden oder mit denen ich mich heftig gestritten habe, aber noch nie mit einer, der ich gleichgültig war. Wer eine starke Persönlichkeit ist, der polarisiert auch, das liegt in der Natur der Dinge und zieht Frauen eher an als dass es sie vertreibt.

Wenn ich in einem Fernsehstudio auftrete, in dem sich im Publikum oder auf dem Podium zahlreiche radikale Feministinnen befinden, stoße ich auf eine Wand aus eisiger Verachtung. Mein Koautor Arne Hoffmann ist unglaublich beliebt bei allen Männern und Frauen, die eine fairere und ausgeglichenere Geschlechterpolitik wünschen, aber radikale Feministinnen wollen ihm »die Eier quetschen und Säure in sein Gesicht schütten«, wie er unlängst in einer Mail erfuhr. In einer Amazonrezension unseres Flirtratgebers *Der perfekte Eroberer* hieß es sogar, wir würden darin für rechtsextreme Ideen Reklame machen. Beschließen wir daraufhin, in Zukunft weniger zu »polarisieren«, unsere Ansichten nicht mehr zu sagen, stromlinienförmiger und blasser zu werden, damit wir besser in der Masse untergehen können? Selbstverständlich nicht!

Das bedeutet natürlich nicht, dass du dich nicht kritisch immer wieder selbst infrage stellen solltest. Wenn du Frauen ständig verdeutlichst, dass du sie für minderwertig hältst, immer wieder mit Hinz und Kunz Streit anfängst oder jahrelang nur zu Hause rumhockst, kommst du irgendwann hoffentlich selbst auf den Trichter, dass du niemandem damit guttust – in der Regel auch nicht dir selbst. Aber versuch gar nicht erst, deinen Charakter und dein Auftreten so auszurichten, dass du dir damit Zurückweisungen ersparst. Die Lieblingsstrategie unerfahrener Männer, nämlich von allen Frauen gemocht und von keiner gehasst zu werden, ist fürchterlich: Wer nicht von irgendjemandem abgelehnt wird, wird auch von niemandem geliebt.

Aus diesem Grund ist ehrliches, authentisches Verhalten (solange es nicht komplett asozial ist) die Strategie, die alle anderen Strategien locker übertrumpft. Ob du einer Frau Komplimente machst, ob du sie ständig aufziehst oder ob du sie provokativ kritisierst – all das kann Erfolg versprechend sein, solange es deiner Persönlichkeit entspricht und bei dieser Kategorie Frau auf Resonanz stößt. Manche Männer haben in ihrem Leben noch keinen Verführungsratgeber gelesen und bekommen trotzdem zahllose Frauen ins Bett, weil sie diese eine Technik beherrschen. Ein gutes Beispiel dafür ist »Zlatko«, der vor über zehn Jahren einmal Kandidat bei der Realityshow *Big Brother* war. Er kam für viele als streitlustig rüber, als kein großes intellektuelles Licht, wenn nicht gar als Witzfigur – und zahllose Frauen liebten ihn und jubelten ihm bei seinen öffentlichen Auftritten begeistert zu. Für Zlatko wären unsere Verführungsratgeber mit Sicherheit nur »Deppengeschwätz«, aber er war einfach echt. Und solange sich zahllose Frauen vor ihm auf die Knie warfen, konnten ihm diejenigen, die über ihn die Nase rümpften, herzlich egal sein.

Das Ziel, von auch nur, sagen wir, achtzig Prozent aller Frauen begehrt zu werden, ist unrealistisch. »Der Unterschied darin, gut bei Frauen und schlecht bei Frauen zu sein«, führt Manson aus, »ist oft der Unterschied dazwischen, bei acht Prozent der Frauen oder nur einem Prozent von Frauen erfolgreich zu sein. Damit ist man nämlich achtmal so gut wie der durchschnittliche Mann und scheitert trotzdem in über neunzig Prozent aller Fälle.« Wohlgemerkt: Das sagt ein Mann, der berichtet, mit Hunderten von Frauen im Bett gewesen zu sein – und zwar nur mit Frauen, die ihm gefielen.

Natürlich ist nicht jeder davor gefeit, ganz und gar in eine tolle Frau verknallt zu sein. Für solche Fälle wurde der Spruch erfunden: »Egal wie attraktiv und zauberhaft du eine Frau auch finden magst – irgendwo auf der Welt gibt es einen Mann, der von der Scheiße, die sie abzieht, endgültig die Schnauze voll hat.« In dieser Absolutheit mag dieses Statement vielen Damen Unrecht tun. Es kann einen aber auch davor bewahren, wegen seiner rosaroten Brille vollkommen den Durchblick zu verlieren. Manche Frauen versuchen nach dem Motto »Wie sehr liebst du mich?« ihre Verehrer dazu zu bringen, durch einen hingehaltenen Reifen nach dem anderen zu springen. Das erfüllt sie gegenüber den betreffenden Männern nicht gerade mit gewaltigem Respekt.

Diesem Phänomen widmete sich auch eine Studie, die im Jahr 2012 in dem wissenschaftlichen Fachmagazin *European Journal of Personality* veröffentlicht wurde. Dazu untersuchten mehrere Forscher verschiedene Strategien, sich gegenüber Verehrern begehrenswerter zu machen, indem man so tat, als sei man schwer zu bekommen. Es zeigte sich, dass solche Strategien vor allem von Frauen eingesetzt werden – die Wissenschaftler vermuten, dies sei so, weil Frauen im Fall einer Schwangerschaft das größere Risiko trügen. Männer hingegen befürchten anscheinend, sich mit dieser Methode sexuelle Gelegenheiten zu verscherzen. Zu den Strategien, die vor allem bei Frauen ermittelt wurden, gehörten »Sarkasmus«, »Sex zurückhalten«, »so klingen, als ob man viel zu tun habe«, »sich über einen Mann lustig machen«, »mit anderen Männern flirten«, »den Anrufbeantworter verwenden« und »die ersten paar Einladungen zu einem Date ablehnen«. Hört sich das bekannt an, liebe Leser? »Es stellte sich heraus, dass, je unerreichbarer ein Mensch wirkt, andere umso mehr bereit

sind, in ihn zu investieren.« Der Manipulation unterwürfiger Männer ist hierbei natürlich Tür und Tor geöffnet.[28]

Für Frauen mag es eine zielführende Strategie bei der
Partnersuche darstellen, sich Männern gegenüber so zu
verhalten, als ob sie schwer zu bekommen seien. Stellt es
denn für Männer eine Erfolg versprechende Strategie bei
der Partnersuche dar, wenn sie zu allem Möglichen, was
Frauen ihnen gegenüber äußern, Ja und Amen sagen? Das
Gegenteil ist der Fall, wie eine weitere Studie belegt. (Wir
haben noch haufenweise davon hinten im Haus.) Diesmal
handelt es sich um eine Untersuchung, die 2011 im *Journal
of Social and Personal Relationships* veröffentlicht wurde
und die zu dem Ergebnis führte, dass, wie es das Magazin
Psychology Today formulierte, »männliches Appeasement
nicht der Weg zum Beziehungsfrieden darstellt«.

Um genauer zu sein, ermittelte diese Studie, dass 68 Prozent aller Männer es vorziehen, gegenüber einer momen-
tan auf Krawall gebürsteten Frau mit Sätzen wie »Ja, Lie-
bes« oder einem scheinbar zustimmenden Brummen zu
antworten. Statt dadurch wie erhofft besänftigt zu werden, reagieren Frauen auf dieses Verhalten jedoch ver-
ärgert und frustriert. Zudem beurteilen sie den Zustand
dieser Beziehung negativer, weil es für sie keine zufrie-
denstellende Klärung des Konfliktes gegeben hat. Sie spüren, dass diese Männer es sich leicht machen und die Kontrolle der Beziehung an die jeweilige Frau abgeben, statt
einen offenen und ehrlichen Konflikt auszufechten, an
dem die Beziehung wachsen kann.

»Viele Frauen erkennen«, erläutert der Psychiater J. R.
Bruns in *Psychology Today*, »dass sie sich mit einem ge-
fügigen Waschlappen zusammengetan haben, der die Regeln der Partnerschaft formell befolgt, sich aber insgeheim
nur nach ein bisschen Ruhe vor einer Frau mit gegensätz-

lichem Temperament sehnt, mit der er wenige Interessen und Ziele teilt. Diese unter dem Pantoffel stehenden Männer werden still vor sich hin brodeln, aber selten ihre wahren Gefühle äußern. Schlussendlich enthüllt sich vielen Frauen, dass ihr ehemaliger Traumprinz keine Grundüberzeugungen besitzt außer, ihnen zum Gefallen zu sein. Diese Ehefrauen und Freundinnen werden allen Respekt vor ihren rückgratlosen Männern verlieren, die für nichts stehen.«[29]

Und selbstverständlich haben diese Frauen recht. Statt dir alles bieten zu lassen, ist es in einem ausufernden Streit mit einer Frau geschickter, in die Rolle eines strengen, aber emotional ausgeglichenen Vaters zu schlüpfen. Das bedeutet, dass du diese Frau deutlich, aber ruhig darauf hinweist, wie sie sich gerade aufführt, und dass du dieses Verhalten nicht akzeptierst. Frauen entschuldigen sich dann häufig und sind dir insgeheim sogar dankbar, dass du sie in ihrem Emotionssturm gebremst hast, statt dich zum Waschlappen degradieren zu lassen. Wenn du verhindern möchtest, selbst Teil einer Beziehung zu sein, bei der beide Partner unglücklich sind, ist es deutlich vernünftiger, von Anfang an zu zeigen, wofür du stehst und was für ein Mensch du bist. Zurückweisungen sind unter dieser Perspektive keine Bestrafung, sie sind ein wichtiger Filterprozess. Sobald du dir das einmal wirklich klargemacht hast, dürften auch die Schmerzen, die du bislang bei jeder Zurückweisung erfahren hast, immer geringer werden, bis du sie fast gar nicht mehr spürst.

Inwiefern kann es schädlich sein, wenn ich mich nur auf eine Frau fokussiere?

Im letzten Kapitel habe ich ein Problem angesprochen, unter dem viele Männer leiden: die sogenannte »Oneitis«, also eine zwanghafte Fixierung auf die vermeintlich »einzig wahre« Frau. Auch ich habe in meiner Internatszeit lange unter einer solchen Situation gelitten, die einem fast jegliche Lebensqualität rauben kann.

Oft wird dieses Thema aber auch missverstanden. Das geschieht vor allem, wenn Menschen glauben, es würde für uns Verführungskünstler ein Problem darstellen, sich zu verlieben oder »nur eine Frau« in unserem Leben zu haben. Das ist allerdings Unsinn. Ich selbst bin seit inzwischen dreieinhalb Jahren mit derselben Frau zusammen.

Oneitis ist etwas ganz anderes, besitzt eine sehr ungesunde, ja selbstzerstörerische Komponente und hat leider auch nichts mit wirklicher aufrichtiger Liebe zu tun. Stattdessen handelt es sich dabei um die einen langen Zeitraum andauernde Anhaftung an eine bestimmte Frau, mit der man die gewünschte Form von Partnerschaft nicht herstellen kann, wobei man jedoch andere Frauen ignoriert, mit denen das eher möglich wäre.

Ich kenne viele Männer, die diese eine bestimmte Frau unbedingt haben wollen und ihr oft jahrelang hinterhergelaufen sind – soweit man hier überhaupt von »hinterherlaufen« sprechen kann: Oft wissen die angebeteten Frauen noch nicht einmal von ihrem Verehrer, oder sie sind gut mit ihm befreundet, ahnen aber nicht oder wollen nicht wahrhaben, dass dieser Mensch mehr von ihnen will.

Hier kommen wir zu einem weiteren Punkt, der einen Mann mit diesem Problem kennzeichnet. Er scheint nicht über die Fähigkeit zu verfügen, einer Frau klarzumachen, dass er gerne intimeren Kontakt mit ihr herstellen möchte – eine Unfähigkeit, die in der Regel als unmännlich wahrgenommen wird und ihn bei dieser Frau scheitern lässt.

Ein Mann, der unter Oneitis leidet, ist selten erfolgreich bei Frauen. Dementsprechend fehlt ihm das notwendige Selbstbewusstsein, was wiederum seine Oneitis aufrechterhält – ein verhängnisvoller Teufelskreis. Oft mangelt es einem solchen Mann generell an weiblichen Kontakten in seinem Leben, womit ein Mangel an Sex und an Erfahrungen in Beziehungen einhergeht. Darüber hinaus hat das Schwärmen dieses Mannes nicht wirklich mit echter Liebe zu tun, sondern ist vielmehr eine gute Entschuldigung für ihn, sein Beziehungsleben nicht zielstrebig anzugehen. Eine ordentliche Portion Masochismus gehört mitunter auch dazu.

Oneitis ähnelt insofern dem Verknalltsein in einen Filmstar oder anderen unerreichbaren Prominenten, das man vor allem bei vielen Teenagern findet. Ein Teeniemädchen schwärmt lieber von ihren Stars, als das Risiko einzugehen, einem Jungen aus ihrem alltäglichen Umfeld nahezukommen. Alle Sehnsüchte und Wünsche werden stattdessen auf den Star projiziert, der mit dieser idealisierten Vorstellung oft nur wenig zu tun hat. Auch in den Fällen, in denen ein Mann seine Oneitis in den Griff bekommt, stellt sich später oft eine Ernüchterung darüber ein, wie wenig die Realität mit seiner idealisierten Fantasievorstellung der Angebeteten tatsächlich zu tun hatte.

Oneitis ist meiner Erfahrung nach Ausdruck einer Angst vor dem Leben. In diesem Zustand fühle ich mich berechtigt, mich zu Hause einzuschließen, traurige Lieder zu hören und mir vorzustellen, dass alles doch viel besser wäre, wenn ich nur dieses Mädchen haben würde. Ich bin dann überzeugt davon, dass alle anderen Menschen nur oberflächlich sind und wahllos herumvögeln, während ich noch die wahre Liebe lebe. Dabei ist dieses Phänomen keineswegs neu: Goethes Novelle *Die Leiden des jungen Werther*, deren Held seiner Lotte ewig hinterherschmachtet, löste bereits im 18. Jahrhundert einen regelrechten Oneitis-Trend aus, der dazu führte, dass sich zahlreiche Männer wegen einer ähnlichen unerreichbaren Liebe das Leben nahmen.

Leider haben Hollywood und die Popmusik nicht gerade dazu beigetragen, uns in dieser Hinsicht erwachsener werden zu lassen. Im Gegenteil: Viele Popstars verwandeln ihre eigenen Oneitis-Phasen in herzzerreißende Schmachtfetzen, mit denen sie diese unreife Fantasie in die Köpfe zahlloser Hörer einhämmern: *I need you. I can't live without you. Since you are gone, nothing else matters ...*

Ich frage mich, wie erwachsene Menschen ernsthaft das Märchen glauben können, dass sich irgendwo da draußen ein Mensch befindet, der für sie bestimmt ist und den es nur zu finden gilt, worauf sich das Leben in ein Paradies verwandelt. Wann immer wir einen neuen Partner haben, sieht für uns alles so aus, als ob dieser Partner gerade der Richtige für uns wäre. Es ist wie ein Rausch. Zwei bis drei Jahre später trennt man sich vollkommen enttäuscht. Es war dann doch nicht die/der Richtige, und die Suche geht weiter.

Die Wirklichkeit sieht aber anders aus: Die Frau, von der du dich gerade getrennt hast, war die richtige für diesen Moment deines Lebens, genauso wie deine nächste Partnerin die richtige für den nächsten Moment deines Lebens sein wird. Mit jeder Beziehung lernst du mehr über dich, das Leben, die Liebe und die Partnerschaft. Auch wenn eine Beziehung zu Ende geht, war sie ein voller Erfolg, wenn du daraus Lehren für dich und dein Leben ziehen kannst.

Manche tun das nicht, suchen stattdessen immer wieder den gleichen Typ als Partner und stehen schließlich wieder genau dort, wo sie sich ein paar Jahre zuvor befanden. Das ist schlimm, aber viel schlimmer ist es, sich dem Leben dadurch zu verweigern, dass man sich in eine Frau verrennt, die unerreichbar für einen ist. Dadurch entgehen dir all die wichtigen Beziehungserfahrungen, die letztendlich wirklich dazu führen, dass du dich so gut kennst und so viel über das andere Geschlecht gelernt hast, dass eine Partnerschaft lebenslang dauern kann. Wenn das endlich gelingt, hat das weniger damit zu tun, dass du endlich »die Richtige« gefunden hast, sondern damit, dass du durch deine bisherigen Partnerschaften reifer geworden bist.

Wenn du selbst der Oneitis verfallen bist oder warst, empfindest du meine Worte vielleicht als sehr unromantisch. Früher hätte ich das genauso gesehen. Aber das Leben hat mich gelehrt, dass es ganz viele »Richtige« für uns gibt. Bei jeder Trennung habe ich geglaubt: »So eine Frau finde ich nie wieder!«, und danach kam eine noch bessere, und ich habe mir rückblickend gedacht: »Wie konnte ich damals nur mit dieser Frau zusammen sein?«

Dass ich inzwischen schon so lange mit derselben Frau zusammen bin, hätte ich niemals für möglich gehalten. Vielleicht bleibe ich für immer mit ihr zusammen, vielleicht auch nicht. Aber egal, was passiert: Ich habe das tiefe Vertrauen, dass es das Richtige für mich ist. Und wenn wir uns trennen sollten, dann war diese Frau nicht diejenige, die mich bis zum Lebensende begleiten sollte, sondern nur eine auf meinem Weg.

Macht das diese Beziehung deswegen weniger wertvoll oder weniger toll? Ich finde es immer sehr traurig, wenn Männer und Frauen ihre vergangenen Beziehungen in höchstem Maße abwerten und nur noch Schlechtes über ihre Expartner zu sagen haben. Vielleicht brauchen sie diese Feindseligkeit, um das zu bewältigen, was sie für eine Verschwendung von Lebenszeit halten, für eine Investition ohne Ertrag, ein persönliches Scheitern. Ich halte diese Abwertung für dumm. Wer die Vergangenheit vergessen oder gedanklich ausmerzen will, wird in der Zukunft wieder die gleichen Fehler machen.

Findest du es nicht ungemein befreiend und beruhigend, dass es da draußen ganz viele tolle Frauen gibt, die zu dir passen? Und eben nicht nur die eine, die du gerade im Auge hast? Ich schon.

Im Laufe meiner persönlichen Entwicklung habe ich gemerkt, was der Grund für diese Anhaftung ist, die wir als Oneitis bezeichnen. Sie hat immer etwas mit Mangel zu tun. Ich habe zum Beispiel eine Frau kennengelernt, die ich supertoll fand, und schon ging in mir der alte Gedankenablauf los: Wann ruft sie an? Hoffentlich ruft sie heute an? Hoffentlich mag sie mich … Stress.

Wenn ich dann aber rausgegangen bin und neue Frauen kennengelernt habe, dann passierte es schnell, dass ich mir dachte: »Wow – die ist aber auch toll!«, und schon löste sich die emotionale Klammer um mein Herz. Daraufhin konnte ich entspannter mit der Situation umgehen, was meistens bei beiden Frauen zum Erfolg führte.

Wir professionellen Verführer haben nicht deshalb so oft Affären mit verschiedenen Frauen und lassen uns nicht deshalb selten auf eine exklusive Beziehung ein, weil wir so unreife Typen sind, die nicht liebesfähig wären, wie uns viele Journalisten gerne unterstellen. Ganz im Gegenteil: Aufgrund unserer Erkenntnisse, Fähigkeiten, Techniken und Erfahrungen lernen wir nun einmal sehr viele tolle Frauen kennen, weshalb wir uns zwar häufig verlieben, dies aber oft in verschiedene Frauen, weil sie alle etwas einzigartig Schönes besitzen. Das ist doch ein vollkommen normales Verhalten. Wenn du auf einen Jahrmarkt an den Ständen mit Süßigkeiten vorbeigehst, bist du doch auch von dieser Vielfalt angezogen. Und wenn du dir dort welche kaufst, dann nimmst du dir nicht nur von einer Sorte, sondern von vielen verschiedenen, weil jede etwas Besonderes hat – selbst wenn du eine Lieblingssüßigkeit hast.

Im Bereich Partnerschaft gilt dasselbe. Ich stehe zum Beispiel auf superschlanke Frauen. Klar, dass die meisten von ihnen dann auch kleine Brüste haben, was ja auch schön ist. Manchmal habe ich aber auch Lust auf eine Frau mit einer Oberweite, mit der sie mich fast ersticken könnte. Eigentlich mag ich hellhäutige Blondinen, was aber nicht heißt, dass mich nicht auch mal eine rassige Spanierin reizen würde. Kein Mensch kann mir erzählen, dass nur eine Art von Frau für ihn infrage kommt. Wenn er tatsächlich nur ein einziges Ideal hat und daher zahllose Frauen von vornherein ausgrenzt, weil sie diesem Ideal nicht entsprechen, handelt es sich dabei um kein gesundes Verhalten.

»Aber was soll ich denn machen, ich liebe sie doch!«, heulst du jetzt vielleicht. Das ist Schwachsinn. Du bist vielleicht verliebt und geblendet von ihrer Schönheit, aber zum größten Teil ist deine Fixiertheit auf einen Mangel an Frauen in deinem Leben zurückzuführen sowie auf deinen fehlenden Selbstrespekt.

Wenn eine Frau mich nicht will, dann weiß ich auch, dass sie nicht wichtig für mein Leben ist. Wie könnte sie? Was soll ich mit einer Frau in meinem Leben, die kein Interesse an mir hat? Du versuchst, schlauer zu sein als das Leben – das kann nie funktionieren. Eine spirituelle Lehrerin sagte einmal zu mir: »Woher weiß ich, dass ich eine Sache in meinem Leben nicht brauche? Das ist einfach –

ich habe sie nicht.« (Um lebensnotwendige Grundbedürf-
nisse wie Nahrung und Obdach geht es hier natürlich
nicht.) Diese Weisheit gilt für Frauen gleichermaßen. Tu
dir den Gefallen und lass von einer Frau ab, die nichts von
dir will. Ich sage nicht, dass du nicht versuchen sollst, sie
zu erobern, aber wenn das nicht funktioniert, dann mach
einen Schnitt und wende dich anderen Frauen zu. Das bist
du dir und den Frauen schuldig.

Wie du den Kontakt
zu einer Frau ausbaust

Wie komme ich am raffiniertesten
an die Telefonnummer einer Frau?

In unserem letzten Ratgeber haben wir den Lesern die Aufgabe gestellt, Telefonnummern von Frauen zu sammeln, und wir haben ihnen einige knappe Ratschläge gegeben, was man tun kann, um dieses Ziel zu erreichen. Inzwischen hat uns eine Reihe von Lesern gebeten, dieses Thema etwas ausführlicher zu behandeln.

Im Grunde gilt hier das Gleiche wie bei den berühmten Anmachsprüchen: Es gibt kein Patentrezept dafür, dass dir eine Frau ihre Telefonnummer gibt. Egal welche ausgefeilten Tricks und Techniken du auch anwendest: Es kann immer vorkommen, dass eine von dir daraufhin angesprochene Frau deinen Wunsch ablehnt. In manchen Fällen ist das sogar die bessere, weil ehrlichere Entscheidung: Denn so manche Frau rückt zwar ihre Nummer heraus, um dich loszuwerden, geht dann aber, wann immer du anrufst, nicht an ihr Handy.

Für viele Männer ist das Ziel ihres Erstkontakts mit einer Frau, deren Telefonnummer zu erlangen. Allerdings ist diese Einstellung schon vom Grundsatz her falsch. Das Ziel deiner Verführung ist ja die Frau selbst und nicht ihre Telefonnummer – das solltest du immer im Hinterkopf behalten.

Die wichtigste Regel lautet deshalb: Frag eine Frau nur dann nach ihrer Telefonnummer, wenn sich die Interaktion anderweitig nicht weiterführen lässt, weil entweder sie oder du keine Zeit mehr hast.

Um den Gedanken dahinter zu veranschaulichen: Stell dir vor, du bist eine hübsche Frau und machst Urlaub in einer fremden Stadt. Plötzlich spricht dich ein fremder, sympathischer Mann an. Ihr plaudert kurz miteinander, du signalisierst Interesse, doch dann fragt er dich auf einmal wie aus dem Nichts nach deiner Telefonnummer, woraufhin er sich verabschiedet.

Jetzt hast du also gerade jemanden kennengelernt – und bist trotzdem wieder alleine. Toll.

Dabei hätte es dir gefallen, dass er dir die Stadt zeigt und ihr vielleicht bei gegenseitiger Sympathie noch etwas essen geht – und wer weiß, was da noch passiert wäre. Du bist enttäuscht und siehst keinen Grund, dich noch mal zu melden, nachdem du wieder abgereist bist.

Situationen wie diese gibt es reihenweise. Wenn ich Männer beim Flirten coache, frage ich mich immer wieder, warum sie viel zu oft die Interaktion mit einer Frau unterbrechen, obwohl sie eigentlich gerade gut läuft.

Ich gehe immer den nächsten Schritt, wenn er möglich ist. Das heißt, wenn ich eine Frau auf der Straße anspreche, dann frage ich sie danach, ob wir uns nicht kurz auf einen Kaffee in das nächste Café setzen wollen.

Wenn sie mir erzählt, dass sie gerade zu Besuch in Köln ist, werde ich zu ihr so etwas sagen wie: »Hast du XY schon gesehen? Das musst du dir unbedingt anschauen, sonst hast du Köln nicht erlebt! Komm, das ist nicht weit, ich zeige es dir.«

Und erst wenn sie darauf etwas erwidert wie: »Oh, das würde ich gerne machen, aber ich muss jetzt zu einem

Termin«, dann sage ich ihr: »Ah, okay. Dann lass uns das doch später nachholen. Gib mir mal deine Nummer; ich rufe dich nachher an.«

Das ist ein erheblicher Unterschied dazu, sich unvermittelt nach der Telefonnummer deiner Gesprächspartnerin zu erkundigen: nämlich die logische Konsequenz aus der Tatsache, dass sie in diesem Moment keine Zeit mehr hat.

Frauen aus dem Blauen heraus nach ihrer Nummer zu fragen funktioniert selten. Denn das ist so ähnlich, als würdest du zu einer guten Bekannten sagen: »Lass uns doch heute bei mir treffen und ficken.« Auch wenn das deine Absicht wäre, würdest du das nicht so formulieren, sondern einen im allgemeinen Umgang akzeptablen Grund für deinen Wunsch nach einem Treffen nennen: also etwa einen DVD-Abend, miteinander kochen, Urlaubsbilder anschauen und so weiter.

Du weißt, was läuft, sie weiß, was läuft, aber trotzdem bevorzugt eine Frau diese indirekte Art der Kommunikation. Selbst wenn sie Lust hat, mit dir zu schlafen, möchte sie sich nicht darauf festlegen.

An diesem Punkt setzt auch die beste Strategie an, von einer Frau ihre Telefonnummer zu erfahren: Du erkundigst dich danach wegen einer bestimmten Aktivität oder eines gemeinsamen Interesses. Das setzt natürlich voraus, dass du eine solche Gemeinsamkeit in eurem vorhergehenden Gespräch gefunden hast. Fragen wie »Was machst du so in deiner Freizeit?« helfen hier deutlich weiter.

Nehmen wir an, du hast herausgefunden, dass die Frau, für die du dich interessierst, Kunst studiert. Dann könntest du während eures Gesprächs zu ihr sagen: »Hey, da ist gerade eine interessante Ausstellung im Museum Ludwig, die ich mir nächste Woche ansehen wollte. Lass uns doch zusammen hingehen.«

Vielleicht erwähnt diese Frau auch, dass sie die Natur liebt und gerne im Wald spazieren geht. Darauf würde ich erwidern: »Ja, die Natur liebe ich auch! Es gibt so viele schöne Plätze auf der Erde. Sag mal, kennst du eigentlich das Vulkangebiet in Operpleis?« Wenn sie verneint, sage ich zu ihr: »Das musst du unbedingt sehen; da denkt man echt, man wäre in der Steinzeit. Gib mir doch mal deine Nummer, dann können wir vielleicht für nächste Woche was ausmachen.«

Wenn du vor die Frage nach einer Telefonnummer eine solche Begründung schaltest, machst du damit einer Frau weniger Druck als mit dem üblichen »Lass uns mal einen Kaffee trinken«. Damit hast du auch dann eine höhere Chance auf Erfolg, wenn sich diese Frau noch unsicher ist, ob sie dich mag. Sie wird sich nämlich denken: »Warum sollte ich nicht mit ihm ins Museum gehen? Ich hätte mir die Ausstellung wahrscheinlich sowieso angesehen.« Insofern spürt sie auch nicht den Druck und die Angst, dass es zu einer unangenehmen Situation kommen könnte, wie wenn du sie zu einem typischen Date eingeladen hättest. Es ist noch nicht einmal völlig klar, ob du etwas von ihr willst oder einfach ein netter kommunikativer Mensch bist. Alle Möglichkeiten sind offen – und so etwas kommt dem Naturell und den Wünschen der meisten Frauen sehr entgegen.

Leider ist diese sehr entspannte, unverbindliche Haltung genau das Gegenteil dessen, was Frauen mit Männern oft erleben: Viele hübsche Frauen werden von Männern nämlich regelrecht mit SMS-Nachrichten gestalkt und mit Anrufen bombardiert. Aus diesem Grund geben sie ihre Telefonnummer oft nur sehr ungern heraus. Wenn du dich aber deutlich entspannter präsentierst, vermittelst du dabei auf der unterbewussten Ebene, dass du genug

Frauen in deinem Leben hast und sie sicher nicht belästigen wirst.

Zuletzt noch ein Tipp für den Club. Wenn ich mich dort mit einer Frau ein wenig unterhalten habe, dann sage ich zu ihr: »Ich muss mal wieder zu meinen Freunden. Falls wir uns nachher aus den Augen verlieren, lass uns kurz Nummern tauschen, dann schreibe ich dir nachher, wo wir sind.« In diesem Fall ist der Grund für euren Nummerntausch rein praktischer Natur, falls ihr euch im Gedränge des Clubs verliert, was wohl jedem schon mal passiert ist, der häufig in solchen Clubs unterwegs ist. Also ist die Wahrscheinlichkeit recht hoch, dass sie dir für diesen Zweck ihre Nummer gibt. Du hast diese Nummer aber dann natürlich auch noch, nachdem dieser Abend vorüber ist.

Wie schreibe ich eine SMS, die ihren Zweck erfüllt?

Das Schreiben von SMS-Nachrichten ist in der Pick-up-Szene umstritten: Viele schwören darauf; andere sagen, das Kommunizieren über SMS sei nur etwas für Weicheier. Ich persönlich finde, dass SMS-Nachrichten ein großartiges Werkzeug für einen Verführer sein können, wenn man sie richtig einsetzt. Die Wahrheit liegt also, wie so oft, in der Mitte.

Hier gilt es für den erfahrenen Verführer, sorgfältig zu prüfen und aufmerksam wahrzunehmen, woran er bei einer Frau ist und auf welchem Level sich seine Beziehung zu ihr befindet.

Wenn du zum Beispiel eine Frau im Club kennengelernt hast und ihr nur kurz miteinander geflirtet habt, kann es fast zu viel sein, sie gleich am nächsten Tag anzurufen. Eine kurze SMS ist da viel besser, um erst mal abzuchecken, woran du bei ihr bist.

Wenn ihr aber stundenlang in einem Café über Gott und die Welt philosophiert habt, würde ich sie an deiner Stelle direkt anrufen und ihr eine SMS nur schreiben, um sie kurz zum Lachen zu bringen oder dafür zu sorgen, dass sie an dich denkt.

Was das Verfassen einer gelungenen SMS betrifft, gibt es mehrere Dinge zu beachten. Du wirst früher oder später deinen eigenen Stil finden, aber die nächsten Punkte sind meiner Erfahrung nach Grundregeln, die du immer im Hinterkopf haben solltest.

Warum sollte ich überhaupt mit SMS-Nachrichten arbeiten?

Einfach damit dich eine Frau in Erinnerung behält und damit du bei ihr weitere positive Gefühle erzeugst, bevor du sie zum ersten Mal anrufst. Erfahrungsgemäß kommt es relativ häufig vor, dass du eine Frau in einem Club total begeisterst, sie aber trotzdem später auf deinen Anruf nicht reagiert. Meistens brauchen Frauen irgendeine Brücke in ihr Alltagsleben, bevor sie sich mit dir treffen wollen. Ohne die Vorbereitung via SMS bist du für eine Frau einfach nur irgendein Typ aus dem Club.

Was soll ich schreiben?

Was denken die meisten Männer, bevor sie eine SMS ein-
tippen? Richtig: »Was soll ich bloß schreiben?« Die Frage,
die du dir aber lieber stellen solltest, lautet: »Welche Gefühle möchte ich bei dieser bestimmten Frau erzeugen?«

Ich erinnere an dieser Stelle noch einmal an einen meiner Grundsätze: Emotion statt Information! Wir leben in
einer Zeit, in der jeder Mensch nur so mit Informationen
bombardiert wird. Gerade wenn dein Mädchen etwas be-
liebter ist, kannst du davon ausgehen, dass sie jeden Tag
unzählige Botschaften per Facebook, SMS, Skype und so
weiter bekommt. Deshalb hat es auch oft gar nichts mit
dir zu tun, wenn sie nicht antwortet, sondern einfach mit
dieser Nachrichtenflut, die in einem Missverhältnis zu der
kurzen Aufmerksamkeitsspanne von uns Menschen steht.

Genau aus diesem Grund sollte deine Botschaft eine
emotionale Reaktion hervorrufen, denn Gefühle können
viel schwieriger ignoriert werden als alles andere. Hierbei
sind alle Emotionen besser als keine Emotion. Ein guter
Freund von mir beleidigt Frauen per SMS sogar, wenn sie
nicht antworten, und spätestens darauf erhält er dann eine
Reaktion ...

Vermeide auf jeden Fall Standardfragen wie zum Beispiel: »Was machst du gerade?«, oder: »Wollen wir uns
nächste Woche mal treffen?« Dein Ziel sollte sein, das hoffentlich positive Bild, das du hinterlassen hast, zu verstärken. Schreib am besten etwas Lustiges: etwas, das keine
Antwort erfordert, aber ermöglicht.

Zum Beispiel: »Wow! Bin gerade im Tierladen, Meerschweinchen für meine Schwester kaufen. Das eine An-
gorameerschweinchen hat fast deine Frisur. Ich glaube,
das kaufe ich.«

Oder: »Aaaah, hab mir gerade den Kaffee über die Hose gekippt, und du bist schuld, weil ich gerade an dich gedacht habe. Schäm dich ...«

Als besonders effektiv, um eine erste Antwort herbeizuführen, haben sich total absurde SMS oder angeblich falsche Adressaten herausgestellt.

Beispiele für absurde SMS:

- »Ich glaube, ich wurde als Kind von Aliens entführt. Immer wenn ich was Grünes sehe, bekomme ich Schüttelfrost.«
- »Ich habe Hunger.«
- »Aaaaaaahhhh, nein, ja, o Gott, das tut gut ...«

Alle Frauen sind neugierig und wollen wissen, was ihr meint – und ob diese SMS wirklich an sie gehen sollte.

Einige weitere Beispiele für SMS-Nachrichten, die ihr scheinbar an den falschen Empfänger geschickt habt:

- »Ja, Mama, ich habe meinen Wollpulli an und den Schal. Ich weiß, dass bald Winter ist. Und jetzt lass mich bitte auf der Arbeit in Ruhe.«
- »Jetzt hör mal – ich hab dir gesagt, es ist Schluss, und auch wenn du den Sex mit mir so geil fandest, werde ich trotzdem nicht mehr mit dir schlafen. Das wäre auch unfair deinem neuen Freund gegenüber.«
- »Nerv mich nicht – ich rede eh nicht mehr mit dir –, sonst blockier ich halt deine Nummer.«

Du wirst fast in hundert Prozent aller Fälle eine Antwort bekommen, in der sich die Empfängerin erkundigt: »Äh – sorry, war die SMS für mich gedacht?«

Darauf kannst du dann aufbauen und beispielsweise Folgendes schreiben:

DU: »Oh, sorry, meine Mutter/Ex heißt auch Christine. Das ist mir jetzt megapeinlich :)«

SIE: »Kein Ding – kann ja mal passieren – und zieh bloß deinen Schal an. :)«

DU: »Hey, bist du vielleicht doch meine Mutter? Nee, du bist doch die Vicky aus der Bar XY.«

SIE: »Ja genau ;)«

DU: »Okay, ich speicher dich jetzt unter Vicky (nicht meine Mutter) für die Zukunft.«

SIE: »Besser ist das :)«

DU: »O Gott, wenn wir zusammen wären und ich hätte jetzt meiner Mutter irgendwelche schmutzigen SMS geschickt … Aaaah, nicht auszudenken!«

SIE: »Haha – megapeinlich. Gut, dass wir nicht zusammen sind.«

DU: »Oder du musst dann deinen Namen ändern. Lol. Warte – ich ruf dich kurz an, nur um sicherzugehen, dass du doch nicht meine Mutter bist und mich die ganze Zeit verarschst …«

SIE: »Haha, nee, bin nicht deine Mutter. Wirst schon sehen …«

So etwa könnte sich ein SMS-Gesprächsverlauf abspielen.

Wie lange sollte ich warten, bis ich antworte?

Meine Faustregel ist da einfach: Ungefähr so lange, wie sie braucht. Sie spielt Spielchen und lässt dich zwei Tage warten? Cool, das kannst du auch und antwortest ebenfalls erst nach zwei bis drei Tagen. Sie antwortet immer schnell? Dann antwortest du auch recht zeitnah.

Wie oft sollte ich texten?

Es ist wichtig, dass du nicht als eine neue Chatbekannt-schaft endest, also zieh das Ganze nicht ewig hin. Wenn du merkst, dass sie gut auf deinen Text reagiert, vielleicht sogar mit dir flirtet, dann ruf sie an. Reagiert sie noch ver-halten oder antwortet erst nach mehreren Tagen? Dann bleib erst mal beim Textgame.

Warum werde ich manchmal von einer Frau am Telefon geblockt?

Als Anfänger freut man sich enorm über die eine oder an-dere Telefonnummer, die man von einer tollen Frau erhal-ten hat. Aber häufig folgt dann die Erkenntnis, dass eine Nummer allein nicht wirklich viel wert ist und man viele der Frauen, die sehr angetan von einem wirkten, niemals wiedersehen wird. Das kann ordentlich demotivieren, und die Selbstzweifel, die einen schon beim Ansprechen ge-plagt haben, kehren jetzt verstärkt zurück.

»Was ist bloß los mit mir?«, fragt man sich dann viel-leicht. »Stelle ich mich wirklich so doof an, dass mich keine Frau wiedersehen will? Oder sind die Frauen alle komplett bescheuert? Warum geben sie mir erst ihre Tele-fonnummer, wenn sie mich dann doch nicht wiedersehen wollen?«

Ich bin am Anfang meiner Karriere als Verführungskünst-ler an diesem Punkt selbst fast verzweifelt und konnte mir keinen Reim auf das Ganze machen.

Dabei ist die Angelegenheit eigentlich gar nicht so schlimm – wenn man nicht wieder Kardinalfehler Nummer 1 zum Opfer gefallen ist: zu denken, Männer und Frauen funktionieren gleich. Im Gegensatz zu dem, was viele behaupten, merkt man aber gerade an solchen Themen, wie unterschiedlich sich Männer und Frauen verhalten.

Wenn ich einen coolen Kerl kennenlerne und wir miteinander unsere Nummern austauschen, dann werde ich auch eine Woche später an mein Telefon gehen, wenn er mich anruft. Bei einer Frau hingegen kann es sehr viele Gründe geben, warum sie das nicht tut und auch deine SMS-Nachrichten unbeantwortet lässt. Die wenigsten dieser Gründe allerdings – und das sollte dir wirklich klar werden – haben etwas mit dir zu tun.

Leider neigen gerade Anfänger dazu, jeden ihrer Schritte zu Tode zu analysieren und darüber nachzugrübeln, was sie nur falsch gemacht haben. Ich kenne das noch sehr gut von mir. Ich hatte mal einen großartigen Kontakt zu einer Frau, die ich wirklich heiß fand und in die ich auch ein bisschen verliebt war. Wir haben fast täglich miteinander gesprochen. Und plötzlich, nach einer SMS von mir, kam nichts mehr.

Ich habe immer wieder meine alten SMS gelesen und anhand der Texte versucht herauszufinden, was ich falsch gemacht habe. Später habe ich dann noch mal versucht, sie anzurufen, und ihr nach ein paar Tagen eine weitere SMS geschrieben. Keine Reaktion.

Letztendlich habe ich es schweren Herzens aufgegeben.

Nach ein paar weiteren Tagen klingelte auf einmal mein Telefon. Sie war dran. Es tat ihr furchtbar leid, dass sie sich nicht mehr gemeldet hat – aber sie war bei ihren Eltern auf einem Dorf und hatte ihr Ladegerät vergessen.

Das war jetzt ein beispielhafter Fall von vielen, bei denen einer Frau einfach der Alltag und die Umstände ihres Lebens dazwischenkommen. Meiner Erfahrung nach haben achtzig Prozent der Fälle, wenn sich eine Frau nicht mehr meldet, nichts, aber auch gar nichts mit dir zu tun.

Denk mal drüber nach: Sie hat dir schon ihre Telefonnummer gegeben. Warum sollte sie das tun, wenn sie dich nicht wirklich treffen will? Dafür gibt es eigentlich nur einen denkbaren Grund, und der ist, dass sie dich loswerden wollte. Nur: In solchen Fällen geben einem die Frauen in der Regel eine falsche Nummer. Bevor wir also dazu kommen, wie du deine Antwortrate erheblich erhöhen kannst, möchte ich dir einmal die häufigsten Gründe vor Augen führen, warum eine Frau deine telefonischen Avancen blockiert:

- **Sie hat dir verschwiegen, dass sie einen Freund hat.**
Genauso oft, wie Frauen einen Freund erfinden, wenn sie dich loswerden möchten, verschweigen sie auch einen, wenn sie etwas angetrunken und sehr von dir angezogen sind. An dem Abend eures Kennenlernens hat vielleicht noch alles gepasst. Sie hat deine Aufmerksamkeit genossen, deine Blicke, das Spiel mit dem Feuer, das sie mit ihrem Freund schon so lange vermisst.

Vielleicht wäre sie sogar an diesem Abend mit dir mitgegangen, wenn du erfahrener oder forscher aufgetreten wärst. Am Ende haben sich jedoch eure Wege getrennt – aber nicht ohne dass ihr vorher eure Telefonnummern ausgetauscht habt.

Am nächsten Morgen wacht diese Frau neben ihrem Freund auf, und es plagt sie das schlechte Gewissen. Vielleicht hatte sie sich auch vorher mit ihm gestritten, doch dann haben sie sich versöhnt, und alles ist wieder gut.

Da passt du ihr jetzt natürlich schlecht in den Kram. Im Gegenteil: Du erinnerst sie mit jeder SMS und jedem Anruf daran, dass sie etwas Verbotenes getan hat, und sie fühlt sich schlecht deswegen. Am liebsten würde sie rückgängig machen, dass sie dir ihre Telefonnummer überhaupt gegeben hat – aber das kann sie nicht. Alles, was sie tun kann, ist, dich komplett zu ignorieren und zu hoffen, dass du aufhörst sie anzurufen und dass es ihr Freund nicht erfährt.

- **Sie erinnert sich nicht an dich.**

Das hört sich vielleicht schräg an, aber gerade in Bars und Nachtclubs kann eine Frau in einen Zustand kommen, wo sie sozusagen auf Autopilot unterwegs ist. Meistens ist sie dann auch angetrunken, und ihr ist alles egal. Sie flirtet mit mehreren Männern und gibt ihre Nummer mal hier raus und mal da. All ihre Verstandesbarrieren hat der Alkohol in nichts aufgelöst, und sie macht nur noch Party.

In der nächsten Woche rufen sie viele unbekannte Nummern an oder schreiben ihr SMS wie: »Hey, hier ist der Markus aus dem XY-Club. Du hast mir deine Nummer gegeben – erinnerst du dich noch an mich?«

Nein, Markus, sie erinnert sich nicht mehr an dich. Und da ihr das sehr peinlich ist und deine SMS sonst nichts Interessantes enthält, hat diese Frau auch keine Lust, dir zu antworten.

- **Ihr Ex, ein früherer Schwarm oder ein anderer Mann zeigt plötzlich wieder Interesse an ihr.**

Auch das kommt oft genug vor: Ihr Freund hat mit ihr Schluss gemacht. Um sich abzulenken, geht sie feiern und flirtet, um ihr Ego aufzupolieren, heftig herum. Dabei lernt sie dich kennen und findet dich auch ganz toll. Doch am allerliebsten will sie ihren Exfreund zurück. Und sobald der sich meldet, bist du abgeschrieben, und sie lässt erst dann wieder von sich hören, wenn es doch nicht geklappt hat und der Ofen endgültig aus ist. Dieses Szenario habe ich selbst schon öfter erlebt, es scheint also durchaus üblich zu sein. So etwas kann dir sogar passieren, wenn ihr euch schon getroffen oder sogar Sex miteinander gehabt habt.

- **Es fand zu wenig Austausch statt; deshalb ist sie sich unsicher, was du für ein Typ bist.**

Das ist ein Fehler, den ich leider selbst viel zu oft gemacht habe und der mich manchmal fast zur Verzweiflung getrieben hat. Am Anfang meiner Karriere war ich relativ schnell sehr gut darin, in Clubs Gruppen und auch einzelne Frauen für mich zu begeistern. Ich habe sie zum Lachen gebracht und viele von ihnen angezogen. Meine Kumpels haben mich schon für ein Genie gehalten.

Es gab nur leider ein Problem: Ich habe diese Frauen nicht gleich am selben Abend verführt, weil ich damals noch dachte, das würden sie auf keinen Fall wollen. Stattdessen habe ich mir ihre Telefonnummer geben lassen und war davon überzeugt, sobald ich sie anrufe, läuft der Rest von alleine. Ganz böser Irrtum. Auch hier funktionieren Frauen und Männer so verschieden, dass es einen Mann um den Verstand bringen kann.

Wenn du vor einem Monat eine Frau geil gefunden hast, dann wirst du sie auch heute noch geil finden. Und wenn sie dich anruft, auch wenn es einen Monat später ist, wirst du wahrscheinlich denken: Endlich meldet die sich mal! Großartig.

Bei Frauen läuft das alles ganz anders. Anziehung – also all das, was du durch deinen Humor, dein Auftreten und die besondere Situation des Abends erzeugt hast – ist für sie flüchtig. So flüchtig wie ein Parfüm: An einem Abend betört es dich, aber schon eine Nacht später kannst du dich gar nicht mehr richtig an den Geruch erinnern.

Wenn du auf eine Frau, auf die du es abgesehen hast, auch so vergänglich wie dieser Parfümduft wirkst, dann war das dein Fehler. Du hast zu wenig von dir mitgeteilt, keine Beziehung zu ihr aufgebaut, und es fällt der betreffenden Frau schwer, den Transfer von der Dicso- und Party-welt, wo sie dich kennengelernt hat, zu ihrem Alltagsleben zu schaffen. Sie hat keine Ahnung, wer du als Mensch bist. Sie hat kein konkretes Bild von dir. Und wir wissen alle: Wo Männer sich einfach reinstürzen und denken: »Mal gucken, wie es wird«, da wollen Frauen erst mal möglichst viele Informationen sammeln und alles aus noch so un-vorstellbaren Winkeln begutachtet haben, bevor sie eine Entscheidung treffen.

Bevor eine Frau also riskiert, eine falsche Entscheidung zu treffen, trifft sie lieber gar keine. Eigentlich solltest du dir diesen Satz einrahmen und an die Wand hängen – als eine goldene Regel, um Frauen besser zu verstehen. Denn aus diesem Grund geht sie nicht an ihr Handy. Und aus demselben Grund steht sie stundenlang vor ihrem vol-len Kleiderschrank und findet es schade, dass sie nichts anzuziehen hat. Und genau deswegen fällt es ihr schwer, eine Beziehung zu beenden, auch wenn sie noch so furcht-bar ist.

• **Sie ist einfach zu schüchtern oder unsicher.**
Auch dieser Aspekt ist für einen Mann anfangs schwer zu begreifen. Da ist diese wunderschöne Frau, ihr habt euch gut verstanden, und zum Schluss hat sie dir bereitwillig ihre Nummer gegeben. Du denkst dir: Sie wird sicher von Tausenden Verehrern umschwärmt – wie sollst du bei ihr eine Chance haben? Dann erinnerst du dich an all die tol-

131

len Tipps, die du in einem Pick-up-Forum gelesen hast: Mach erst mal einen »Freeze out«, wenn sie nicht sofort antwortet. Warte drei Tage, bevor du sie anrufst, usw.

Die Frau, die du so klasse findest, meldet sich aber trotz dieser Tipps nicht. Im Pick-up-Forum unterstützt man dich derweil mit den üblichen Phrasen: Lass dich dadurch nicht verunsichern und auch nicht aus dem Konzept bringen. Renn bloß nicht hinter ihr her. Und falls sie sich dauerhaft nicht meldet, solltest du sie einfach »nexten«, also ihre Nummer wegschmeißen und dich nach der nächsten Schönheit umschauen.

Ein Problem an diesen Foren ist, dass hier meistens ein 14-jähriger Pick-up-Theoretiker einem anderen Pick-up-Theoretiker Tipps gibt, die sehr wenig mit der Lebensrealität zu tun haben. Wer wirklich Erfolg bei Frauen hat, hat weder Zeit noch Lust, ständig in solchen Foren zu diskutieren. Dort versuchen also vor allem Anfänger, aus dem ganzen Thema schlau zu werden, und ein Laie erklärt dem anderen, was er sich selbst gerade so zusammengereimt hat. Im wirklichen Leben hast du es aber mit dieser Frau zu tun, die es aus dir unbekannten Gründen noch nicht fertiggebracht hat, an ihr Handy zu gehen, wann immer du sie anrufst. Und sie denkt sich Folgendes: »Der Typ hat mich so locker und cool auf der Straße angesprochen, der hat bestimmt an jedem Finger ein Mädchen. Ich finde den superheiß, aber in der letzten *In Touch* stand doch, dass man solche Typen zappeln lassen muss und erst dreimal nicht drangehen soll, um sich für sie interessant zu machen. Wenn er es wirklich ehrlich mit mir meint, wird er öfter anrufen.«

Tja, so verkorkst ist unsere Welt. Hier hätten sich zwei Menschen vielleicht kennen- und liebengelernt, aber jeder folgt irgendwelchen abstrusen Ratschlägen, und es wird nie dazu kommen. Jeder spielt mit gezinkten Karten und wundert sich dann, dass das Spiel keinen Spaß mehr macht.

Also vergiss einfach all diese Regeln. Es könnte sein, dass diese Frau selbst eine verquere Strategie fährt oder schlicht zu schüchtern ist. Kein Mensch fühlt sich terrorisiert, wenn du ihn alle ein bis drei Tage mal versuchst zu erreichen. Und dadurch wirkst du auch nicht bedürftig.

Wie mache ich aus einem Telefonat ein Date?

Im letzten Kapitel bin ich ausführlich darauf eingegangen, welche Gründe es haben kann, wenn sich eine Frau nicht bei dir meldet. Behalte das also im Hinterkopf, wenn wir jetzt zu geschickten Strategien am Telefon kommen.

Auch wenn in der Pick-up-Szene immer wieder Regeln formuliert werden, dass man eine bestimmte Zahl von Tagen warten solle, bevor man sich wieder bei einer Frau meldet, die man gerade kennengelernt hat, könnte ich keine dieser Regeln als richtig bestätigen. Viel entscheidender, was den richtigen zeitlichen Abstand für einen Anruf angeht, sind dein Naturell, die konkrete Situation und der Charakter der Frau, auf die du es abgesehen hast.

Allem voran kommt es auf den Eindruck an, den du bei eurer ersten Begegnung hinterlassen hast. Wenn du der schüchterne Typ warst, der kaum ein Wort herausbekommen und diese Frau fast verzweifelt um ihre Nummer gebeten hat, dann ist es gut, mit deinem Anruf erst mal eine kleine Weile zu warten. Wenn du hingegen selbstbewusst und lustig aufgetreten bist, die Frau vielleicht sogar auf der Straße angesprochen hast, dann solltest du dir mit deinem Anruf nicht allzu lange Zeit lassen, weil die Frau sonst denkt, du hättest eh an jedem Finger eine andere und wärst nicht wirklich an ihr interessiert.

Du kannst eine Frau übrigens durchaus noch am selben Tag anrufen, an dem ihr euch kennengelernt habt, wenn du es richtig anstellst. Wichtig ist nicht das Wann, sondern das Wie.

Hierfür gibt es ein paar Richtlinien, auch wenn ich niemals von festen Regeln sprechen würde.

Was die Telefonnummern von Frauen angeht, habe ich ein Drei-Töpfe-System entwickelt.

Topf 1: Generell versuche ich, eine Frau, die ich kennengelernt habe, innerhalb einer Woche dreimal zu erreichen. Ich lasse ihr dazwischen immer ein bis zwei Tage Luft, damit sie auch die Möglichkeit hat, sich selbst zu melden. Bekomme ich sie in dieser Woche nicht ans Telefon, dann wandert sie in

Topf 2: Diese Frauen versuche ich vielleicht einmal die Woche anzurufen. Manchmal schicke ich auch eine verrückte SMS. Wie lange ich das mache, hängt davon ab, wie wichtig mir die betreffende Frau ist. Meistens läuft das etwa drei Wochen lang auf diese Weise. Merke ich, dass das so keinen Sinn hat, kommt diese Frau in

Topf 3: Das ist der Topf für Massen-SMS, verrückte Experimente und Aktionen, mit denen ich so eine Frau gerne ein bisschen aufziehe. Hier mache ich mir keine große Hoffnung mehr, sondern lasse eher meinem Spieltrieb freien Lauf. Dafür ist dann die Antwortrate, wohl gerade weil diese Aktionen so absurd sind, recht hoch. Mit einer verrückten SMS – das kannst du problemlos googelen – habe ich sogar mal einen ganzen Trend in der Pick-up-Szene losgetreten. Dabei habe ich mich von einer Folge aus Christian Ulmens witziger TV-Serie *Mein neuer Freund* inspirieren lassen, in der Ulmen eine Frau dazu gebracht hat, an ihren Bekanntenkreis die folgende SMS zu verschicken: »Ich hab in letzter Zeit so tierisch oft an dich gedacht. Heut Nacht hatte ich einen Traum mit Tentakeln. Ich muss dich dringend fühlen. Ich hab Bock! Hört sich vielleicht komisch an, aber ich will dich. Liebe, Love, Peace und ich. Geil!« Ungewöhnlich, aber wirkungsvoll.

Oder ich starte andere extreme Dinge, die ich bei einer Frau, bei der ich noch Hoffnung habe, nie ausprobieren würde. Lustigerweise führen solche Aktionen oft zu den größten Lerneffekten.

Gehen wir das Telefongame einmal Schritt für Schritt durch.

Das erste Gespräch

Dieses Gespräch ist enorm wichtig und kann über Erfolg oder Misserfolg entscheiden. Es ist auch das Gespräch, vor dem Männer die meiste Angst haben. Es ist nicht notwendig, aber hilfreich, wenn du, wie ich es im vorigen Kapitel erklärt habe, schon etwas Anziehung über SMS-Nachrichten aufgebaut hast. Dann ist dieses Gespräch nicht ganz so sehr der Sprung ins kalte Wasser.

Es kann durchaus sein, dass dieselbe Frau, die dir am letzten Wochenende noch förmlich aus der Hand gefressen hat, jetzt am Telefon auf einmal ziemlich kühl und uninteressiert wirkt. Das bringt selbst erfahrene Männer manchmal ziemlich aus dem Konzept.

Es gibt auch hier nicht das Patentrezept für ein erfolgreiches Telefonat, wohl aber einige sinnvolle Richtlinien.

Der beste Zeitpunkt

Während des Tages anzurufen ist eigentlich immer eine dumme Idee, denn wenn eine Frau älter als 25 ist, dann befindet sie sich wahrscheinlich auf der Arbeit. Selbst wenn sie es wollte, könnte sie oft nicht so einfach an ihr Handy gehen, um ein wenig mit dir zu plaudern. Vielleicht nimmt sie sich sogar wirklich vor, zurückzurufen, aber vergisst es dann. Ruf sie also besser gegen Abend an. Das kann auch entgegen der gesellschaftlichen Konventionen um 22.00 Uhr sein, denn da ist sie sicherlich zu Hause und hat mit größter Wahrscheinlichkeit Zeit, um mit dir zu telefonieren. Sehr gut ist auch der Sonntag geeignet, dann besonders der Vormittag. Vielleicht hat die Frau gerade wieder einen enttäuschenden Abend in der Disco hinter sich und niemand Tolles kennengelernt – und genau da rufst du an.

Die innere Einstellung und deine Vorbereitung auf das Gespräch

Ich versuche, mir vor dem Gespräch so gut wie möglich zu suggerieren, dass ich einen guten Freund oder eine gute Freundin anrufe, bevor ich zum Hörer greife. Oft rufe ich eine entsprechende Person auch tatsächlich vorher an, um mich in die richtige Stimmung zu bringen. Nichts ist schlimmer für eine Frau als ein verkrampftes, förmliches Gespräch am Telefon nach dem Motto: »Ähhh, hallo, Christine, bist du es? Ja … Hallo, ich bin's, Christian – erinnerst du dich noch an mich? Wir haben uns letzte Woche im Club XY getroffen … Entschuldige die Störung, aber hast du vielleicht Lust, nächste Woche was trinken zu gehen?

Okay, du hast viel zu tun ... Hmmm. In der Woche danach dann vielleicht?«

Also ruf vorher lieber einen guten Kumpel an, der dich immer zuverlässig zum Lachen bringt, und rede mit ihm ein bisschen darüber, was du in den letzten Tagen so erlebt hast. Wenn du dich dann richtig gut fühlst, ist es der optimale Zeitpunkt, eine Frau anzurufen. Du kannst Frauen wirklich mit dem größten Müll zuquatschen, solange es nur unterhaltsam ist, und wirst damit hundertprozentig mehr Erfolg haben, als wenn du das sagst, was ich oben gerade ein wenig parodiert habe.

Ruf die Frau an und erzähl ihr von mir aus, dass du dein transsexuelles Meerschweinchen zum Psychologen bringen musstest, weil es unter schweren Depressionen leidet, oder dass dich die Berührung eines Hundes letzte Woche all deiner Superkräfte beraubt hat, weshalb du jetzt wie alle Menschen mit der Bahn fahren musst, was dich ziemlich ankotzt, weil der direkte Luftweg immer kürzer war, oder irgendeine andere haarsträubende Story, die sie zum Lachen bringt. Frauen, die lachen, werden ein Date mit dir in den seltensten Fällen abschlagen. Also denk ruhig ein bisschen außerhalb der üblichen Bahnen.

Die meisten Männer telefonieren mit einer Frau und machen einen Termin für ein Date aus – genauso wie sie ein Treffen mit einem Geschäftspartner ausmachen würden. Und das ist falsch!

Vermutlich graust es dich, einer Frau solche Dinge zu erzählen, wie ich sie gerade vorgeschlagen habe. Wenn du bist wie die meisten meiner Kunden, dann übst du wahrscheinlich einen technischen Beruf aus und siehst die Dinge eher nüchtern und rational. Und genau deswegen hast du keinen Erfolg bei Frauen – kreative Künstlertypen und andere schräge Vögel hingegen schon. Du musst das

Kind in dir wieder wecken, denn egal, wie alt diese Frau ist: Wenn du sie zum Lachen bringst, gehört sie dir. Ich höre von Frauen ständig den Satz: »Maximilian, du bist so verrückt!« Und ja, das ist ein Kompliment.

Fang einfach klein an, und steigere dich dann. Wichtig ist auf jeden Fall, dass du in einer guten, lockeren Stimmung bist, wenn du eine Frau anrufst.

Was du sagst

Vermeide unbedingt, eine Frau am Telefon zu fragen, ob sie sich noch an dich erinnert. Natürlich erinnert sie sich an dich. Wie könnte man dich vergessen?

Und wenn sie wirklich nicht weiß, wer du bist, dann zieh sie heftig damit auf. Manchmal versuchen Frauen, dich auf die Art zu testen, und sagen dann so etwas wie: »Denkst du, du bist der einzige Mann, den ich kennenlerne?«

Dann antworte mit »Nein – aber ich bin der bestaussehende und coolste. Jetzt weißt du sicher, wer ich bin, oder?«.

Ich habe mich oft mit Frauen getroffen, die sich überhaupt nicht mehr an mich erinnern konnten. Auf die Frage, wie sie mich erkennen würden, habe ich immer geantwortet: »Oh, das ist leicht. Schau dich einfach nach dem bestaussehenden Mann um. Das bin ich.«

Ich sage das natürlich ein bisschen augenzwinkernd. Frauen mögen diese charmante Form der Arroganz, aber keine ernst gemeinte Überheblichkeit.

Rede mit ihr wie mit einem alten Freund. Erzähl ihr auf eine unterhaltsame Art, was du in der letzten Woche alles erlebt hast, und dann frag sie, was sie gemacht hat.

Es ist wichtig, dass ihr hier irgendwo einen gemeinsamen Nenner findet und sich ein lockeres Gespräch entwickelt wie unter zwei guten Bekannten. Du kannst die Frau auch unterbrechen und solltest es sogar tun, wenn es etwas Interessantes ist, auf das du eingehen könntest.

Es kann zum Beispiel sein, sie sagt: »Na ja, und dann war ich mit Freundinnen im Kino …«

Darauf du: »Lass mich raten – eine Romantic Comedy!«

Sie: »Nein, wir haben uns den neuen James Bond ange-guckt.«

Du: »Okay – jetzt überraschst du mich. Wie ist er denn?«

Sie: »Der ist schon echt cool, obwohl ich den neuen Bond nicht mag.«

Du: »Ich auch nicht so. Keine Ahnung, bei dem neuen Bond fehlt irgendwie der Gentleman-Aspekt.« Und so wei-ter …

Es ist wichtig, dass du das Gespräch auf diese persön-liche Ebene bekommst. Vorher würde ich gar nicht daran denken, nach einem Treffen zu fragen. Wie soll eine Frau denn glauben können, dass sie mit dir einen lustigen Abend erleben wird, wenn du schon am Telefon steif und distanziert wirkst?

Wenn sie kurz angebunden ist oder wenn aus irgend-welchen anderen Gründen kein gutes Gespräch entsteht, dann verabschiede dich lieber und sag ihr, dass du später noch mal anrufst, als euch beide durch ein Telefonat zu quälen, das keine Chance mehr hat, sich zu einer lustigen Unterhaltung zu entwickeln.

Wenn du beruflich so viel unterwegs bist wie ich, dann kannst du darüber hinaus etwas tun, was ich auch oft mache, nämlich einen großen Teil der Verführung schon über das Telefon erledigen. Das bietet sich insbesondere dann an, wenn du am Telefon grundsätzlich gut rüber-kommst. Für viele Frauen hat die Stimme eines Mannes etwas Magisches, und sie bringt ihre Fantasie auf Touren.

Du kannst der hässlichste Tropf sein, aber wenn du eine Frau am Telefon mit deiner Stimme und deinen Worten verzaubert hast, dann wird sie dich auch dann anziehend finden, wenn sie dir gegenübersteht. Frag mal ein paar Frauen darüber aus, wenn du mir nicht glaubst. Du solltest also, wenn du optisch nicht der Traumprinz bist, auf der Ebene der Kommunikation lernen zu glänzen.

Wie du etwas sagst

Du hast ja bereits in einem vorangegangenen Kapitel erfahren, welche starke Auswirkungen die von dir gewählte Körperhaltung und Körpersprache sowohl auf deine eigenen Gefühle haben als auch darauf, wie du auf andere wirkst. Diese Macht kannst du dir auch beim Telefonieren zunutze machen.

Wenn du eine Frau begeistern willst, dynamisch und energievoll auf sie wirken möchtest, dann ruf sie an, während du gehst. Du kannst dafür im Zimmer auf und ab gehen, aber noch besser ist es, wenn du beim Telefonieren wirklich irgendwohin unterwegs bist. Tust du das, dann wirkst du beschäftigt, statt einfach nur träge und energielos herumzusitzen. Du kannst auch das, was du in diesem Moment siehst oder was dir gerade passiert, in das Gespräch einbinden, um es so intensiver zu gestalten.

»Wow, München ist doch immer wieder krass«, könntest du zum Beispiel sagen, »wenn man hier durch die Innenstadt geht, ist das schon was ganz anderes als in Köln. All diese alten, schönen Gebäude … Warst du schon mal in München?«

Außerdem hast du so einen guten Grund parat, das Gespräch zu beenden, wenn es dir aus dem Ruder läuft, wenn du merkst, dass die Stimmung zwischen euch nicht so gut ist, oder auch, wenn du dich lieber kürzer unterhalten möchtest, damit ihr noch ausreichend Gesprächsstoff habt, sobald ihr euch das nächste Mal trefft. Bist du beim Telefonieren unterwegs, kannst du das Gespräch beenden, indem du sagst: »Hey, ich bin jetzt da. Wir können später weiter telefonieren. Bis dann.«

Wenn du mit einer Frau schon ein paarmal telefoniert hast, kannst du aber auch eine ganz andere, jedoch ebenfalls sehr wirkungsvolle Atmosphäre erzeugen, indem du mit erotischer Stimme sprichst. Wie das funktioniert, habe ich eher durch Zufall entdeckt. Ich war damals ziemlich ausgepowert und schlapp und habe mich deshalb beim Telefonieren aufs Bett gelegt. Dabei habe ich wohl viel langsamer und mit tieferer Stimme geredet als gewöhnlich. Die Frau, die ich an der Strippe hatte, sagte daraufhin zu mir: »Wow, du hast so eine tolle Telefonstimme, das macht mich ganz wuschig.«

Ich habe daraufhin weiterexperimentiert und herausgefunden, dass, wenn sich ein Mensch entspannt, auch seine Stimme weicher wird. Rede außerdem noch etwas langsamer und mit deutlicherer Betonung als sonst, und du kannst Frauen am Telefon in Wallung bringen.

Die Stimme des Mannes wirkt auf Frauen ungefähr so wie der nackte Körper einer Frau auf uns. Man kann Frauen bis aufs Äußerste erregen, wenn man zu ihnen nur die richtigen Worte in der richtigen Stimmlage sagt.

Auf meiner Website habe ich dazu einmal zwei Beispiele für dich aufgenommen, damit du dir den Unterschied gut klarmachen kannst: *www.dasgesetzdereroberung.de.*

Wie fast alle Dinge erfordert auch das erotische Sprechen ein wenig Übung. Aber glaub mir, es lohnt sich! Die Frauen sind geradezu ausgehungert nach erotischen Gesprächen, da sie sonst sehr selten vorkommen. Wenn man sich kennenlernt, traut man sich noch nicht, und wenn man dann zusammen ist, haben die meisten keine Lust mehr darauf.

Wie oft du mit einer Frau per Telefon, SMS usw. in Kontakt trittst

Ist es dir nicht auch schon passiert, dass eine Frau per SMS oder auf Facebook wild mit dir flirtet, sobald du dich aber mit ihr treffen willst, immer eine Ausrede parat hat?

Dann hattest du es mit jenem Typ Frau zu tun, die man im englischen Sprachraum als »Attention Whore« bezeichnet: eine Frau, die süchtig nach Aufmerksamkeit und in dieser Hinsicht ziemlich wahllos ist. Dank Plattformen wie Facebook, die zur Selbstdarstellung geradezu auffordern, gibt es davon in unserer Gesellschaft immer mehr. Selbst Männer werden dort zu kleinen Diven.

Diese Menschen ernähren sich von der Aufmerksamkeit ihrer Mitmenschen wie Vampire vom Blut. Es gibt für sie nichts Schlimmeres, als mit sich allein zu sein, denn im Grunde sind sie sehr unsicher und können sich selbst gar nicht so gut leiden. Deshalb müssen sie immer wieder Bestätigung von außen bekommen, dass sie begehrenswert sind. Solche Frauen sind absolute Zeitverschwendung, denn sobald du ihnen nur einen Funken deiner Aufmerksamkeit widmest, haben sie bereits alles, was sie von dir wollen. Mehr ist dann in dieser Beziehung auch für dich nicht drin.

Weil ich weder die nötige Zeit noch Lust für solches sinnloses Geschwätz habe, bin ich in solchen Netzwerken nicht sehr aktiv und beantworte auch nicht gleich jede

SMS, sobald ich sie erhalten habe. In der Zeit, in der ich mit irgendeinem Mädel herumchatte, kann ich ebenso gut Gitarre üben, einen neuen Blogeintrag verfassen, ein neues Video drehen, mit meinen Freunden telefonieren, im Meer schwimmen, ein gutes Buch lesen und viele andere Dinge mehr.

Wenn du hingegen ständig für hohles Geplauder zur Verfügung stehst, wirkst du auf eine Frau nicht gerade attraktiver. Stattdessen fragt sie sich im Inneren: »Hat der Typ eigentlich kein Leben? Keine Hobbys, keine Freunde? Wieso kann der jeden Abend mit mir eine Stunde chatten?« Also vergiss diesen Kram lieber.

Wenn dich eine Frau anschreibt, kannst du stattdessen nach den ersten ausgetauschten Messages ein Statement übernehmen, das ich mit großem Erfolg verwende. Es lautet: »Hey, lass uns mal telefonieren. Ich hocke beruflich eh fast den ganzen Tag vorm PC, da bin ich froh, wenn ich mal wieder ein echtes Gespräch führen kann.«

Du kannst diese Frau aber auch mit einbeziehen, indem du sie fragst: »Findest du nicht auch, dass wir viel zu viel vor dem PC hängen und auf unsere Smartphones starren? Es gibt so selten echten Kontakt zwischen Menschen.«

Was soll sie darauf erwidern? Natürlich wird sie dir recht geben. Worauf deine nächste Nachricht lautet: »Cool, dass du auch so denkst! Meine Nummer ist 01 77 56 54 00. Ruf mich doch mal in fünf Minuten an. Ich hole mir gerade noch einen Kaffee.«

Und dann gehst du offline. Die Frau wird sich automatisch bei dir melden, weil du die Führung übernommen hast und weil es unhöflich wäre, dich warten zu lassen, ohne dass sie sich rührt.

Es ist, wie wir es in *Der perfekte Eroberer* beschrieben haben: Wenn du keine Regeln für dein Leben hast, dann lebst du nach den Regeln anderer Menschen. Und das macht weder Spaß noch macht dich das als Partner für eine Frau besonders reizvoll.

Ich sage nicht, dass man mit Chatten niemals Erfolg haben kann. Vielleicht macht es dir ja großen Spaß, oder du glaubst, dass du dich auf diese Weise am besten darstellen kannst. Aber sehr zeitökonomisch ist zumindest das ziellose Chatten nicht. Finde hier am besten deine eigenen Regeln.

Was die Kommunikation per Telefon und SMS angeht, habe ich eine klare Regel: Ich mag es einfach und effektiv. Deshalb warte ich ungefähr so lange, wie eine Frau braucht, um mir zu antworten. Reagiert sie wirklich schnell, dann tue ich das auch. Will sie aber Spielchen spielen und braucht drei Tage, um eine SMS zu beantworten, dann kann ich das auch und antworte meinerseits nach vier Tagen. Es ist das alte Spiel mit Belohnung und Strafe. Ich habe keine Lust auf Spielchen, deshalb bin ich zunächst immer offen und ehrlich. Aber wenn eine Frau auf ihre Spielchen besteht, dann zeige ich ihr entweder, dass ich darin noch ein bisschen besser bin als sie, oder breche den Kontakt ganz ab – je nachdem, wie groß mein Interesse an dieser Frau ist.

Was du tust, wenn sie nicht mehr antwortet

Was das Problem einer ausbleibenden Reaktion angeht, habe ich oben ja schon eine mögliche Vorgehensweise beschrieben. Diese ist aber nicht ohne Risiko und empfiehlt sich deshalb eher gegenüber Frauen, die dir nicht viel bedeuten. Die Technik, die ich dir jetzt vorstelle, ist für Frauen gedacht, die dir wichtig sind. Es kann sein, dass

144

sich so eine Frau plötzlich nicht mehr meldet oder sogar noch nie gemeldet hat. Diese SMS wirkt wahre Wunder:

»Hey, schade, dass du mir nicht antwortest. Ich habe mich sehr gefreut, dich kennenzulernen, und hätte gerne noch mehr über dich erfahren. Aber ich bin kein Stalker, deshalb lasse ich dich jetzt in Ruhe und werde deine Nummer löschen. Ich wünsche dir alles Glück der Welt!«

Wenn ich so eine Message verschicke, bekomme ich so gut wie immer eine Antwort darauf. Viele, die sich mit Pick-up beschäftigen, glauben, man müsse sich immer besonders cool und unverletzlich geben, um bei Frauen anzukommen. Das stimmt nicht.

Die hier vorgestellte SMS kommuniziert Bedauern und Schmerz, aber auch – und das ist ganz wichtig – die Fähigkeit, einen Schlussstrich zu ziehen, und zwar ohne Vorwürfe oder Ärger. Darüber hinaus zeigst du sogar noch die Größe, dieser Frau das Beste zu wünschen.

Eine Frau, die diese SMS bekommt, wird, wenn du ihr nicht völlig gleichgültig bist,

- ein schlechtes Gewissen bekommen angesichts deiner Souveränität und ihres eigenen unreifen Verhaltens.
- noch mal über dich nachdenken, da so ein Verhalten von einem Mann höchst ungewöhnlich ist: nicht sauer oder beleidigt zu reagieren, sondern ihr wirklich das Beste zu wünschen, obwohl sie sich nicht mehr gemeldet hat.
- Verlustangst entwickeln. Sie hat nicht geantwortet, aber das heißt nicht, dass sie dich ganz abgeschrieben hat. Sie wollte sich mit ihrer Strategie immer noch das Hintertürchen offen halten, sich irgendwann zu melden, wenn sie einsam ist oder dich in anderer Hinsicht gerade in ihrem Leben gebrauchen kann. Diese Möglich-

keit nimmst du ihr nun mit deiner SMS. Das gefällt ihr nicht, denn sie verliert damit automatisch die Macht über die Situation.

Wenn sie dir jetzt zurückschreibt, dann achte darauf, was sie schreibt, und entscheide dann, wie du dich weiter verhältst und ob du euch noch eine zweite Chance geben willst. Vielleicht entscheidest du dich aber auch, die Sache auf sich beruhen zu lassen.

Auf keinen Fall darfst du gleich wieder parat stehen, nur weil du jetzt eine Antwort erhalten hast! Das würde deine Abschieds-SMS im Nachhinein unglaubwürdig wirken lassen. Außerdem ist es angemessen, die Frau wenigstens ein bisschen zappeln zu lassen, denn du hättest ihr diese SMS nicht geschrieben, wenn sie es nicht vorher umgekehrt mit dir noch viel ärger getrieben hätte.

Wie lade ich eine Frau so raffiniert zu einer Unternehmung ein, dass sie Ja sagt?

Angenommen, du möchtest eine hübsche Frau dazu einladen, dass sie mit dir zu Mittag isst, ins Kino geht, ein Konzert besucht oder auf andere Weise Zeit mit dir verbringt. Du möchtest aber verständlicherweise das Risiko deutlich senken, dass sie dein Angebot ablehnt. Wie stellst du das an?

Natürlich wäre der Idealfall, dass du auf eine Frau bereits dermaßen attraktiv wirkst, dass du sie nur zu fragen brauchst, woraufhin sie begeistert zustimmt. Den meisten von uns gelingt es aber erst, unser Charisma zu entfalten, wenn sie uns überhaupt erst einmal die Chance dazu

gibt. Hier gilt es also unter Umständen, ein wenig nachzu-
helfen.

Auflistungen von Methoden, andere Menschen zu überzeugen oder zu überreden, füllen ganze Bücher. Ich möchte
aus dieser Fülle nur ein paar Ratschläge herausgreifen, die
ich für besonders geeignet halte, was die hier behandelte
Situation angeht.

Eine Technik besteht darin, subtil die Möglichkeiten dieser Frau einzuschränken, auf deine Einladung zu antworten. Die Flirtexpertin Nina Deißler erklärt in einem ihrer
Bücher, wie man echte Alternativfragen von leicht mani-
pulativen Alternativfragen unterscheidet. Echte Alternativfragen wären zum Beispiel die folgenden:

- »Hast du es gerade sehr eilig, oder trinkst du noch einen
  Kaffee mit mir?«
- »Wartest du auf jemanden, oder darf ich mich zu dir
  setzen?«
- »Möchtest du alleine sein, oder hast du Lust, dich ein
  bisschen zu unterhalten?«
- »Hast du jetzt noch was vor, oder hast du Lust, mit mir
  essen zu gehen?«

Manipulativer sind schon die folgenden Fragen:

- »Hast du Lust zu tanzen, oder wollen wir was trinken?«
- »Hast du noch Zeit für einen Drink, oder wollen wir uns
  später treffen?«
- »Hast du Lust auf einen Kaffee, oder darf ich dich ein
  Stück begleiten?«[30]

Du merkst es schon: Mit der ersten Kategorie lässt du der
Frau, die du ansprichst, auch die Wahl, überhaupt keine

1

Zeit mit dir zu verbringen. Diese Fragen sind sicherlich respektvoller. Bei der zweiten Sorte Fragen setzt du mit gesundem Selbstbewusstsein stillschweigend voraus, dass diese Frau auf irgendeine Weise sowieso Zeit mit dir verbringen möchte – es geht jetzt nur noch darum, zu klären, wie. Genauso gut könntest du eine Frau auch mit unschuldigem Augenaufschlag fragen: »Ich würde gerne einmal das neue Bistro ausprobieren, aber alleine will ich da nicht hin. An welchem Abend würde es dir denn passen?« Du erkundigst dich also gar nicht erst danach, ob sie überhaupt mit dir essen gehen möchte, weil dir beim besten Willen kein Grund einfällt, der dagegen spricht. Dir geht es nur noch darum, zu klären, wann es ihr am besten passt.

Natürlich ist es bei letzteren Fragen möglich, dass die Frau aufmüpfig erwidert, dass keine der beiden Vorschläge für sie infrage kommt, sondern sie stattdessen von dir in Ruhe gelassen werden möchte, aber das ist schwer in Worte zu fassen, ohne ausgesprochen unfreundlich zu klingen. Vor allem wenn ihr grundsätzlich ein gutes Verhältnis zueinander habt, dürfte sie davor zurückschrecken, denn sie möchte vermutlich nicht den Anschein erwecken, dass sie dich grundsätzlich ablehnt. Ein richtig eleganter Rückzug gelingt ihr hier nur, wenn sie einen überzeugend klingenden Grund findet, warum beides nicht infrage kommt: »Du, ich bin total im Stress, weil ich mich auf eine wichtige Sache vorbereiten muss, und hab den Kopf gerade für nichts anderes frei …«

Es gibt eine nicht weniger raffinierte Abwandlung des eben skizzierten Vorgehens. Sie besteht darin, dass du dich zum Beispiel mit einem Kinomagazin neben die Auserwählte setzt und laut überlegst, welcher von zwei Filmen sich wohl eher anzusehen lohnt. Bring sie dazu, ihre Meinung zu äußern. Nachdem sie das getan und ihre

Gründe genannt hat, zeig ihr, dass sie dich damit überzeugt hat, und schlag ihr vor, den Film gemeinsam mit dir
anzuschauen.

Bei dieser Technik machst du dir das Bestreben jedes
Menschen zunutze, als möglichst konsistent wahrgenommen zu werden, auf Deutsch: nicht als jemand zu gelten,
der erst das eine sagt und dann das andere tut. Eine Frau,
die dir gerade erst erklärt hat, warum du in einen bestimmten Film gehen solltest, würde schon etwas seltsam
wirken, wenn sie gleich danach das Angebot ablehnt, denselben Film zu besuchen. Diesen Wunsch, als gradlinig
wahrgenommen zu werden, kannst du dir auch auf andere
Weise zunutze machen, um gemeinsame Zeit mit einer
Frau rauszuschlagen. Angenommen, sie ist in irgendeiner
Weise politisch engagiert – dann kannst du ihr berichten,
dass genau zu diesem Thema demnächst eine Veranstaltung stattfindet, die du gerne besuchen würdest. (Politische Veranstaltungen sind eine großartige Möglichkeit,
Frauen näherzukommen, denn das gemeinsame Engage-
ment gegen dasselbe Problem oder denselben politischen
Gegner verbindet Menschen oft sehr stark.) Möglicherweise fühlt sich die Frau durch deine Frage in Zugzwang,
denn sie möchte nicht als jemand erscheinen, der nur
große Sprüche klopft und wenig unternimmt, um echten
politischen Druck auszuüben oder ein Problem auf andere
Weise konkret anzugehen. Politische Veranstaltungen sind
nicht so dein Ding? Das macht nichts, denn denselben
psychologischen Mechanismus kannst du auch in vielerlei
anderer Hinsicht für dich nutzen: »Du hast doch neulich
gesagt, dass du keine Scheu davor hast, neue Dinge auszuprobieren. Unten in der City hat letzte Woche ein afri-
kanisches Restaurant aufgemacht – die Speisekarte klingt
total abgefahren. Lass uns das doch mal testen.«

Wenn sich die Sache, zu der du eine Frau einladen möchtest, in unmittelbarer Zukunft befindet – also jetzt gleich stattfinden wird –, bietet es sich auch an, dass du gar nicht erst lange fragst, sondern schlicht vorschlägst und dich gleichzeitig in Bewegung setzt, wobei du so tust, als wärst du dir sicher, dass sie sowieso mitzieht: »Komm, lass uns rüber zur Mensa gehen, ich hab schon einen Riesenhunger.« Oder: »Nach diesem stressigen Nachmittag sollten wir unbedingt wieder auf andere Gedanken kommen! Gehen wir doch mal für eine Stunde in das Bistro an der Ecke.«

Das Einverständnis eines anderen Menschen einfach so vorauszusetzen ist natürlich ein klein wenig dreist. Diese Methode funktioniert aber deshalb erstaunlich oft, weil sie sehr gut an die menschliche Psyche andockt. Auch wenn wir es ungern zugeben, haben wir Menschen es häufig gerne, wenn uns jemand wenigstens manche Entscheidungen abnimmt – erst recht, wenn derjenige so wirkt, als wüsste er genau, was er tut. Viele Frauen – und auch sie geben es oft ungern zu – finden es insgeheim anziehend, wenn sie in dieser Hinsicht von einem selbstsicheren, »starken« Mann geführt werden. Hin und wieder mögen sie dagegen protestieren, weil sie ihr Selbstbild als emanzipierte Frau nicht beschädigen möchten, aber oft genießen gerade Frauen, die am lautesten protestieren, eine solche sanfte Führung heimlich sehr. (Der guten Ordnung halber: Es gibt auch viele Männer, die sich gerne von selbstbewussten Frauen führen lassen, manchmal aber auch den Eindruck haben, von allzu viel Selbstbewusstsein überrollt zu werden, und deshalb deren Übermut ab und zu ein wenig bremsen.) Ein anderer Grund, warum diese Methode dich einer Frau näherbringen kann, besteht darin, dass eine zwanglose Aufforderung wie »Lass uns in die Pizzeria gehen« normalerweise unter guten Kumpels oder anderen Menschen ausgesprochen wird, die schon gut aufeinander eingespielt sind. Wenn du also auf die Art mit einer Frau umgehst, bei der du landen möchtest, suggerierst du ihr ein Gefühl der unkomplizierten Vertrautheit, das bisher vielleicht noch gar nicht besteht, für das du auf diese Weise aber den Grundstein legst. Und es ist ja nicht so, als ob du ihr einen Befehl erteilen würdest. Ein selbstbewusster Mann rechnet damit, dass eine Frau vielleicht entgegnet: »Ich würde lieber zum Chinesen gehen«, und ist auch bereit, das zu akzeptieren.

In welchen drei grundlegenden Phasen läuft eine Verführung ab?

Dieses Kapitel wird dir einen groben Überblick über die verschiedenen Phasen der Verführung geben, die in den nachfolgenden Kapiteln noch weiter vertieft werden. Die Verführung vom ersten Kontakt mit einer Frau bis zum Sex mit ihr spielt sich in drei Phasen ab. Dabei kann es sich um drei einzelne Treffen handeln, aber wenn du bereits etwas fortgeschrittener bist, können diese drei Phasen auch an einem einzigen Tag nahtlos ineinander übergehen.

Die drei Phasen sind:

1 Kennenlernen sowie Aufbau von Anziehung und Rapport
2 Vertiefung von Anziehung und Rapport, erste sexuelle Avancen
3 Sexuelle Annäherung bis zum Geschlechtsverkehr

Erste Phase

Hier liegt die erste Herausforderung für dich darin, die von dir anvisierte Frau erst einmal für ein Date zu gewinnen. Am geschicktesten ist es, dieses Treffen so unkompliziert, unverbindlich und unbedeutend wie möglich zu gestalten. Wenn du eine Frau zu einem Candle-Light-Dinner in einem 5-Sterne-Restaurant einlädst, klingeln bei ihr sämtliche Alarmglocken. Denn dadurch machst du deutlich, dass deine Erwartungen sehr hoch sind, und setzt auch die Frau entsprechend unter Druck. Nur die kaltherzigsten Frauen lassen sich mehrfach von einem Mann teuer ausführen, um dann, sobald er erotische Annäherungsversuche unternimmt, verwundert zu behaupten: »Ich habe das Ganze eher freundschaftlich gesehen!« Um diesen Erwartungsdruck zu vermeiden, gehen viele Frauen aufwendig gestalteten und entsprechend angekündigten Dates lieber aus dem Weg – es sei denn, ihnen gefällt der entsprechende Mann so gut, dass sie zu sexuellen Kontakten ohnehin bereit sind.

Insofern ist es am klügsten, wenn du euer erstes Treffen als locker und unverbindlich präsentierst, also eine Aktivität vorschlägst, die du ohnehin unternommen hättest: ein kurzer Spaziergang, ein Bummel durch die Stadt, der mit diversen Erledigungen verbunden ist, eine Einladung auf eine WG-Party oder das Angebot, bei einem deiner Hobbys mitzumachen.

Ich zum Beispiel habe früher öfter mit ein paar Freunden ein paar entspannte Stunden am Aachener Weiher verbracht. Wir haben uns unterhalten, was getrunken, gegrillt und ein bisschen Musik gemacht. Das war eine ideale Date-Location für Frauen, die ich nur kurz auf der Straße angesprochen hatte und an die ich mich oft gar nicht mehr so recht erinnern konnte. Diesen Frauen habe ich dann eine SMS geschrieben, die in etwa so lautete: »Hey, ich chille heute mit ein paar Freunden am Aachener Weiher. Komm doch auch kurz rum, kannst auch gerne eine Freundin mitbringen.« Der Aufwand ist hier für eine Frau relativ gering: Sie kann einfach vorbeischauen und, wenn es ihr nicht gefällt, problemlos wieder verschwinden. Dass es ihr vielleicht unangenehm sein könnte, zu einer Gruppe von Fremden zu stoßen, heble ich durch mein Angebot aus, eine Freundin mitzubringen. Gleichzeitig tue ich damit meinen Kumpels einen Gefallen.

Bei solch einem Treffen sieht dich eine Frau von Anfang an im Umgang mit deinen Freunden und lernt auch diese sofort kennen. Frauen bewerten einen Mann immer auch nach seinem sozialen Umfeld. Sind deine Freunde cool, lässt dich das auch viel cooler wirken. Falls deine Freunde allerdings im sozialen Umgang eher unbeholfen sind, solltest du eine Frau, für die du dich ernsthaft interessierst, besser von ihnen fernhalten. Hatte sie dich nämlich anfangs noch für attraktiv gehalten, wird sie ihre Einstellung nach diesem Kontakt noch einmal überdenken.

Das Wichtigste bei diesem Treffen ist, dass es in einer lockeren Atmosphäre stattfindet und der verkrampfte Rahmen der klassischen Dating-Situation dabei wegfällt. Finde etwas, das deiner Persönlichkeit entspricht. Mach dir keinen Kopf, dass du irgendwas erreichen müsstest. Viele Dates scheitern an dem verbissenen Bemühen eines Mannes, eine Frau besonders beeindrucken zu wollen. Du musst bei diesem Treffen auch noch gar nicht versuchen, der Frau körperlich nahe zu kommen. Nimm dir wirklich jeden Druck. Du kannst während des Gesprächs mit ihr lockere unverbindliche Berührungen einbauen, so wie du eine gute Freundin oder ein Familienmitglied berühren würdest. Wichtig ist, dass sie das Treffen mit dir genießt – nicht, dass du dich schon als Lebenspartner qualifizierst.

Es kann für dich sogar von Vorteil sein, wenn einer Frau anfangs noch nicht klar ist, was du von ihr willst. Die meisten Frauen sind es gewöhnt, auf Dates zu gehen, wo ein Mann einen unglaublichen Balztanz vor ihr aufführt und sich entsprechend ins Zeug legt. Wenn du hingegen ganz locker bleibst, dann macht dich das interessant. Du wirkst nicht im Geringsten bedürftig, und die Frau kann sich nicht sicher sein, ob du mehr von ihr willst oder nur rein freundschaftlich an ihr interessiert bist.

Besonders günstig ist es, wenn du eine Frau zu etwas einladen kannst, das dich in einem positiven Licht darstellt. »Ich spiele am 23. im Blue Shell mit meiner Band – würde mich freuen, wenn du vorbeikommst« klingt um einiges cooler als »Wollen wir mal einen Kaffee zusammen trinken?«. Aber auch hierbei bitte nicht angeben, sondern der Frau etwas von deiner Welt zeigen – und in diesem Sinne solltest du deine Einladung auch gestalten.

Zweite Phase

Wenn du alles richtig gemacht hast, hat die Frau, die du erobern willst, das erste Treffen mit dir genossen. Du hast sie nicht wie alle anderen Typen gleich überfallen, sondern ihr Raum gegeben, dich auf eine lockere Art kennenzulernen. Ist eure Sympathie füreinander gewachsen? Dann ist es nur natürlich, dass die Frau jetzt mehr möchte.

Damit kommen wir zu Phase 2 deiner Verführung. Diese Phase entspricht schon eher einem klassischen Date – mit dem Unterschied, dass du inzwischen gezeigt hast, wie schön es sein kann, Zeit miteinander zu verbringen. In diesem Sinne solltest du auch die Einladung für euer zweites Treffen gestalten: Du gibst positives Feedback zu eurer ersten Zusammenkunft und lädst vor diesem Hintergrund zu einer zweiten ein. Etwa so:

- »Fand ich echt cool, wie du mit meinen Kumpels rumgeflachst hast! Nicht alle Frauen kommen mit ihrem schrägen Humor klar.«
- »Super, dass du auf meinem Konzert warst! Ich weiß, unsere Musik ist nicht so die Mädchen-Mucke. Aber dass du da warst, zeigt, dass du offen für Neues bist.«
- »Eigentlich gehe ich am liebsten alleine durch den Wald spazieren. Aber du hast mich komischerweise gar nicht gestört, sondern warst echt eine Bereicherung.«
- »Danke für deine Tipps beim Einkaufen. Ich glaube, ich sollte dich immer mitnehmen ...«

Je nachdem, was ihr zuvor miteinander gemacht habt, kannst du euer zweites Treffen mit der Begründung anbieten, dass du dich bei dieser Frau bedanken oder sie einfach nur näher kennenlernen möchtest. Ich würde für dieses Treffen eine gemütliche, intimere Location wählen. Das kann eine Cocktailbar sein, aber auch ein Baggersee oder ein Park. Jedenfalls dreht sich dieses Treffen nun ganz um euch. Jetzt geht es darum, euch wirklich kennenzulernen. Wie genau das geschehen kann, erfährst du in einem der folgenden Kapitel, wenn es um die Frage geht: »Wie führe ich ein fesselndes Gespräch?«

Wichtig ist hier, dass du nicht zum Therapeuten einer Frau wirst. Das kann schnell passieren, wenn man ein tief gehendes Gespräch führt, und war lange Zeit mein größter Fehler. Also misch das Ganze mit viel Humor, und vergiss nicht, die Frau bei eurer Unterhaltung zu berühren, ihr tief in die Augen zu blicken oder sie zu küssen.

Hier ist besonders wichtig, dass du die Führung übernimmst. Sobald du merkst, dass eine Frau zu negativ wird, unterbrich das Gespräch und sag so etwas wie: »Ja, wir haben alle unser Päckchen zu tragen aus der Vergangenheit, aber lass uns jetzt doch einfach diesen Moment genießen.« In ähnlicher Weise solltest du sie unterbrechen und aufmuntern, wenn sie anfangen sollte, über ihren früheren Partner zu klagen. Du musst sie von dieser Ebene wegführen, statt mit ihr darauf zu verweilen.

Ein gutes Thema für das zweite Treffen ist Sex. Die meisten Männer wissen eine für die Verführung sehr günstige Tatsache kaum zu nutzen: Frauen lassen sich am ehesten über Worte und Fantasien erregen. Sie sind wehrlos dagegen: Wenn du auf prickelnde Weise über Sex sprichst, werden sie heiß. Das ist ungefähr so, wie wenn sich eine hübsche Frau nackt neben dich aufs Bett legt: Dann kannst du dir auch nicht aussuchen, ob du erregt wirst oder nicht. Deswegen solltest du in einer Art über Sex zu reden lernen, die Frauen anspricht. Du musst dabei gar nicht ins Detail gehen. Die Fantasie der Frau füllt schon die Lücken aus.

Die Kunst besteht darin, ein solches Gespräch locker und natürlich einzuleiten. Ich selbst wähle manchmal »Mein erstes Mal« als Einleitung und erzähle davon ungefähr so:

»Ich habe ziemlich spät meine Unschuld verloren. Damals war ich fast 18 und danach ziemlich enttäuscht. Das soll es jetzt gewesen sein? Deswegen veranstalten die Leute so ein Tamtam? Richtig Gefallen an Sex habe ich erst mit 19 gefunden. Ich habe damals als Teamer für ein Reisebüro gearbeitet, war dafür vier Wochen in Kroatien und habe dort eine Tschechin kennengelernt ... Man kann sagen, dass sie mich in die Liebe eingeführt hat.

Das Ganze war ziemlich bizarr, denn sie sprach nur wenig Englisch. Sie lag in ihrem Schlauchboot und grinste mich frech an. Ich schwamm auf sie zu und kletterte in ihr Boot. So lernten wir uns kennen. Als ich sie an diesem Abend verabschiedete, leckte sie sich über die Lippen – eine Geste, die ich bis zu diesem Zeitpunkt nur aus Filmen kannte. Ich hatte, wie du dir vorstellen kannst, einen Riesenständer und war so geil, dass ich es fast nicht aushalten konnte.

Am nächsten Tag stand sie einfach vor meinem Zimmer, grinste wieder frech und sagte nur: ›Let's go into your room.‹ Dort fackelte sie nicht lange und zog uns beide sofort aus. Sie war jünger als ich und sexuell doch viel selbstbewusster. Sie zeigte mir, wie ich sie anfassen sollte, führte meine Hände an ihre Brüste oder zwischen ihre Schenkel. Sie blies meinen Schwanz und fragte immer wieder: ›Is this good?‹ Es war unglaublich. Sie war wie ein Liebesengel, den der Himmel geschickt hatte, um mir zu zeigen, wie viel Spaß Sex machen kann. Das Ganze wiederholte sich auch an den folgenden Tagen.

Sie hing eigentlich immer in meinem Zimmer ab und hörte Musik. Sobald ich Pause hatte, ging ich zu ihr, und wir liebten uns leidenschaftlich. Sie hat mir echt die Lebenssäfte ausgesaugt, und meine Kollegen lachten sich kaputt, weil ich von Tag zu Tag erschöpfter aussah. Wir haben kaum miteinander geredet, sondern eigentlich nur Sex miteinander gehabt und uns trotzdem prächtig verstanden. Als sie dann abreiste, habe ich den ganzen Tag geheult. Wir haben uns noch ein-, zweimal geschrieben, aber, wie das so ist, irgendwann aus den Augen verloren. Aber vergessen werde ich sie nie.«

Ich schmücke diese Geschichte natürlich noch ein wenig aus, aber zeig sie mal einer Frau, und frag sie, was sie davon hält. Sie wird dir sicherlich sagen, dass sie sie schön und auch erregend findet. Sex sollte nicht einfach primitive Lustbefriedigung darstellen, sondern auch etwas Magisches haben. Von meinem ersten Dreier erzähle ich dementsprechend nicht, indem ich zu einer Frau sage: »Boah, das ist so geil, wenn eine Tussi deinen Schwanz bläst und die andere deine Eier leckt.« Sondern ich beschreibe ihr, wie schön die Körper zweier Frauen aussehen, die einander eng umschlungen küssen, und wie durch eine dritte Person Liebe und Lust noch potenziert werden.

Ich denke, du hast verstanden, was ich dir vermitteln möchte. Das Ziel eures zweiten Treffens besteht darin, dass ihr miteinander körperlich werdet, soweit es der andere zulässt. Deswegen solltest du dich hier einer Frau immer mehr nähern und auf ihr Feedback achten. Intensiviere auch deine Berührungen, also erhalte sie länger aufrecht. Wenn du etwas Wichtiges sagst, leg eine Hand auf ihren Arm, wie um deine Aussage zu unterstreichen, und schau, wie sie reagiert.

Das Ganze ist wie ein Tanz. Wenn du immer darauf achtest, welches Feedback du erhältst, ist der erste Kuss auch kein Problem mehr, sondern nur der nächste logische Schritt. Ich beginne eigentlich immer, indem ich irgendwann die Hand der Frau ergreife. Reagiert sie positiv darauf, spiele ich ein bisschen mit ihren Fingern oder massiere die Handfläche leicht. Dann beginne ich sie irgendwann zu kraulen. Oft legt sich eine Frau dann von alleine in deine Arme. Wenn du so weit gekommen bist, kannst du sie auch küssen.

Küss sie, unterhalte dich dann einfach weiter mit ihr, und küss sie später noch einmal. Nach einiger Zeit kannst du vorschlagen, noch zu dir zu fahren. Mach dir keinen Kopf, wenn sie das ablehnt. Das heißt nicht, dass sie dich nicht will, sondern nur, dass es ihr zu schnell geht. Verbring dann einfach noch ein wenig Zeit mit ihr, bevor du dich verabschiedest. Es soll nicht so aussehen, als ob du nur auf das eine aus wärst. Kommt sie aber an diesem oder einem späteren Abend mit zu dir, befindest du dich schon in Phase 3.

Dritte Phase

Solltest du beim letzten Treffen mit einer Frau erste Zärtlichkeiten mit ihr ausgetauscht, aber noch nicht mit ihr geschlafen haben, dann wird es jetzt Zeit, zur nächsten Phase überzugehen und die Frau in deine Wohnung einzuladen. Es gibt zwar auch Männer, die sich bei einer Frau verabreden, aber das kann zu einem Glücksspiel werden, bei dem du auf Umgebungsfaktoren keinen Einfluss hast. Ich habe hier schon so manche unschöne Geschichte gehört: Stell dir zum Beispiel vor, du verabredest dich mit einer Frau und erwartest eine heiße Nacht, stehst dann aber mit ihr und ihren drei WG-Kameradinnen in der Küche, wo ihr keinen Moment Ruhe habt ...

Wenn es gar nicht anders geht und eine Frau auf ein Treffen bei sich besteht, dann kannst du dich darauf einlassen. Günstiger aber ist es, wenn du sie zu dir einlädst. In deinen eigenen vier Wänden bist du Herr über die Lage und die Atmosphäre, und das solltest du auch sein, damit deine Verführung gelingt.

Ich hatte ja bereits erwähnt, dass du in der Regel einen unverfänglich klingenden Grund benötigst, um eine Frau dazu zu bringen, dich in deiner Wohnung zu besuchen. Gemeinsames DVDs-Schauen ist dabei fast schon so offensichtlich, als ob du einer Frau direkt sagen würdest, dass du gerne mit ihr ins Bett gehen magst. Einen solchen Grund solltest du also nur augenzwinkernd vorschieben. Gemeinsam zu kochen klingt schon glaubwürdiger. Aber wie dein Angebot auch lautet, generell sind zwei Reaktionen darauf vorstellbar:

- Sie stimmt zu. Dann werdet ihr an diesem Abend vermutlich Sex haben.
- Sie erwidert mit einer Ausflucht: »Lass uns doch lieber etwas anderes unternehmen ...« Das bedeutet im Klartext: »Ich bin noch nicht so weit, das geht mir zu schnell.«

Wenn sie so reagiert, sei einfach entspannt und stimme ihr sofort zu. Das signalisiert, dass du Verständnis hast und nicht bedürftig bist. Wiederhole dein Angebot einfach entweder noch am selben Abend oder wenn ihr euch das nächste Mal verabredet.

Sollte eine Frau allerdings dreimal hintereinander nicht auf dein Angebot eingehen, dann vergiss sie lieber. Dann hast du es entweder mit einer verkappten Nonne zu tun, mit einer Frau, die dich lediglich in irgendeiner Form für ihre Zwecke einspannen will, oder einer Frau, die nicht mehr als einen Kumpel in dir sieht.

Wie sieht nun dein Schlachtplan aus, wenn dich eine Frau besucht? Du öffnest ihr die Tür und begrüßt sie mit einem sanften Kuss auf die Wange oder die Lippen, je nachdem, wie vertraut ihr schon miteinander geworden seid. Dann führst du sie in deine entsprechend vorbereitete Wohnung – Genaueres dazu wird eines der folgenden Kapitel verraten –, und ihr tut, was immer ihr miteinander verabredet habt. Irgendwann setzt ihr euch auf dein Sofa und unterhaltet euch weiter, wo du zum Kuss ansetzen kannst. Als besonders romantisch empfindet es eine Frau oft auch, wenn du einen Schmusesong abspielst und zu ihr sagst: »Oh, ich liebe dieses Lied – komm, lass uns tanzen.« Daraufhin schunkelt ihr eng umschlungen hin und her, und alles Weitere entwickelt sich in der Regel von alleine.

An dieser Stelle möchte ich allerdings noch auf eine Verführungsmethode eingehen, die Journalisten mit großer Begeisterung zitieren, weil sie die Pick-up-Bewegung in einem schlechten Licht dastehen lässt: der vor allem von dem Pick-up-Künstler Mystery propagierte sogenannte »Freeze out«. Hierbei wird Männern geraten, dass, wenn die Frau, mit der sie schlafen möchten, doch keine Lust auf Sex hat, sie sich komplett von dieser Frau abwenden und beispielsweise ihre Mails checken sollen. Das verursache bei der betreffenden Frau Verlustängste und Minderwertigkeitsgefühle, die dann dazu führen sollen, dass sie doch mit dir schläft. Das mag funktionieren. Aber nur weil eine Methode »funktioniert«, um an ein bestimmtes Ziel zu kommen, ist sie nicht automatisch richtig. Arne und ich sind der Auffassung, dass auch beim Verführen von Frauen moralische Aspekte beachtet werden sollen. Wer eine Frau seelisch fertigmachen muss, damit sie ihn ranlässt, der hat nicht nur die Grundgedanken der Verführung missverstanden, sondern bei dem läuft etwas grundsätzlich falsch.

Ich habe die Erfahrung gemacht, dass, wenn man die Entscheidung einer Frau einfach für den Moment hinnimmt und ihr trotzdem ein Gefühl von Sicherheit und Zuneigung gibt, es meist ohnehin nur eine Frage der Zeit ist, bis sie mit einem schläft. Oft noch am selben Abend, am nächsten Morgen oder spätestens beim nächsten Treffen.

Das heißt nicht, dass ich beim ersten Widerstand von ihr die Flinte ins Korn werfe und nichts mehr probiere. Dann wäre ich ja kein Verführer. Aber ich versuche, eine Frau lieber durch leidenschaftliches Küssen und Streicheln doch noch zu überzeugen, als dadurch, dass ich mich von ihr abwende und plötzlich sehr kühl tue. Du kannst einer Frau zum Beispiel sagen, dass du ihre Entscheidung akzeptierst, dich aber freuen würdest, wenn sie trotzdem über Nacht bei dir bleibt. Das ist nicht nur romantisch, sondern führt auch in den meisten Fällen letzten Endes doch noch zu Sex, weil du einer Frau damit die Sicherheit gibst, dass du sie auch magst, wenn sie nicht sofort mit dir schläft, und du ihre Anwesenheit weiterhin genießen kannst.

So viel zu den drei Phasen im Schnelldurchlauf. In den folgenden Kapiteln werden wir auf die einzelnen Aspekte noch ausführlicher eingehen.

Wie du Dates gestaltest,
die sie nie vergessen wird

Wie richte ich ein kreatives Date aus?

Ich habe bereits an verschiedenen Stellen erklärt, weshalb ich von den üblichen Dates à la Kino oder Essengehen grundsätzlich wenig halte. So etwas würde ich nur mit einer Frau machen, mit der ich eine längere Affäre habe oder wenn ich aus einer Geschäftsbeziehung eine intime werden lassen will – deshalb gibt es in diesem Ratgeber auch ein Kapitel über die Gestaltung eines gelungenen, stilvollen Restaurantbesuchs. Aber, um beim Thema Essen zu bleiben: Wenn das alles ist, was dir einfällt, ist das so, als ob du der Frau, auf die du abfährst, täglich ein Schnitzel servieren würdest. Früher oder später hat sie es satt. Kino und Essengehen sind auch keine Dating-Konzepte, die eine Frau vom Hocker reißen oder sie emotional besonders berühren. Stattdessen habt ihr, wenn ihr zusammen einen Film schaut, nur wenig voneinander, und im Lokal sucht ihr vielleicht krampfhaft nach einem Gesprächsthema oder fühlt euch, wenn es euer erstes Date ist, wie bei einem Vorstellungsgespräch. Jemanden immer wieder beiläufig zu berühren, der einem am Tisch gegenübersitzt, um diese Person auf spätere, weitergehende Berührungen vorzubereiten, gestaltet sich ausgesprochen schwierig. Und für dieses zweifelhafte Vergnügen bekommst du zum Schluss sogar noch eine verhältnismäßig hohe Rechnung serviert – und das nur, weil dir nichts anderes eingefallen ist.

Ich halte es für wesentlich geschickter, sich zum Beispiel in einem Stadtmagazin anzuschauen, ob es nicht eine Veranstaltung, eine Ausstellung, einen Flohmarkt oder irgendetwas anderes gibt, das du ähnlich reizvoll findest, und dann die Frau, die du magst, einfach zu fragen, ob sie nicht mitkommen möchte. Auf diese Weise könnt ihr euch viel zwangloser näher kommen, eben weil es nicht als offizielles Date deklariert worden ist.

Dabei empfiehlt es sich, dass ihr, statt euch bei einem solchen Date steif gegenüberzuhocken, in dieselbe Richtung geht. Wie der Psychologe David Givens in seinem Buch *Love Signals* ausführt, erzeugt das Nebeneinanderhergehen eine seelisch-emotionale Verbindung. Ihr seht dieselben Dinge auf euch zukommen, eure Bewegungen gleichen sich immer mehr an, und so wichtig der Blickkontakt ist, kann es auch entspannend sein, wenn ihr einander nicht unentwegt tief in die Augen schaut. Dabei ist es eure Entscheidung, ob ihr während einer Veranstaltung nebeneinander herlaufen wollt (also zum Beispiel über einen Flohmarkt oder ein Stadtfest) oder bei eurem Date von einer Station zur anderen spaziert. Letzteres empfiehlt der Pick-up-Künstler Mark Manson. Er argumentiert: Größere Intimität ist die Folge von geteilten Erfahrungen und nicht davon, dass man sich gegenübersitzt und stundenlang redet. Wer also bei einem anderen Menschen schnell den Eindruck tieferer Verbundenheit erzeugen will, sei gut beraten, wenn er in einem relativ kurzen Zeitraum so viele Erfahrungen wie möglich unterbringt. Manson empfiehlt hierfür ein Date, das aus drei Teilen zusammengesetzt ist, also beispielsweise zuerst dem Besuch einer Veranstaltung, dann einem gemeinsamen Cocktail in einer Bar und danach einem Spaziergang im Park. Im Kopf der Frau, die du für dich gewinnen möchtest, wird hängen bleiben, dass ihr schon die verschiedensten Erlebnisse miteinander geteilt habt, woraufhin sie den Eindruck bekommt, dich schon länger zu kennen, als es tatsächlich der Fall ist.

Allerdings ist es immer noch Geschmackssache, wenn nicht sogar eine Frage der konkreten Situation, ob ein solches »Aktiv-Date« etwas für dich ist oder nicht. Die Flirtexpertin Nina Deißler hat einmal die Vor- und die Nachteile eines solchen Dates übersichtlich aufgelistet:

Vorteile:
- Du siehst, wie sich die Frau in Aktion verhält.
- Du bekommst viele Eindrücke von außen, die das Gespräch anregen.
- Du bist weniger auf dich selbst fokussiert.

Nachteile:
- Ihr erfahrt nicht so viele Einzelheiten übereinander.
- Ihr unterhaltet euch nicht so intensiv.

Jedenfalls, findet Deißler, solltet ihr eine Date-Idee finden, die euch beiden Spaß macht und wo ihr auch beide eine gute Figur machen könnt.[31]
Aber welche Ideen bieten sich konkret für ein solches Aktiv-Date an? Ich habe hierzu einmal ein paar Vorschläge zusammengestellt, die dir vielleicht zu weiteren Einfällen in diesem Bereich den Anstoß geben. Gemeinsam ist all diesen Dating-Konzepten, dass sie Gefühle ansprechen, in der Erinnerung haften bleiben und auch mit wenig Geld durchzuführen sind. Warum solltest du Unsummen ausgeben, um eine Frau zu beeindrucken, wenn du den gleichen Effekt auch mit lediglich ein wenig Einfallsreichtum

erzielen kannst? Wenn du sichtlich viel Geld investierst, erzeugst du bei vielen Frauen ja doch nur den Eindruck, dass du damit sozusagen den Zugang zwischen ihre Beine kaufen möchtest – und das turnt viele von ihnen ab.

Vielleicht sagt dir und der Frau, an der du interessiert bist, einer der folgenden Einfälle zu:

- Verabrede dich mit ihr zu einem Mitternachtspicknick – an einem Ort, wo ihr auf die Lichter der Stadt herabblicken oder zu den Sternen am Himmel hinaufsehen könnt. Oder trefft euch am frühen Morgen, zum Beispiel gegen fünf Uhr, um gemeinsam die Sonne aufgehen und die Welt aufwachen zu sehen.
- Besucht gemeinsam ein schickes Edelrestaurant, bestellt dort aber nur eine Vorspeise. Vermutlich werdet ihr etwas schräg angesehen werden, aber man dürfte euch kaum hinauswerfen. Noch radikaler ist das Restaurant-Hopping: Bestellt im ersten nur eine Vorspeise, im zweiten nur das Hauptgericht und im dritten nur das Dessert. Selbst und gerade wenn ein Kellner versucht, euch dabei Stress zu machen, kann euch diese Erfahrung nur noch mehr zusammenschweißen. Das solltest du aber nur einer Frau vorschlagen, die verwegen genug ist, dabei mitzumachen. Wenn ihr auf diese Weise miteinander essen geht, vermeidet ihr jede Form von Verkrampftheit und Langeweile, und Gelegenheiten für beiläufige Berührungen gibt es beim Wechsel der Restaurants genug.

Wenn euch Restaurant-Hopping zu heikel erscheint, dann könnt ihr euch auch auf Eisdielen-Hopping verlegen: Besucht der Reihe nach die verschiedenen Eisdielen der City und probiert überall eine neue, euch noch unbekannte Sorte.

- Gibt es ein Brett- oder originelles Kartenspiel, das euch beiden gefällt? Spielt es an einem öffentlichen Platz miteinander. Der Verlierer muss dem Gewinner einen Drink ausgeben. Ladet Passanten ein, darauf zu wetten, an wen von euch die nächste Runde geht.

- Geht in den nächsten Toys-"R"-Us-Superstore und probiert dort die originellsten und verrücktesten Spielzeuge aus, die ihr finden könnt. Alternative: Besucht gemeinsam einen Ein-Euro-Laden, wobei jeder eine begrenzte Summe zur Verfügung hat, um dem anderen ein möglichst abgedrehtes Geschenk zu machen. Wer von euch hat das sinnloseste, verrückteste oder kitschigste Produkt gefunden? Alternative: Macht dasselbe auf einem Flohmarkt. Alternative: Tut das in einer antiquarischen Buchhandlung, also einem Geschäft, wo man gebrauchte und nicht mehr im sonstigen Handel erhältliche Bücher oft für wenig Geld erstehen kann. Wer findet das ausgefallenste Exemplar?

- Steigt in irgendeinen Bus und würfelt aus, nach wie vielen Haltestellen ihr aussteigen wollt. Dort angekommen, besucht ihr die nächste Gaststätte, die euch einigermaßen reizvoll erscheint – ein ganz neuer Weg, die Stadt kennenzulernen.

- Nehmt gemeinsam an einer Stadt- oder Stadtteilführung teil, die eigentlich für Touristen gedacht ist oder im Rahmen einer Bürgerinitiative geschieht. Ihr werdet völlig neue Eindrücke und Erfahrungen gewinnen, was den Ort angeht, an dem ihr lebt. »Ich habe einmal zur Recherche für eines meiner Bücher an einer Führung durch das Wiesbadener Westend teilgenommen«, berichtet mein Coautor Arne Hoffmann, »die mir ermöglicht hat, diesen Ort mit neuen Augen zu sehen, und mir Dinge gezeigt hat, von denen ich zuvor nichts wusste. Beispielsweise wurden wir auf unserer Tour spontan zum Besuch einer versteckten Hinterhof-Moschee eingeladen, die nach außen völlig unscheinbar wirkte, deren Innenräume aber faszinierend und ästhetisch sehr ansprechend gestaltet waren.«

- Nehmt gemeinsam an einem Geocaching teil – einer Schatzjagd, bei der man den versteckten Schatz mithilfe eines GPS-Empfängers finden muss. Auch diese Herausforderung kann euch als Paar zusammenwachsen lassen, und da uns eine Schatzjagd immer an unsere Kindheit erinnert, kann sie auch emotional berührend sein. Wo und wann bei euch in der Nähe Geocaching veranstaltet wird, könnt ihr leicht im Internet herausfinden. Mehr Potenzial für Romantik bieten nächtliche Veranstaltungen dieser Art.

- Besucht die nächste Sternwarte und betrachtet den Mond, Planeten und ferne Galaxien durch eines der dort errichteten Teleskope. Alle für euren Besuch notwendigen Informationen (günstige Zeiten, Procedere, eventuelle Kosten) findet ihr vermutlich auf der Website der Sternwarte.

- Zieht nur zu zweit durch die Stadt, wobei jeder von euch mit einem Fotoapparat ausgerüstet ist, und versucht, auf möglichst kreative Weise Orte zu fotografieren, die ihr besonders reizvoll, typisch oder anderweitig interessant findet. Ladet die Fotos auf eine Fotowebsite im Internet hoch und schickt den Link an alte Freunde und Bekannte, die aus der Stadt weggezogen sind, als Erinnerung.

- Zeigt einander an dem Ort, wo ihr lebt, Plätze, die für euch jeweils mit besonders intensiven Erinnerungen und Gefühlen verbunden sind. Dadurch lernt ihr einander besser kennen, und ihr schafft eine neue Erinnerung, die euch gemeinsam gehört. Eine solche Erfahrung hat viel mit Vertrauen zu tun und kann emotional sehr tief gehen, weshalb sie auch erst für ein späteres Date zu empfehlen wäre.

- Besucht einen Zoo oder einen Freizeitpark an einem Tag außerhalb der üblichen Saison, also nicht gerade im Hochsommer. Genießt es, das Gelände mit all seinen Attraktionen beinahe für euch alleine zu haben und vielleicht auch Dinge zu sehen, die Massenbesuchern entgehen. Und all das lästige Schlangestehen entfällt natürlich auch ...

- Wofür interessiert sich die Frau, die du magst, besonders? Wenn du es rausgefunden hast, recherchiere einmal, ob es an der nächsten Volkshochschule oder Universität nicht eine Veranstaltung gibt, die darüber aus einer neuen oder ungewöhnlichen Perspektive berichtet, und lade die Frau dazu ein. Unterhaltet euch danach darüber. Kannst du die Faszination dieser Frau, was das behandelte Thema angeht, nachvollziehen?

- Schmücke deine Wohnung so, dass sie zum Schauplatz eines romantischen Rollenspiels werden kann, zum Beispiel im Stil eines italienischen Restaurants, eines Schiffs in der Karibik, eines Dschungels oder eines orientalischen Liebestempels. Falls dir dazu die nötigen Ideen fehlen, findest du Anregungen für zehn solcher Rollenspiele in Arne Hoffmanns Ratgeber *Romantischer Sex*. Dort wird auch erklärt, wie jede dieser Fantasien auch zu ihrer ganz eigenen Form von Sexspielen führen kann.

- Brennt gemeinsam eine CD mit Popsongs, die euch beide emotional sehr ansprechen – erklärt einander jeweils, warum das so ist –, oder erstellt eine Paar-CD mit Songs, die mit eurer bisherigen gemeinsamen Geschichte zu tun haben.

- Erstellt bei einem verregneten Nachmittag zu Hause eine Liste von zehn Dingen, die ihr unbedingt erleben möchtet, bevor ihr alt werdet. Welche dieser Träume ließen sich mit nur ein wenig Mühe verwirklichen?

Du siehst: Auch wenn vielleicht nicht jede dieser Ideen deinem Naturell entspricht, gibt es eine breite Palette an Möglichkeiten, ein Date kreativer zu gestalten als »Kino und essen«. Viele dieser Vorschläge eignen sich auch eher für eine längere Affäre oder für eine Beziehung als für ein erstes Date. Sind dir diese Vorschläge allzu ausgefallen, und du bist unsicher, ob die Frau, auf die du es abgesehen hast, dabei mitziehen würde? Glücklicherweise gibt es zwischen dem steifen und einfallslosen Standard-Date und kleinen Verrücktheiten wie dem Restaurant-Hopping eine große Bandbreite an Alternativen. Vielleicht hat die Frau, die du näher kennenlernen möchtest, ja auch bestimmte Hobbys, die dir ebenfalls Spaß machen könnten, oder umgekehrt: »Zeig du mir deine Welt, ich zeig dir meine« kann ein guter Leitspruch für eine gemeinsame Zukunft sein.

Wie führe ich mit einer Frau ein fesselndes Gespräch?

Wie auch immer du dein Date gestaltest: Um dich vor einer Frau so zu präsentieren, dass sie enger mit dir in Kontakt treten möchte, wirst du in den meisten Fällen um ein längeres Gespräch nicht herumkommen. Manche Männer sind hier echte Naturtalente; einigen scheint eine gute Unterhaltung sogar mehr Spaß zu machen als guter Sex. Viele von ihnen bekommen aber den Mund nicht auf, haben zu Recht oder zu Unrecht Angst, sich als Langweiler herauszustellen, und schaffen es nicht, eine Frau mit den richtigen Worten für sich zu gewinnen. Es gibt sogar Männer, denen manche Situationen im Zusammenhang mit Dating ein bisschen unangenehm sind, weil sie nicht so recht wissen, wie sie sich über zwei Stunden hinweg so prickelnd mit einer Frau, die sie kaum kennen, unterhalten können, dass diese ihnen zum Schluss immer noch genauso gebannt zuhört wie zu Beginn.

Was zum Beispiel sind ideale Gesprächsthemen für ein Treffen, bei dem man einer reizvollen Frau längere Zeit im Bistro oder Restaurant gegenübersitzt? Als eine wahre Goldgrube erweist sich bei dieser Frage das günstige, aber überaus hilfreiche E-Book des professionellen Verführers Bobby Rio: *Attraction Magnets: 12 Best Conversation Topics for Dating and Pickup.* Bobby Rio stellt zunächst fest: Wenn du der Frau die Wahl des Gesprächsthemas überlässt, wird sie in der Mehrzahl der Fälle ein Thema wählen, das harmlos, aber auch wenig prickelnd ist. Deshalb ist es sinnvoll für dich, mehrere anregende Themen in der Hinterhand zu haben. Solche vorbereiteten Themen schützen auch vor der Angst, dass ihr euch bei eurem Date nichts mehr zu sagen habt und einander nur anschweigen könnt.

Nach welchen Kategorien solltest du schließlich die Themen aus deinem Pool auswählen? Nun, ein gutes Gesprächsthema sollte eine Beziehung zwischen euch beiden herstellen, die Frau emotional ansprechen, dich als mehrdimensionale Persönlichkeit erkennen lassen, eine Unterhaltung eine Zeit lang tragen, dich attraktiv wirken lassen und schließlich potenziell zum Sex führen. Klingt schwierig? Glücklicherweise hat Bobby Rio eine kleine Palette von Beispielen parat:

- Klatsch über Freunde und Promis im Zusammenhang mit sexuellen Eskapaden,
- Dinge, denen man sich mit großer Leidenschaft widmet, also vor allem Hobbys (Reisen und Sport) und Kunst (Filme, Bücher, Musik),
- frühe Erfahrungen damit, sich durchzusetzen, Hindernisse zu überwinden und voranzukommen (wie du den Schulhoftyrann in seine Schranken gewiesen hast, wie du dich erstmals im Job bewähren musstest),
- Kindheitserinnerungen,
- ungewöhnliche Erlebnisse auf Reisen,
- Zukunftspläne, Ziele und Träume,
- Beobachtungen über deine Gesprächspartnerin,
- Personen oder Dinge, die ihr beide nicht ausstehen könnt (etwa ein peinlicher Promi, eine bestimmte Sorte Musik oder Film, ein nerviger aktueller Trend), denn Lästern verbindet,
- Top-Ten-Listen basteln (von »Top Ten der Orte, die man einmal besuchen möchte« bis zu den »Top Ten der besten Orte, um Sex zu haben«).

Anhand dieser Kategorien kannst und solltest du schon vor eurem Date ganz konkret mehrere geeignete Themen überlegen, die du entsprechend vorbereiten, humorvoller gestalten und ausschmücken kannst. Leider kommen viele Männer nicht einmal auf die Idee, sich überhaupt irgendwie vorzubereiten. Sie überlassen ihre Dates komplett dem Zufall. Wenn ich aber etwas nicht kann, dann muss ich es üben! Auch aktuelle Zeitungsartikel können hilfreich sein, wenn sie ein wenig sexuell gefärbt sind. Ich bin beispielsweise, nachdem ich den letzten Absatz geschrieben habe, auf die Website der *Bild* gegangen und dort in das Ressort Erotik. Mich begrüßen Artikel wie

»Wer vögeln will, muss freundlich sein. Frauen wollen Kavaliere im Bett«, »Emanzipation 3.0 – Junge Frauen wissen, welchen Sex sie wollen« sowie »Hand aufs Herz. Sind Sie ein Narzisst zwischen den Laken?«. Ich lese mir die drei Artikel durch, entscheide mich für einen davon und brauche dann nur bei meinem nächsten Date, sobald wir uns warmgeplaudert haben, zu erwähnen: »Weißt du, was ich heute in der Zeitung gelesen habe …? Was hältst du davon?« Auf diese Weise kannst du die Gedankengänge deiner Gesprächspartnerin schon einmal in Richtung Erotik und Intimität lenken, wenn du das möchtest und ihr euch bereits so gut kennt, dass sie es nicht als völlig schräg empfindet.

Wie der Psychiater Jeremy Nicholson in einem seiner Artikel erklärt, kannst du mit der geschickten Auswahl der richtigen Themen bei einem Date bereits anbahnen, in welche Richtung sich eure Beziehung entwickelt. Grundlage dafür liefert eine Reihe wissenschaftlicher Untersuchungen aus dem Jahr 2011, bei denen die Sozialpsychologen Jens Epstude und Kai Förster herausfanden, dass die Konzepte »Liebe« und »Sex« im menschlichen Bewusstsein auf unterschiedlichen Ebenen angesiedelt sind. »Liebe« ist auf einer abstrakteren Ebene verankert, in der langfristige, auf die Zukunft ausgerichtete Überlegungen eine Rolle spielen. »Sex« wiederum findet auf einer konkreteren Ebene statt, wo es um das Hier und Jetzt geht.

Nun konnten Epstude und Förster nachweisen, dass man bei einem Date oder einer sehr ähnlichen Situation Menschen so beeinflussen kann, dass die gewünschte Ebene des Bewusstseins bei ihnen aktiviert wird, sie sich also entweder Richtung »Liebe« oder Richtung »Sex« ausrichten. Genau das kannst du einer Frau gegenüber tun, indem du bei eurer Unterhaltung gezielt bestimmte Themen ansteuerst. Bist du beispielsweise an einer lang dauernden festen Partnerschaft interessiert, dann solltest du Themen auswählen, die euch eher in Richtung Liebe führen. Dazu können die folgenden gehören:

- eure langfristigen Lebenspläne und Ziele,
- die tiefer liegenden Gründe, warum ihr gerade das tut, was ihr tut (zum Beispiel im Beruf oder im Bereich eures sozialen Engagements),
- wie ihr euch selbst beschreiben und einordnen würdet,
- eure Gedanken und Ansichten über grundlegende Dinge des Lebens,
- alles, was tief gehend, gedankenvoll, zukunftsgerichtet und positiv ist.

Bist du allerdings vor allem auf eine Nacht heißer Leidenschaft aus, solltest du andere Akzente setzen. Beispielsweise:

- eure aktuellen Aktivitäten, Gefühle und Erfahrungen,
- was euch gerade jetzt im Moment gut gefällt (das Essen, die Musik etc.),
- alles, was mit momentanen Sinneseindrücken zu tun hat,
- Dinge, die mit dem Ausüben konkreter Praktiken zu tun haben (auf Deutsch: Kann im Verlauf eures Dates einer dem anderen zeigen, wie man Billard spielt, einen bestimmten Tanz tanzt etc.?),
- alles, was aufregend ist, jetzt gerade stattfindet und mehr den Bauch als den Kopf anspricht.[32]

Das Denken deiner Gesprächspartnerin durch unbewusst wirkende Worte in die gewünschte Richtung zu bewegen funktioniert aber auch mit einer anderen Technik, die der Psychologe und ehemalige Lobbyist Volker Kitz empfiehlt. Sie basiert darauf, seiner Zielperson gegenüber von einem anderen Menschen zu schwärmen und dabei positiv besetzte Wörter wie »intelligent«, »fair«, »freundlich« – und welche Eigenschaften du sonst gerne nennen möchtest – zu verwenden.[33] Die von dir mit diesen Begriffen gefütterte Frau wird sie in vielen Fällen unbewusst auf dich übertragen.

Es gibt einige weitere psychologisch erforschte Tricks, um eine Frau in seinem Sinne um den Finger zu wickeln. Beispielsweise empfiehlt es sich, relativ frühzeitig Sätze zu formulieren, die von einem »Wir« sprechen, wobei dieses »Wir« natürlich aus dir und der Dame deines Interesses besteht. Normalerweise verwenden wir solche »Wir-Formulierungen« nämlich, wenn wir über Gruppen sprechen, zu denen wir ein festes Zugehörigkeitsgefühl empfinden, also etwa unsere Familie oder unsere Clique. Wenn du die Frau, die du dir angeln willst, sprachlich in ein solches »Wir« eingemeindest und das nicht allzu plump und offensichtlich anstellst, erzeugst du unterbewusst auch bei ihr ein Gefühl des Zusammenhalts, und sie fühlt sich dir weit eher verbunden.[34]

Der beste Weg, eine Frau dazu zu bringen, dass sie dich anziehend findet, besteht darin, nicht hauptsächlich von dir selbst zu sprechen, sondern ihr die Gelegenheit zu geben, viel über sich zu erzählen. Um dies zu erreichen, kannst du beispielsweise

• an ein Kompliment eine offene Frage anschließen (»Oh, das ist aber ein cooler Anhänger! Sieht exotisch aus – wo hast du ihn her, was ist die Geschichte dahinter?«)

- Fragen aneinanderknüpfen (du: »Woher kommst du?« ➤ ihre Antwort ➤ »Wie war es, dort aufzuwachsen?«)
- Worte aus ihren Äußerungen aufgreifen (Sie: »Das schmeckt fast so gut wie in dem Bistro damals in New York.« – Du, fragend: »Du warst schon mal in New York?« – Sie: »Ja, ich war für ein Semester an der Columbia.« – Du: »An der Columbia?« – Sie: »Eine Hochschule in New York. War wirklich toll da! Ich habe damals …« und so weiter.)

Im letztgenannten Beispiel schimmert bereits ein mögliches Problem bei dieser Methode auf. Einerseits willst du dafür sorgen, dass die Frau weiter über sich spricht, weil sich die meisten Menschen in dieser Situation wirklich wohlfühlen. Andererseits möchtest du nicht den Eindruck erzeugen, als ob das Ganze ein Interview wäre oder du ein Therapeut und diese Frau deine Klientin. Die meisten Frauen stellen höflichkeitshalber auch hin und wieder eine Gegenfrage. Hier arbeitest du am besten mit einer Bumerang-Technik, die nach dem Muster Antwort – eigene Stellungnahme – Gegenfrage verläuft. Die Frau fragt dich also beispielsweise: »Wohin ziehst du jetzt um?« Du antwortest: »Ins Westend. Ich habe Freunde dort, und mir gefallen die vielen bunten Läden und die exotischen Restaurants aus aller Herren Länder. Kennst du dich im Westend aus? Was hältst du von diesem Teil unserer Stadt?«

Eine weitere Technik, um die von dir begehrte Frau im Zentrum eures Gesprächs zu behalten, besteht darin, statt Fragen zu stellen, lieber Vermutungen zu äußern. »Du bist bestimmt künstlerisch tätig, oder?«, könntest du zum Beispiel spekulieren – und daraufhin erklären, durch welche Beobachtung du zu dieser Annahme kommst.

Dabei bieten sich vor allem die folgenden drei Varianten an:

- Charakterisierung (Spekuliere: Welchen Rückschluss lässt eine Handlung, die diese Frau begangen und von der sie dir gerade erzählt hat, auf ihren Charakter zu?)
- Motivation (Spekuliere: Welche Gründe mag diese Frau für ein bestimmtes Verhalten gehabt haben?)
- Gefühle (Spekuliere: Wie mag sich dein Date dabei gefühlt haben?)[35]

Angenommen also, diese Frau hätte dir, wie in dem obigen Beispiel, von einem Studienaufenthalt in New York erzählt, könntest du im Anschluss daran die folgenden Statements äußern:

- *Zum Charakter:* »Ja, ich hatte gleich den Eindruck, dass du ein sehr abenteuerlustiger Mensch bist«, oder provozierender: »Ein Semester in New York? Du warst bestimmt immer der Liebling eurer Professoren an der Uni. So wie Hermine bei Harry Potter, das ist genau dein Typ.«
- *Zur Motivation:* »Davon hast du dir vermutlich einen entscheidenden Vorteil für deine spätere berufliche Karriere versprochen.«
- *Zu ihren Gefühlen:* »Das muss unheimlich aufregend gewesen sein. Und ich wette, es fiel dir anfangs nicht gerade leicht, dich alleine in den USA zurechtzufinden.«

All das sind keine Fragen, sondern Aussagen. Sie laden die Frau, die du damit kitzelst, aber augenblicklich dazu ein, weiterzuerzählen und deine Vermutungen zu bestätigen oder zu korrigieren. Es kann natürlich auch sein, dass sie spielerisch zurückfragt: »Du hältst mich für eine kleine Streberin? Wie kommst du darauf?« Damit kannst du wieder auf unterschiedliche Weise umgehen – eure Unterhaltung hat aber an Prickeln gewonnen.

Ich habe zum Beispiel einer jungen Dame einmal gesagt, dass sie aussehe wie eine von diesen braven Gymnasiastinnen. Sie war dann den ganzen Abend, vor allem aber im Bett, überaus bemüht, diesen Eindruck zu widerlegen.

Es gibt einige weitere Methoden, ein Gespräch so zu steuern, dass sich die Frau, mit der du dich triffst, immer wieder im Scheinwerferlicht deines Interesses sonnen kann – oder sich zumindest so fühlt:

- Formuliere möglichst viele Sätze so, dass aus deinem Ich ein Du wird. Sag also statt »Ich habe da neulich einen tollen Artikel gelesen ...« besser »Dich interessiert bestimmt ein Artikel über dieses Thema, der neulich in der *Zeit* stand ...«.
- Wähle sprachliche Bilder aus der Welt der Frau, mit der du dich triffst. Angenommen, sie begeistert sich für Pferde, und du erzählst von dem Herumgezicke deiner Arbeitskolleginnen, wäre ein Vergleich mit »die übliche Stutenbissigkeit, du kennst das ja« nicht verkehrt.[36]

Der Verführungskünstler Bobby Rio weist in seinem E-Book *First Date* darauf hin, dass man deutlich spannendere Fragen stellen kann als die üblichen abgedroschenen Langweilerfragen à la

- »Was machst du beruflich?«
- »Was machst du, wenn du nicht arbeitest?«
- »Wo bist du aufgewachsen?«
  Und so weiter.

Stattdessen empfiehlt er, sich eher auf Fragen zu verlegen, die bei der befragten Frau bestimmte Gefühle erzeugen. Beispielsweise:

- »Als du ein Kind warst, was wolltest du werden, wenn du groß bist? Warum?«
- »Hast du schon einmal etwas wirklich Aufregendes angestellt? Was?«
- »Wenn du irgendwo auf der Welt leben könntest, wo immer du wolltest, wo wäre das?«
- »Was war dein schlimmstes erstes Date?«
- »Wozu kannst du nicht Nein sagen?«

Bobby Rios Ideen lassen sich durch zahlreiche weitere Fragen dieser Art ergänzen:

- »Welche magische Fähigkeit hättest du gerne?«
- »Wenn du wüsstest, dass in einer Woche die Welt untergeht und du nicht gelähmt wärst vor Schreck – was würdest du am liebsten tun?«
- »Was war dein Lieblingsmärchen und warum glaubst du, war es gerade dieses?«
- »Wenn es Zeitreisen gäbe: Welche historische Epoche würdest du am liebsten besuchen?«
- »Wie sähe dein absolutes Traumhaus aus?«
- »Mit welchem historischen oder aktuellen Prominenten würdest du am liebsten einen Abend verbringen?«
- »Wofür lebst du?«
- »Was waren die schönsten, berührendsten Momente in deinem Leben?«
- »Wovor hast du Angst? Wie hast du diese Angst überwunden oder wie möchtest du sie überwinden?«

- »Was ist deine größte Leidenschaft?«
- »Was wünschst du dir für dich, deine Familie, die Welt?«

Noch mehr von der Sorte hat die Flirtexpertin Nina Deiß-ler in petto:

- »Stell dir vor, du wärst ein Tag lang ein Mann: Was würdest du tun?«
- »Wenn du ein Tier sein könntest, welches wärest du gerne?«
- »Wenn du eine Pizza wärst – was wäre dein Belag?«
- »Wenn du erfolgreich wärst mit, was immer du willst: Was würdest du tun?«
- »Wenn du für ein paar Stunden eine Film- oder Romanfigur sein könntest: Welche wäre das?«
- »Wenn du eine Sache auf der Welt verändern könntest: Welche wäre das?«[37]

Du erkennst bestimmt auf Anhieb, was all diese Fragen gemeinsam haben: Sie sprechen die Fantasie an, eine emotionale Ebene, oft auch Träumereien, die wir eher in unserer Kindheit und frühen Jugend gepflegt haben als im oft grauen Erwachsenenalltag. Das sind Fragen, die ein Gespräch lebendiger machen, tiefgründiger, herausfordernder und durch die du wirklich etwas über einen Menschen erfährst.

Und alles, was du tun musst, ist, ein paar dieser Fragen auswendig zu lernen und sie beim nächsten Date zu stellen. Du kannst sie auch auf einen kleinen Spickzettel schreiben oder in deinem Handy notieren, um, wenn du aufs Klo gehst, noch mal nachzuschauen. Später entwickelst du ganz natürlich deine eigenen Fragen in dieser Richtung. Ich selbst denke nicht mehr vorher darüber nach, was ich mit einer Frau reden will. Ich kann mittlerweile spontan Geschichten aus dem Hut zaubern und fesselnde Gespräche führen. Aber anfangs ist es wichtig, sein Verhalten mal in eine andere Richtung als die gewohnte zu lenken.

Gerade wenn du ein sehr rationaler Mensch bist, kommen dir viele dieser Fragen vielleicht kindisch vor: »Welche magische Fähigkeit hättest du gerne? – Wollen die mich hier verarschen, ich bin doch keine zwölf mehr!« An dieser Stelle möchte ich noch einmal darauf hinweisen, dass dieses rationale Denken wesentlich zu deinem ausbleibenden Erfolg bei Frauen beiträgt. Flirten ist Spielen, und gerade Frauen lieben emotionale Spiele. Manchmal bringt der größte Schwachsinn sie am meisten zum Lachen. Wer es schafft, mit einer Frau herumzublödeln, der liegt eigentlich auch schon bei ihr im Bett.

Besonders nahe werdet ihr beide euch einander vermutlich fühlen, wenn ihr entdeckt, dass ihr zum Beispiel dasselbe Lieblingsmärchen habt oder euch euer Traumhaus sehr ähnlich vorstellt. Dieses Entstehen von Verbundenheit kann man natürlich auch im Gespräch steuern. Der Hypnotiseur und Mentalmagier Jan Becker behauptet sogar, dass man bei einem Flirtpartner am schnellsten einen Stein im Brett habe, wenn man an passender Stelle den Satz fallen lasse: »Verrückt, ich habe genau das Gleiche gedacht.« Am besten natürlich, wenn das auch noch der Wahrheit entspricht. So entsteht bei der Frau, der du näherkommen willst, der Eindruck, dass es sich bei dir um einen Seelenverwandten handelt, der so denkt wie sie.[38] Natürlich solltest du hier auf keinen Fall überziehen, sonst entsteht dadurch schnell peinlich wirkende Anbiederei.

Grundsätzlich solltest du nicht nur beim Fragen bleiben, sondern auch von deinen eigenen Erlebnissen, Wünschen und Fantasien berichten. Früher oder später dürfte die Frau beginnen, dir selbst immer mehr Fragen zu stellen und so immer mehr Interesse an dir zu zeigen. Wenn du darauf antwortest: Mach es ihr nicht unbedingt zu einfach. Anspielungen oder plötzliche Gedankensprünge machen dich weniger leicht durchschaubar, vielleicht sogar ein bisschen geheimnisvoll. Das stachelt die Neugierde der Frau an, und sie wird versuchen, dich zu ergründen. Euer Gespräch hat jetzt eine viel spannendere Dynamik angenommen, als wenn du es damit begonnen hättest, erst einmal lang und breit von deinem beruflichen Alltag zu erzählen.

Sobald du es geschafft hast, die Frau dazu zu bringen, echtes Interesse an dir zu entwickeln, kannst du natürlich auch von dir erzählen und deinen Charakter schillern lassen. Dabei kannst und solltest du durchaus auch Ecken und Kanten zeigen und auch kleine Fehler freimütig einräumen. Frauen wissen es zu schätzen, wenn sie es mit einem Mann zu tun haben, der sich nicht für Mr Perfect hält und offen über seine Schwächen sprechen kann. Allerdings solltest du es hier auch nicht übertreiben. Wenn du, überspitzt gesagt, schon beim ersten Date berichtest, dass du gerne zugekokst ins Bordell gehst, dürfte sich die Lady fragen, welche vielleicht noch viel krasseren Dinge es noch gibt, mit deren Enthüllung du abwartest, bis ihr euch besser kennt.

Vergiss bei all diesen Strategien nicht, dass ein Date nicht nur der Frau Spaß machen sollte, die du angräbst, sondern nicht zuletzt auch dir selbst. Je besser du bei diesem Date gelaunt bist und das auch zeigst, desto mehr wird deine gute Laune auf deine Gesprächspartnerin überspringen. Dafür sorgen unter anderem die vor wenigen Jahren entdeckten Spiegelneuronen in unserem Gehirn, die dazu führen, dass wir all jene Emotionen mitempfinden, die wir in den Gesichtern anderer lesen können. Schon deshalb solltest du die Sorge um dein eigenes Wohlbefinden nicht zurückstellen. Schließlich besteht der Sinn dieses Ratgebers in erster Linie darin, dein eigenes Lebensglück zu steigern.

Wie setze ich Berührungen am geschicktesten ein?

»Das Umwerben des gewünschten Partners beginnt schneller voranzuschreiten, sobald die erste Berührung stattfindet«, erklärt der Anthropologe David Givens in seinem Buch *Love Signals*. »Der Tastsinn übt eine gewaltige Anziehungskraft aus. Der Wechsel vom Sehen und Hören zum Fühlen stimuliert grundlegende Schaltkreise im Hirnstamm und dem Großhirn. Die Kontrolle verlagert sich herab zu primitiven Nervenzentren, deren stumme Autorität fast schon diktatorisch ist. Und das Herz rennt dem Kopf hinterher.«

Was Givens hier berichtet, stellt die Grundlage für das dar, was wir professionelle Verführer unseren Schülern so früh wie möglich beibringen. Oft ist der zentrale Unterschied zwischen Männern, die Frauen ins Bett bekommen, und solchen, denen das nicht gelingt, dass Erstere keine Scheu davor haben, die begehrte Frau immer wieder zu berühren. Natürlich, erklärt Givens, sollte eine solche Berührung nicht aus heiterem Himmel erfolgen, sondern gut vorbereitet werden: »Paare, die in einem Gespräch den richtigen romantischen Gleichklang entwickeln – einander lange in die Augen sehen, miteinander lachen, sich zustimmend zunicken, sich zeitgleich durchs Haar fahren und einander die offenen Handflächen zeigen –, sind dafür bestimmt, nacheinander zu greifen und sich zu berühren.«

Dabei seien die besten Stellen für eine erste Berührung – Stellen, die beim Berührten kein Alarmsignal ertönen lassen – der Handrücken und die Außenseite des Unterarms. Das gilt übrigens nicht nur beim Flirten. Verschiedene Experimente haben gezeigt, dass entsprechende Berührungen auch in zahlreichen anderen sozialen Situationen hilfreich sein können: Benutzer einer Bibliothek bewerteten diese Einrichtung und ihr Personal weit positiver, wenn sie berührt wurden, als sie sich in die Kartei eintrugen, Bedienungen von Restaurants erhielten nach einer beiläufigen Berührung höhere Trinkgelder von zufriedeneren Gästen. Menschen, die von Fremden berührt werden, sind eher zu einem kleinen Gefallen bereit. Anhalter werden eher mitgenommen, wenn es ihnen gelingt, den Fahrer eines Wagens zu berühren, während sie ihre Bitte vorbringen. Und Frauen, deren Arm von einem interessierten Mann berührt wird, lassen sich eher darauf ein, mit ihm zu tanzen oder ihm ihre Telefonnummer zu geben. Generell zeigen sich Menschen, nachdem sie berührt wurden, eher bereit zuzustimmen oder zu helfen, und ihre Laune bessert sich.[39] Das alles wissen Fachleute schon seit einiger Zeit. Aber erst im Jahr 2011 begann man herauszufinden, warum genau das so war.

Zu diesem Zweck maß das Forschungsteam um Annett Schirmer die Gehirnwellen einiger Dutzend Frauen, während diese Frauen sich entweder neutrale oder emotional gefärbte Fotos ansahen. Bevor jedes Bild erschien, wurden manche der Frauen am Arm berührt – entweder durch einen Freund oder durch eine mechanische Vorrichtung, die mal von ihrem Freund und mal von einem Computer gesteuert wurde. Hauptergebnis dieses Experiments war, dass das Gehirn jener Frauen dann stärker auf emotional gefärbte Bilder reagierte, wenn diese Frauen berührt worden waren – egal, ob von ihrem Freund oder einer Maschine. Es war also die Berührung selbst, die den Unterschied ausmachte, und nicht die Art und Weise, wie die Frauen diese Berührung zuordneten und bewerteten. Eine Folge dieses inneren Prozesses, so Annett Schirmer, sei, dass eine berührte Person gegenüber dem Berührenden einfühlsamer wird und eher bereit ist, ihm zu Gefallen zu sein.[40]

Ebenso beeindruckend ist ein Experiment, das schon vor über vierzig Jahren stattfand: im Jahr 1973, durchgeführt am Swarthmore-College von Ken und Mary Gergen. Für dieses Experiment betrat jeweils eine Gruppe von acht Leuten, zu etwa gleichen Teilen junge Männer und junge Frauen, die einander völlig unbekannt waren, einen komplett abgedunkelten Raum. Wegen der dort herrschenden absoluten Finsternis und dadurch bedingten Anonymität der Beteiligten konnten sie miteinander treiben, was auch immer sie wollten. Als Erstes unterhielten sie sich miteinander. Das dauerte jedoch nicht lange. Ziemlich schnell kam es bei fast neunzig Prozent der Versuchsteilnehmer zu ersten Berührungen. Mehr als die Hälfte von ihnen umarmte jemanden. Ein Drittel der Versuchspersonen ging dazu über, einander zu küssen. Ein junger Mann küsste fünf verschiedene Mädchen. Ein anderer bot den Leitern des Experiments hinterher sogar bare Münze, wenn er wieder in den Raum zurückkehren durfte. Und fast 80 Prozent der Männer und Frauen berichteten, sexuelle Erregung gespürt zu haben.[41] David Given hat also recht, wenn er von einer gewaltigen Macht des Berührungsempfindens

185

spricht, das einen Menschen fast unweigerlich dazu bringt, nach mehr zu verlangen.

Aus all dieser wissenschaftlichen Forschung resultiert nun eine ganze Reihe von Ratschlägen, wie du Berührungen geschickt einsetzen kannst, um einer Frau, auf die du stehst, schneller näherzukommen.[42] In den folgenden Absätzen wirst du durch die verschiedenen Phasen dieses Vorgangs geleitet. Auch wenn es im echten Leben natürlich hin und wieder Sprünge und Überschneidungen zwischen diesen Phasen gibt, ist es in der Regel wenig ratsam, eine Berührung zum Beispiel der Phase drei auszuprobieren, wenn ihr zuvor keinerlei Berührungen aus Phase eins ausgetauscht habt. Vergiss auch nicht, dass wir uns diese Phasen nicht mal eben abends bei einem Glas Wein ausgedacht haben, sondern dass auch sie auf den Forschungsergebnissen von Sozialpsychologen und Anthropologen beruhen.

Erste Phase: soziale Berührungen

- Halte den Kontakt, wenn du einer Frau zur Begrüßung die Hand gibst, einen Touch länger aufrecht, als du es normalerweise tun würdest.
- Berühre die Hand einer Frau kurz, um eine emotional gefärbte Bemerkung zu unterstreichen.
- Berühre die Schulter einer Frau, um deren Aufmerksamkeit zu erwecken.
- Fasse Gegenstände an, die dieser Frau gehören, zum Beispiel ihre Handtasche, einen Kugelschreiber, ein Handy, ein Feuerzeug, einen Laptop und so weiter. Du kannst auch scheinbar interessiert ein Schmuckstück berühren, das die Frau trägt. Der Anthropologe Edward Hall be-

zeichnet solche Objekte als »Erweiterungen des Körpers«, und David Givens erläutert dazu in *Love Signals*:
»Die Handtasche oder den Stift einer Frau anzufassen
bedeutet, persönlichen Kontakt herzustellen, ohne tatsächlich ihre Haut zu berühren. Beim Daten ist das Berühren von solchen Erweiterungen des Körpers ein ab-
gesicherter Vorstoß, weil die Besitzer dieser Dinge den
Kontakt nicht spüren. Trotzdem reagieren sie so, als ob
du ihre Haut berührt hättest. Wie sie reagieren – ob mit
Interesse oder nicht – legt nahe, wie sie auf eine echte
Berührung reagieren würden.«

Zweite Phase: freundlichere Berührungen

- Halte die Hand der Frau einen Moment lang fest.
- Umarme die Frau.
- Schmiege dich ein wenig an sie, wenn ihr dicht neben-
einandersitzt. Lehne dich gegen ihre Schulter oder be-
rühre ihre Beine mit deinen.
- Falls die Frau sportliche Betätigung erwähnt, befühle aus
Jux ihre Muskeln und lade sie dazu ein, dasselbe bei dir
zu tun.
- Fühle ihren Puls unter dem Vorwand, sie wirke nervös
oder aufgeregt.
- Kitzele sie.
- Knuffe sie beim Herumalbern in die Seite.
- Stoße beim Gehen wie aus Versehen gegen sie.
- Streife sie zufällig, wenn ihr nebeneinandersitzt und du
nach irgendetwas greifst.

Dritte Phase: intimere Berührungen

- Leg deinen Arm um die Frau.
- Leg eine Hand gegen ihren Rücken, um sie durch Tischreihen oder parkende Autos usw. hindurchzuführen. Je näher du mit deiner Hand dabei ihrer Hüfte kommst, desto eindeutiger wird diese Berührung, denn damit bist du so nah an ihrer erogensten Zone, wie es der Anstand unter gesitteten Menschen im öffentlichen Raum erlaubt. Bewusst oder unbewusst dürfte die Frau dein Signal wahrnehmen, dass du nicht nur an philosophischen Gesprächen mit ihr interessiert bist.
- Nimm sie an der Hand, um an einen anderen Ort zu gehen.
- Tanze mit ihr und gehe dabei auf Tuchfühlung.
- Streich ihr das Haar aus der Stirn. Wenn die Frau, die du magst, das zulässt, stehen die Chancen gut, dass sie auch für andere Zärtlichkeiten empfänglich ist.
- Umarmt euch etwas länger.
- Küsst euch.

Vierte Phase: eindeutig sexuelle Berührungen

- Küsst euch mit Zunge.
- Massiert euch gegenseitig die Füße.
- Liebkost empfindsame und erogene Zonen eurer Körper, etwa den Nacken und die Brust.
- Bringt eure Hände unterhalb der Gürtellinie zum Einsatz.

Manchem Mann wird dieses Vier-Schritte-Schema etwas albern vorkommen, insbesondere wenn er es seit frühester Jugend gelernt hat und es ihm sowieso in Fleisch und

Blut übergegangen ist. Aber wir waren alle mal Anfänger, und nicht jeder hatte das Glück, sich schon in seiner Pubertät sexuell austoben zu können. »Was Berührungen angeht, habe ich in jungen Jahren alles Mögliche falsch gemacht«, berichtet zum Beispiel mein Coautor Arne Hoffmann. »Entweder habe ich Frauen viel zu wenig bis gar nicht berührt, oder ich habe schon versucht, ihnen eine Haarsträhne aus dem Gesicht zu streichen oder sie im Nacken zu kraulen, obwohl wir noch gar nicht auf dieser Ebene waren. Das wurde dann natürlich oft geblockt.«

Da wir vom Anfang dieses Kapitels wissen, dass Berührungen eines anderen Menschen es erleichtern, unsere Wünsche erfüllt zu bekommen, ist es besonders geschickt, eine Frau dann anzufassen, wenn man von ihr gerne ein Ja hören möchte – sei es für ein zweites Date oder einen Absacker auf deiner Bude ...[43]

Und schließlich ein letzter Tipp: Frauen lesen Ratgeber wie diesen hier natürlich auch. Wenn dich eine Frau aus deinem Bekanntenkreis also gelegentlich scheinbar zufällig berührt – sei bitte nicht vernagelt und stell dich nicht dumm. Die Wahrscheinlichkeit ist groß, dass sie dir mit genau solchen Methoden, wie wir sie hier empfohlen haben, ein wenig näherkommen möchte. Allerdings fällt es selbst Frauen, die nie von diesem Thema gehört haben, viel leichter, andere Menschen zu berühren – vielleicht, weil sie es untereinander viel öfter tun als Männer unter sich. So ist mir immer wieder aufgefallen, dass Frauen fast automatisch beginnen, dich zu berühren, wenn sie dich attraktiv finden, und zwar ohne vorher darüber nachzudenken. Das zeigt sich oft in einer leichten Berührung am Oberarm oder einem spielerischen Knuffen, wenn du dir einen frechen Spruch geleistet hast.

Welche Tricks benutzen Profiverführer, um bei Frauen zu landen?

Was du in unseren Ratgebern zum größten Teil vermittelt bekommst, sind grundsätzliche Techniken, um im Gespräch mit Frauen anziehend zu wirken und ihnen Lust darauf zu machen, dich noch viel näher kennenzulernen. Die meisten davon wären auch in anderen Kommunikationsratgebern gut aufgehoben. Darüber hinaus gibt es in der internationalen Gemeinschaft professioneller Verführer aber auch immer wieder Tricks, die noch weiter gehen und mit denen man Frauen ein bisschen manipulieren kann:

Michael Pilinski beispielsweise schwört auf einen Trick, den er gerne beim Händeschütteln anwendet. Dieser besteht schlicht darin, dass du, wenn du einer Frau die Hand gibst, deine Hand ein wenig im Uhrzeigersinn drehst, sodass jetzt die Hand der Frau auf deiner liegt. Dies ist die Stellung, die normalerweise einen Handkuss einleitet: die Art, mit der eine Frau in romantischen Historienfilmen begrüßt wird und die bei ihr deshalb offenbar unbewusst entsprechende Assoziationen weckt. Pilinski zufolge werden Frauen nach dieser Begrüßung, die nur so geringfügig verändert ist, dass sie gar nicht bewusst wahrgenommen wird, sehr viel zutraulicher.

Pilinski gibt an, diesen Trick selbst entwickelt zu haben. Insofern ist es erstaunlich, dass dieselbe Technik auch in einem Buch des Experten für Körpersprache Mark Bowden empfohlen wird, der darüber ähnlich Gutes berichtet: »Probiere das aus, und du wirst wirklich erstaunt sein, dass sich die Mundwinkel der betreffenden Person sofort zu einem Lächeln aufrichten, sie auf dich zukommt und großartigen Augenkontakt aufnimmt. Sie fühlt sich dir gegenüber wohl und entspannt sich.«[44] Solche alten Kavaliersgesten kommen gerade in der heutigen Zeit, wo viele Frauen es sich insgeheim wünschen, wie eine Frau behandelt zu werden, besonders gut an. Vor allem, wenn sie aus einer Position der Stärke kommen und nicht anbiedernd wirken.

Ganz besonders interessant für die meisten Frauen sind Pseudo-Psychotests, die man in der Verführerszene austauscht und die dazu dienen sollen, das Denken von Frauen im Gespräch auf die sexuelle Schiene zu bringen. Einer der bekanntesten dieser Tests ist das »Erdbeerfeld«: Keiner kann genau sagen, wer ihn erfunden hat, aber er hat inzwischen seinen Weg in die Literatur der Szene gefunden und taucht etwa in den Büchern von Roosh V. auf. Der »Erdbeerfeld«-Test funktioniert so: Du bittest deine Gesprächspartnerin, sich vorzustellen, dass sie einen Spaziergang macht und dabei an einem großen Feld voller Erdbeeren vorbeikommt. Fordere sie dazu auf, zu beschreiben, ob dieses Feld in ihrer Fantasie von einem hohen Zaun umgeben ist, von einem niedrigen oder von gar keinem Zaun. Danach soll sie sich vorstellen, das Feld zu betreten, und dir mitteilen, ob sie nur ein paar von den Erdbeeren nascht, sehr viele davon schlemmt oder was ihr sonst bei diesem Bild in den Kopf kommt. Und als Drittes schließlich möge sie in ihrer Fantasie den Bauern erscheinen lassen, dem das Feld gehört und der sie auf ihr Verhalten anspricht. Abschließend soll sie dir sagen, was sie dem Bauern antwortet, also zum Beispiel »Vielen Dank, das war superlecker!«.

Wenn sie dir alle drei Fragen beantwortet und es nicht selbst schon geahnt hat, teilst du deiner Gesprächspartnerin mit, dass man mit diesem Test den sexuellen Charakter einer Frau erkennen könne. Der hohe, niedrige oder auch gar nicht vorhandene Zaun stehe in der psychologischen

Ausdeutung ihrer Antworten für ihre starken, kaum oder gar nicht vorhandenen Hemmungen, wenn es um sexuellen Genuss gehe. Ihr Verhalten im Erdbeerfeld lasse darauf schließen, wie sie sich im Bett verhalte. Und die Worte, die sie an den Bauern richtet, lassen Rückschlüsse darauf zu, was sie zu einem Mann nach dem Sex sagt.

Es gibt mehrere vergleichbare »Testspiele« dieser Art, und im Grunde genommen kann man sich ein solches Spiel auch problemlos selbst basteln, denn wissenschaftlich abgesichert ist das Ganze in keiner Weise. Diese Spiele dienen lediglich dazu, an dem Interesse vieler Frauen an Psychotests zur Selbsterkenntnis anzuknüpfen, sie damit zu unterhalten und das Gespräch gleichzeitig auf eine sexuelle Schiene zu bringen. Wenn du dazu noch glaubhaft vermitteln kannst, dass du eine Frau auf diese Weise durchschaut hättest, kannst du damit auch ein wenig Dominanz inszenieren.

Du kannst aber auch an der Vorliebe vieler Frauen an esoterischen Techniken ansetzen. Wie du das machst, erklärt Dusty White in einem Buch mit dem marktschreierischen Titel *The Easiest Way to Meet and Pick up Girls – EVER!!* Offen gesagt, ist dieses Buch insgesamt nicht sehr gut, vor allem da es von einem penetrant frauenfeindlichen Ton durchzogen ist, den man uns Pick-up-Künstlern in der Regel ungerechtfertigt vorwirft: In Whites Darstellung sind Frauen einzig und allein zum Vögeln gut, und alle anderen Formen von Kontakt muss ein Mann mühevoll hinter sich bringen, damit er schließlich im Bett zum Zuge kommt. Abgesehen davon schlägt White aber eine reizvolle Technik vor, die sich im ersten Moment albern anhören mag, allerdings wirklich zu einer gelungenen Verführung beitragen kann. Wie die anderen hier vorgestellten Techniken ist sie ein wenig »unsauber« und manipulativ – andererseits sind die meisten Frauen keine naiven Wesen, die völlig hilflos werden, nur weil du eine etwas raffiniertere Technik einsetzt. Und nicht zuletzt haben sie selbst sich im Laufe ihres Lebens mehr solcher Techniken angeeignet, als du in vier Jahren Pick-up lernen kannst, und setzen diese auch ohne Bedenken ein – eine Tatsache, die unsere Medien gerne übergehen. Die zahlreichen empörten Artikel über uns Pick-up-Artists entspringen nicht einem Unmut darüber, dass beim Dating überhaupt manipuliert wird, sondern dass Frauen inzwischen nicht mehr das einzige »raffinierte« Geschlecht sind, sondern Männer inzwischen weniger leicht manipulierbar sind, weil auch sie viele Tricks kennen und häufig selbst anwenden.

Whites Methode besteht darin, einer Frau aus der Hand zu lesen und dadurch ihr wahres Wesen zu erkennen und ihr die Zukunft vorherzusagen. Ja, wie bereits erwähnt, das hört sich zunächst albern an, und White nimmt diese Methode in seinem Buch auch ein bisschen zu ernst. Er erklärt zum Beispiel lang und breit, durch welche Hand- und Fingerformen man angeblich den Charakter eines Menschen erkennen könne, so als ob das eine auch nur halbwegs wissenschaftlich abgesicherte Methode darstellen würde. Diese Einstellung brauchst du aber gar nicht zu übernehmen, damit dir diese Technik bei deinem Vorhaben weiterhilft. Es reicht, wenn du fünf Minuten investierst, um per Google die wichtigsten Dinge über das Handlesen herauszufinden, also zum Beispiel wie die drei zentralen Linien heißen und wie Handlesen generell funktioniert, sodass du halbwegs glaubwürdig so tun kannst, als ob du Ahnung von der Sache hättest. Tieferes Wissen benötigst du nicht, denn die Wahrscheinlichkeit, dass die Frau, bei der du diese Technik anwendest, selbst etwas davon versteht, ist extrem gering.

Die von White vorgestellte Methode kann zunächst einmal deshalb sehr hilfreich sein, weil sie dir einen ersten Vorwand für längeren Körperkontakt liefert. Du kannst die Hand einer Frau mehrere Minuten in deiner halten, selbst wenn du die Frau noch kaum kennst, und sie dadurch generell auf weiteren Körperkontakt mit dir einstimmen. Gleichzeitig wirkst du, wenn du dich geschickt anstellst, kompetent und so, als ob du tatsächlich in der Lage wärst, ihr innerstes Wesen zu durchschauen. Du musst nur wissen, wie du dich dabei am geschicktesten anstellst.

Einige der Tipps, die White hier nennt, können durchaus funktionieren. Beispielsweise kann es hilfreich sein, wenn du im Alltag öfter mal die Hände anderer Menschen beobachtest und lernst, zumindest ein wenig zu erkennen, was sie alles verraten: beispielsweise über die Gesten, mit denen sie eingesetzt werden, den Schmuck, den du dort entdeckst, ob es sich um raue Arbeiterhände handelt oder solche mit langen Fingernägeln, die erkennen lassen, dass diese Person in ihrem Job nicht in erster Linie ihre Hände einsetzt und so weiter. Du brauchst kein zweiter Sherlock Holmes zu werden, sondern nur eine grundsätzliche Sensibilität in diesem Bereich entwickeln. Wenn du das draufhast, können die Hände einer Frau für dich sogar einen geschickten und originellen Opener darstellen, indem du, wenn sich die Gelegenheit dafür bietet, beispielsweise sagst: »Mir sind gleich deine schlanken Finger aufgefallen, du bist bestimmt künstlerisch tätig, oder?« Dann kannst du im Gespräch erwähnen, dass du dich hobbymäßig ein wenig mit Handlesen beschäftigt hast – wobei es noch cooler klingt, wenn du einen der dafür verwendeten Fachausdrücke benutzt: Chiromantik. Damit wirkst du erstens noch mehr wie ein Fachmann und hast zweitens das Wort »Romantik« ins Bewusstsein der von dir angesprochenen

Frau gerufen, womit du sie gleich auch auf die von dir gewünschte Bahn lenkst.

Als Nächstes bietest du ihr an, auch ihr aus der Hand zu lesen; das hättest du bei Freunden und Bekannten schon öfter gemacht. Achte hier auf ihre Reaktion. Wenn diese Frau dein angebliches Hobby für vollkommen absurd hält, kommst du hier offensichtlich nicht weiter. Zeigt sie sich lediglich amüsiert, kannst du je nach Laune auf ihren Tonfall einsteigen, aber auch ernst bleiben und ihr vorschlagen, es einfach mal auf einen Versuch ankommen zu lassen. Zeigt sie sich interessiert, ist sie esoterischem Denken gegenüber offenbar prinzipiell aufgeschlossen, und du kannst noch mehr davon in deinem Gespräch unterbringen. Beispielsweise könntest du erzählen, wie man dir einmal den Tarot gelegt hat und wie vieles davon sich als wahr erwiesen hat, was du wiederum dazu nutzt, deinen Charakter und dein Leben beiläufig möglichst positiv darzustellen.

Kommen wir jetzt zur Sache: Wie gelingt es dir, möglichst glaubhaft darzustellen, dass du wirklich in der Lage bist, aus den Handlinien einer Frau mehr über ihr Wesen zu erfahren? Das Wichtigste, was du dazu kennen musst, sind sogenannte Barnum-Aussagen. Dabei handelt es sich um Behauptungen, die allgemeingültig und vage formuliert sind, aber so klingen, als hätten sie echten Erkenntniswert. Solche Sätze findet man oft in Horoskopen, sie werden auch von vielen Wahrsagern verwendet. Der britische Mentalist Derren Brown hat in einer seiner TV-Sendungen jedem Mitglied einer Versuchsgruppe einen Text ausgeteilt, der ausschließlich aus derartigen Behauptungen bestand. Danach äußerten sich die Teilnehmer fast fassungslos darüber, wie sehr Brown sie schon im ersten Moment durchschaut habe. Erst als Brown eine der Versuchspersonen darum bat, ihren eigenen Text vorzulesen, brachen die anderen in ein allgemeines Gelächter aus, weil ihnen plötzlich klar wurde, dass alle denselben Text erhalten hatten. Das Video findest du auch auf der Ressourcen-Seite zu diesem Buch, unter *www.dasgesetzder -eroberung.de.*

Typische Aussagen, die auf praktisch jeden Menschen zutreffen, aber nach einem tieferen Einblick klingen, sind zum Beispiel: »Ich sehe hier, dass du im Innersten manchmal sehr unsicher bist, erst recht, wenn du es mit Leuten zu tun hast, die du noch nicht kennst, was du aber immer wieder zu überspielen versuchst.« Oder: »In jungen Jahren hattest du einmal einen Unfall oder ein Missgeschick im Zusammenhang mit Wasser.« Oder: »Ein Bekannter oder Verwandter bereitet dir gerade einige Probleme.« Beliebt sind darüber hinaus Sowohl-als-auch-Formulierungen, die tiefgründig und differenziert klingen, aber in Wahrheit so konstruiert sind, dass auf jeden Fall etwas davon zutrifft, also etwa: »Du hast meistens deinen eigenen Kopf, versuchst aber trotzdem immer wieder, dich deinem Umfeld anzupassen, wenn es dir klug erscheint.«

Eine ganze Liste solcher Barnum-Aussagen hat James Clark in seinem Buch *Mind Magic and Mentalism For Dummies* zusammengestellt (wobei sie Clark seinerseits aus der Fachliteratur der psychologischen Forschung entnommen hat). Dazu gehören die folgenden Äußerungen:

- »Du hast ein starkes Bedürfnis danach, von anderen Menschen gemocht und bewundert zu werden.«
- »Du besitzt die Tendenz, dir selbst gegenüber kritisch eingestellt zu sein.«
- »In dir ruht ein großes ungenutztes Potenzial, für das du noch nicht die rechte Verwendung gefunden hast.«

- »Als du noch ein Kind warst, gab es ein Hobby, in dem du richtig gut warst und das dir Spaß gemacht hat ... es hatte mit Sport oder mit Kreativität zu tun ... war durchaus vielversprechend ... aber inzwischen widmest du dich der Sache leider gar nicht mehr.«
- »Während du zwar generell einige Schwächen in deiner Persönlichkeit hast, bist du im Allgemeinen gut in der Lage, sie zu kompensieren.«
- »Manchmal hast du ernsthafte Zweifel, ob du gerade die richtige Entscheidung getroffen hast.«
- »Du schätzt ein gewisses Ausmaß an Veränderungen und wirst unzufrieden, wenn du durch Begrenzungen zu stark eingeschränkt wirst.«
- »Du bist in der Lage, unabhängig zu denken, und akzeptierst die Behauptungen anderer Leute nicht ohne ausreichende Belege.«
- »Du hast herausgefunden, dass es unklug ist, dich anderen Menschen allzu sehr zu öffnen.«
- »Manchmal bist du extrovertiert, aufgeschlossen und gehst auf andere Menschen zu, dann wieder kannst du aber sehr nach innen gekehrt, misstrauisch und reserviert sein.«
- »Manche deiner Lebensziele und -träume sind ausgesprochen unrealistisch.«
- »Sicherheit ist eines deiner stärksten Bedürfnisse.«

All diese Barnum-Aussagen kann man nun zusätzlich erweitern, indem man Aussagen hinzufügt, die auf die Person, mit der man es gerade zu tun hat, mit hoher Wahrscheinlichkeit zutreffen, was ihr momentanes Alter und damit ihre augenblickliche seelische Reife angeht, ihr Geschlecht, ihre Herkunft und andere Züge ihrer Persönlichkeit, die du auf den ersten Blick erkennst. Beispielsweise haben die meisten Frauen Kleidungsstücke zu Hause im Schrank, die sie nie getragen haben, sie besitzen einen einzelnen Ohrring, weil sie den zweiten verloren haben, und so weiter. Aber vielleicht willst du gar keine regelrechte Wissenschaft daraus machen, sondern behältst lieber die obigen Sätze parat, die du relativ schnell auswendig lernen und dann in dein angebliches Handlesen einbauen kannst.

Das Schöne an Clarks Mentalismus-Ratgeber ist, dass er sich nicht nur auf diese scheinbar magischen Sätze beschränkt, die man auch in vielen anderen Quellen findet, sondern auch mehrere Tipps gibt, wie man eine solche Nummer besonders gut verkauft. Vor allem wenn du etwas wagemutiger wirst und eigene Behauptungen oder sogar Vorhersagen über die Zukunft der Frau einbauen willst, die du beeindrucken möchtest, können diese Tipps sehr hilfreich sein. Vielleicht bist du auch gezwungen zu improvisieren, weil unerwartet die beste Freundin der betreffenden Frau hinzukommt und von dir dasselbe erwartet: Dann kannst du deine auswendig gelernten Sätze natürlich nicht einfach erneut abspulen, sondern musst dich vielleicht auf dünneres Eis begeben. Und schließlich ist eine gewisse Variation und ein persönliches Zuschneidern von Behauptungen insofern sinnvoll, als du dir damit die mögliche besserwisserische Reaktion ersparst: »Ja, das mag alles sein, aber trifft das nicht auf praktisch jeden zu?« In der Regel passiert zwar das Gegenteil – die Menschen interpretieren deine Sätze so, dass sie exakt auf ihre Erfahrungen zutreffen –, aber man weiß nie. Je mehr du Barnum-Aussagen mit Schlussfolgerungen aus deinen Beobachtungen und klugen Spekulationen durchmischst, desto glaubwürdiger wirkst du. (Wenn du vorher weißt, auf welche Frau du treffen wirst, kannst du vielleicht auch per Google und Facebook einiges über sie herausfinden, das du in dein Handlesen einstreuen kannst. Wenn du das geschickt in deine anderen Behauptungen mischst, wirkst du unfassbar faszinierend, aber wenn das Ganze auffliegt, natürlich auch ein bisschen wie ein Stalker.)

Aber auch hier kannst du dich relativ leicht aus der Affäre ziehen mit dem Satz: »Hahah, du hast den Mist doch nicht wirklich geglaubt, oder?«

Folgende Techniken können hilfreich sein, wenn du über Sätze, die fast grundsätzlich zutreffen, hinausgehen willst:

- Betone von Anfang an scheinbar selbstkritisch, dass Handlesen natürlich keine exakte Wissenschaft ist und du das ja auch nicht hauptberuflich machst. Du wirkst damit bescheiden und hängst die Erwartungen nicht allzu hoch – umso beeindruckender ist es dann, wenn die Sache gut läuft. Vergiss auch nicht, dass du kein Vorstellungsgespräch als Wahrsager absolvierst, sondern nur einen Vorwand für euch beide aus dem Hut ziehst, um euch körperlich näherzukommen.
- Nähere dich manchen Behauptungen vorsichtig, achte dabei darauf, ob von der Frau unwillkürlich bestätigende oder irritierte Reaktionen erfolgen, und passe dein weiteres Vorgehen entsprechend an: »Ich sehe einen Mann, den du noch nicht besonders gut kennst, der dich aber schon seit einiger Zeit interessiert ... es ist ein Arbeitskollege, glaube ich ... nein, er ist aus deinem privaten Bekanntenkreis ...« Oder: »Du hast die Tendenz, recht behalten zu wollen ... aber wie ich hier sehe, gelingt es dir immer besser, sie zu überwinden ...«
- Verwende einschränkende Wörter wie »wahrscheinlich«, »manchmal« und »gelegentlich«.

- Wenn die betreffende Frau gegenüber deinen Deutungen ernsthaften Widerstand leistet, bleibe hartnäckig und nutze das zu einem Gespräch, um sie besser kennenzulernen. Frage ernsthaft, ob du wirklich so falsch liegst, und bring sie dazu, sich genauer zu erklären. Wenn du Glück hast, beginnt sie dir von privaten Erlebnissen zu berichten, während du immer noch ihre Hand hältst – ein guter Anfang für alles Weitere, was du danach noch vorhast.

- Lade die Frau dazu ein, kreativ mitzuarbeiten, indem du eine vage Bemerkung in den Raum stellst – etwa dass sie in einer früheren Beziehung nicht anständig behandelt worden sei –, und erkundige dich dann, ob das für sie Sinn ergäbe, was du da aus ihren Handlinien liest. In der Regel wird sie dir dabei mithelfen, deine »Vision« zu ergänzen, und du erfährst gleichzeitig einiges darüber, wie sie so tickt. Mit dieser Methode kannst du auch schüchterne oder anderweitig zurückhaltende Frauen dazu bewegen, sich mehr zu öffnen.

- Wenn du Vorhersagen über die Zukunft der Frau machst, dann teile ihr mit, dass sie Erfolg haben wird und sich die Dinge zum Besseren entwickeln werden. Du willst ihr schließlich angenehme Gefühle verschaffen. Außerdem erzeugst du damit vielleicht sogar eine sich selbst erfüllende Prophezeiung.

- Bring die Frau so häufig wie möglich dazu, deinen Deutungen zuzustimmen. Aus der Verkaufspsychologie ist bekannt, dass mehrere kleine Jas oft ein großes Ja vorbereiten. Wenn du deine Sache gut machst, sagt diese Frau zuletzt vielleicht auch Ja zu dir.

Ich war anfangs selbst sehr skeptisch, was dieses Handlesen angeht, aber damals hätte ich fast alles gemacht, um erfolgreicher bei Frauen zu werden, also probierte ich auch das aus – mit wirklich durchschlagendem Erfolg. Es war oft so, dass die Frauen, bei denen ich das in Bars oder Clubs machte, ganz begeistert ihre Freundinnen zu sich riefen und sagten: »Mach das auch mal bei ihr!« Und andere Gäste wunderten sich, was das wohl für ein Typ war, den all diese Frauen umringten …

Wie du eine Frau scharf auf dich machst

Wie küsse ich so, dass sie Lust auf mehr bekommt?

Die erste Frage, die sich stellt, ist: Wie führt man die Frau, die man begehrt, überhaupt zum ersten Kuss? Wie vermeidet man dabei vor allem den peinlichen Moment, küssen zu wollen, während sie ihren Kopf wegdreht, weil ihr das zu früh ist oder sie weniger auf einen steht, als man gedacht hatte? Hilfreich ist hier ein Prozess der schrittweisen Steigerung, der immer dann abgebrochen oder zurückgenommen werden kann, wenn er nicht erwidert wird. Das Ganze kann dann etwa so ablaufen:

• Du begibst dich in die unmittelbare körperliche Nähe der begehrten Frau, stellst dich beispielsweise dicht neben sie oder ihr gegenüber. Wir haben normalerweise eine persönliche Schutzzone, in die wir nur Leute hineinlassen, die wir sehr mögen. Wenn die Frau, auf die du stehst, jetzt einen Schritt zurücktritt, um die für sie notwendige Distanz wiederherzustellen, solltest du alle weiteren Versuche vorerst abbrechen und es vielleicht bei einer anderen Gelegenheit noch einmal versuchen. (Lässt dich die Frau allerdings niemals nahe genug an sich herankommen, vergiss alle weiteren Pläne mit ihr.)

- Lässt sie dich gewähren, mach mit scheinbar zufälligen Berührungen weiter: bei der Unterhaltung, beim Gehen, wann auch immer. Vergrößert sie daraufhin den Abstand, dann halte dich mit weiteren Versuchen, intimeren Kontakt herzustellen, erst mal wieder zurück.
- Der nächste Schritt besteht darin, Augenkontakt mit der Frau herzustellen, während du ihr sehr nahe bist. Ist ihr so viel Nähe unangenehm, zieh dich wieder zurück, um ihr eventuell mehr Zeit zu geben. Lässt sie sich aber darauf ein, kommt es jetzt darauf an, ob sie dir weitere Signale gibt, die zeigen, ob sie jetzt küssen möchte oder nicht.

Welche Signale sind das? Typische Beispiele, an denen du dich gut orientieren kannst, hat Marni Kinrys, eine der wenigen weiblichen Autoren von Pick-up-Ratgebern für Männer, in ihrem Buch *Get Inside Her* zusammengestellt. Zu den Zeichen dafür, dass eine Frau gerne geküsst werden möchte, gehören demnach:

- Ihre Augen sind sanft, ein wenig schmal und haben einen verträumten Ausdruck angenommen, wobei ihr Blick immer wieder auf deinen Mund fällt.
- Sie leckt sich über die Lippen oder knabbert daran, um sie für einen Kuss bereit zu machen.
- Sie sucht auf verschiedene Weise Körperkontakt mit dir, womit sie ihr Bedürfnis nach Nähe signalisiert.
- Sie haucht die Worte mit immer schwächerer Stimme, sodass du immer näher rücken musst, um sie verstehen zu können.

Welche Warnzeichen hingegen setzt eine Frau, mit denen sie dir vermitteln möchte, dass sie gerade nicht in der Stimmung fürs Küssen ist? Hier nennt Marni Kinrys die folgenden:

- Statt Augenkontakt zu suchen, lässt sie ihre Blicke durch die Gegend schweifen und bringt so zum Ausdruck, dass sie jetzt lieber woanders wäre.
- Sie zeigt durch Mimik oder Körpersprache Anzeichen für Langeweile, Genervtheit oder Ungeduld; blockt dich zum Beispiel durch verschränkte Arme ab.
- Sie steuert die Unterhaltung von allem weg, was mit Intimität zu tun hat.
- Sie hält ihren Körper in einiger Distanz zu deinem.

Treten hier sogar mehrere Signale gleichzeitig auf, ist das eine ebenso klare wie deprimierende Ansage: Falls du es nicht schaffst, ihre Stimmung grundsätzlich zu verändern, läuft hier nicht mehr viel.

Andererseits zeigt die Auflistung der Signale, die eine weibliche Bereitschaft zum Küssen zeigen, dass du mit denselben Signalen deinerseits den zärtlichen Kontakt eurer Lippen in die Wege leiten kannst. Überrasche eine Frau also nicht aus heiterem Himmel, sondern führe sie durch intensiveren Augenkontakt, sanfteres Sprechen etc. in eine geeignete Stimmung, und widme dich einem angemessenen »Vorspiel«: Rücke näher an sie heran, berühre sie, lass deine Augen immer wieder zu ihrem Mund wandern. Früher oder später dürfte sie kapieren, worauf das alles hinausläuft, und ihrerseits zurücksignalisieren, ob für dein Begehren freie Bahn besteht.

»Küssen ist, wenn oben einer klingelt und unten einer aufmacht«, sagte einmal der Kabarettist Hans Werner Olm. Das legt die Frage nahe: Wie küsst man eine Frau so, dass sie dadurch zum Austausch noch intimerer Zärtlichkeiten angeregt wird? Schließlich stellt für viele Frauen der erste Kuss auch einen frühen und oft entscheidenden Test dar. Wenn ein Mann dabei durchfällt und ihn die betreffende Frau als »schlechten Küsser« wahrnimmt (ein Urteil, das eine andere Frau nicht teilen muss), dann geht sie eher auf Distanz und beginnt, sich von diesem Mann abzuwenden. So kann natürlich auch ein Mann gegenüber einer Frau reagieren, wenn ihm ihre Art zu küssen nicht gefällt.

Wenn man so viel rumgeknutscht hat wie ich, kann es schon mal vorkommen, dass man auch eine Rückmeldung bekommt, *wie* man küsst. Eines hat mich dabei doch am Anfang extrem verwundert. So haben mich einige Frauen als überaus guten Küsser bezeichnet, wohingegen andere meinten: »Du bist zwar ein toller Typ, aber das Küssen muss ich dir wohl erst noch beibringen.«

Wie kann so etwas sein? Ich habe herausgefunden, dass es im Grunde zwei grundsätzlich verschiedene Kusstypen gibt, natürlich mit vielen Abstufungen:

Das eine ist der »leidenschaftliche Küsser«. Hier wird »asozial rumgeleckt«, also Mund weit auf, viel Zunge, viel Speichel etc.

Und dann gibt es den »zärtlichen Küsser«. Hier wird viel gebusserlt, und die Zunge kommt nur selten und wenn, dann ganz vorsichtig zum Einsatz.

Jetzt kann natürlich Folgendes passieren: Ist eine Frau eine leidenschaftliche Küsserin und trifft auf einen zärtlichen Küsser, wird sie denken: »Was ist denn das für ein Weichei, wenn der so vögelt, wie er küsst, dann kann ich auch gleich 'ne Schlaftablette nehmen.«

Trifft hingegen eine zärtliche Küsserin auf einen leidenschaftlichen Küsser, wird sie denken: »O Gott, wenn der mit seinem Ding bei mir untenrum auch so rumstochert wie mit seiner Zunge in meinem Mund, na dann gute Nacht.«

Deswegen empfehle ich beim Küssen, sehr darauf zu achten, was die Frau macht, und sich ihrem Verhalten anzupassen. Nur so kannst du sicher sein, dass sie nicht gleich nach dem ersten Kuss das Weite sucht.

Tatsächlich fand der amerikanische Psychologe Gordon Gallup in einer Studie heraus, dass 60 Prozent der Befragten nach dem ersten Kuss das Interesse am anderen sofort wieder verloren. (Die Studie stammt aus dem Jahr 2007 und ist unter dem Titel *Sex Differences in Romantic Kissing Among College Students* auch online zu finden.) In vielen Fällen können wir gar nicht beeinflussen, ob wir von einer Frau als angenehme oder weniger angenehme Küsser beurteilt werden. Häufig spielen hier nämlich die Gesetzmäßigkeiten der Biologie eine Rolle. So werden beim Küssen automatisch auch viele Informationen über den anderen ausgetauscht, zum Beispiel ob er auch genetisch zu mir passt. Dieser Vorgang läuft zwar unbewusst ab, aber sein Ergebnis kann deshalb nicht weniger ausschlaggebend sein: Wir lehnen einen Menschen als Partner eher ab, wenn wir beim Küssen feststellen, dass er uns genetisch zu ähnlich ist (Inzuchtgefahr) oder sich zu sehr von uns unterscheidet. Irgendwie spüren wir dann, dass »es offenbar einfach nicht passt«. Diesen Vorgang können wir leider nicht einfach ausschalten, auch wenn wir eine Frau optisch und vom Wesen her noch so heiß finden.

In mancherlei anderer Hinsicht können wir aber durchaus beeinflussen, ob eine Frau uns als schlechten, lediglich passablen, guten oder gar hinreißenden Küsser wahrnimmt. Die Wissenschaftsjournalistin Sheril Kirshenbaum hat in ihrem Buch *The Science of Kissing* die Ergebnisse ihrer Forschungen dazu verwendet, den Lesern einige brauchbare Tipps zu geben, wie sie mit ihren Küssen in angenehmer Erinnerung bleiben. Dazu gehören die folgenden Ratschläge:

- Sorge dafür, dass dein Mund so angenehme Gefühle wie möglich auslöst. Das erreichst du am besten, indem du darauf achtest, besonders angenehm zu riechen und zu schmecken. Putze also beispielsweise mindestens zweimal am Tag die Zähne, damit dein Mundraum frei von Bakterien und anderen Stoffen bleibt, die zu einem unangenehmen Geruch führen können. Oft ist es sinnvoll, für die Zwischenräume Zahnseide oder Interdentalbürsten zu verwenden, mit der Zahnbürste auch über die Zunge zu gehen oder zusätzlich ein Mundwasser zu verwenden. Es ist auch hilfreich, unterwegs immer ein Kaugummi oder Pfefferminzbonbon parat zu haben, das wieder für frischen Atem sorgt. Trinke viel, aber verzichte auf Zigaretten, Alkohol und Speisen, die leicht müffeln könnten. Ob du Mundgeruch hast, stellst du am einfachsten fest, indem du über deinen Handrücken leckst, den Speichel trocknen lässt und dann daran schnupperst. Wenn es deutlich sauer riecht, hast du ein kleines Problem, um das du dich kümmern solltest – unter Umständen mit der Beratung deines Hausarztes. Zuletzt: Rasiere dich gründlich. Viele Frauen törnt es ab, wenn stoppelige Barthaare über ihre empfindliche Haut reiben.
- Lerne deine Wunschpartnerin vor dem ersten Kuss ein wenig besser kennen. Auf diese Weise erlaubst du zwar nicht ihren Genen, wohl aber ihren Hormonen und der Chemie ihres Körpers, sich ein wenig auf dich einzupegeln. Wenn wir mit anderen Menschen über einen bestimmten Zeitraum intensiveren Kontakt pflegen, be-

ginnt sich ein Teil unserer körperlichen Vorgänge aufeinander einzustellen. Außerdem fördern wir dadurch die Produktion von Hormonen wie Oxytocin, die dazu führen, dass stärkere Gefühle von Bindung und Zuneigung zueinander entstehen. Damit ist der Boden dafür bereitet, dass ein Kuss diese Gefühle weiter verstärkt.

- Baue eine angemessene Erwartungshaltung auf. Ein Extrembeispiel zur Veranschaulichung: Wenn du halb besoffen auf einer Party eine fremde Frau küssen würdest, die zufällig an dir vorüberläuft, dürfte dieser Kuss bei ihr keine besonders intensiven Lustgefühle erzeugen. Völlig anders aber ist es, wenn du einer Frau auf der Gefühlsebene immer näher kommst, sodass sie schon erwarten darf, dass diese Annäherung demnächst in einen Kuss mündet. Sie kann sich fragen, wann es so weit sein wird, davon fantasieren und sich darauf einstellen. Nicht ohne Grund nimmt diese Phase der Annäherung, der Aufbau immer stärker werdender erotischer Spannung, den Hauptteil vieler Liebesromane und -filme ein: Wenn es dann endlich so weit ist, schluchzen im Hintergrund die Geigen, und als Zuschauer oder Leser fühlt man sich sogar selbst auf wohlige Weise befriedigt. Auch dieser seelische Vorgang wird durch körperliche Abläufe ausgelöst oder zumindest begleitet: Der Neurotransmitter Dopamin steigt in der Zeit der frohen Erwartung immer mehr an, bis er sich beim letztendlich stattfindenden Kuss besonders stark entlädt.

- Frauen sind besonders empfänglich für Küsse, wenn sie diese in einer Atmosphäre der Sicherheit und des Vertrauens empfangen. Lass die ersten Küsse also an einem Ort stattfinden, wo ihr absolut ungestört seid. Solltest du dich dabei für deine Wohnung entscheiden, kannst du dort so eine Zone der Behaglichkeit erschaffen, wie wir das in dem entsprechenden Kapitel dieses Ratgebers erklären. Und geh auch erst dann zum Küssen über, wenn du dich nicht mehr allzu unsicher und nervös fühlst. Ein geküsster Mensch spürt solche unterschwelligen Spannungen, und mitunter übertragen sie sich auf ihn. Überstürze nichts, sondern warte ab, bis sich der Moment richtig anfühlt.

- Bereite die Frau deines Begehrens durch sanfte Berührungen auf den Moment des Küssens vor. Streichle zum Beispiel vorher ihr Gesicht oder ihren Rücken, halte ihre Hand, umarme sie oder gönne ihr eine Massage. Solche körperlichen Reize führen zu einem Feuerwerk im Nervenzentrum, und ähnlich wie beim Genuss von Drogen entsteht dort schnell die Sehnsucht nach mehr davon.

- Lass dich von deinen Gefühlen leiten. Die Menge an Ratschlägen in diesem Kapitel kann vor allem Menschen, die ohnehin etwas verkopfter sind, womöglich dazu verleiten, den Moment des Küssens überzuanalysieren. Das ist nicht der Sinn der Sache. Wenn das Küssen tatsächlich stattfindet, solltest du dich ganz deinem Körper und deinen Gefühlen hingeben. Damit das möglich ist, solltest du vorher auch nicht so viel Alkohol oder andere Drogen zu dir genommen haben, dass deine Wahrnehmung ernsthaft beeinträchtigt ist.

- Sobald ihr die ersten Küsse ausgetauscht und gespürt habt, dass es »passt«, solltet ihr euch ruhig regelmäßig und oft küssen. Solche zärtlichen Zeichen der Zuwendung stabilisieren eure Beziehung, weil sie ein Gefühl von Sicherheit vermitteln, was wiederum zu stärkeren Glücksgefühlen führt.

An dieser Stelle folgt eine kleine Auswahl zentraler Tipps, die dich hundertprozentig zu einem noch besseren Küsser machen:

- Viele Frauen mögen sanfte, zärtliche Küsse lieber als ungestüme, auch wenn Letztere im Film besser aussehen. Küsse dazu mit entspannten, leicht geöffneten Lippen. Vermeide es, einer Frau die Lippen gegen die Vorderzähne zu pressen, nur weil du besonders leidenschaftlich wirken willst. Ramme insbesondere einer Frau, mit der du noch nicht länger zusammen bist, nicht gleich deine Zunge in den Rachen, weil du hoffst, das würde als besonders dominant oder erfahren interpretiert. Die Begegnung euer beider Zungen sollte eher ein Spiel oder ein langsamer Tanz sein als eine Schlacht (wobei eine kleine Rangelei hin und wieder sicher auch reizvoll sein kann). Natürlich wird man ab und zu von echtem Verlangen hinweggefegt, aber du solltest immer so viel Selbstkontrolle behalten, um sicherzustellen, dass sich deine Partnerin wohl dabei fühlt.
- Sobald ihr die ersten Küsse ausgetauscht habt und du festgestellt hast, dass deine Partnerin zu denjenigen Frauen gehört, die etwas mehr Leidenschaft und Dominanz durchaus zu schätzen wissen, kannst du sie beim Küssen durch sanften Druck dazu bringen, sich ein wenig nach hinten zu biegen. Dazu solltet ihr beide allerdings schon einigermaßen gut eingespielt sein, damit das Ganze eher aussieht wie in einem Tanzfilm und nicht tollpatschig oder grob.
- Lass dir Zeit und setz Pausen und Verzögerungen richtig ein – beispielsweise kurz bevor du die Lippen einer Frau berührst oder bevor du den Kontakt wieder beendest. Dadurch baust du mal Spannungen und Erwar-

tungen auf, mal signalisierst du, wie schwer du dich von ihr und ihrer Anziehungskraft lösen kannst. Echten Kusskünstlern gelingt es beim intimen Gespräch, den eigenen Mund immer wieder bis fast zum Kontakt an die Lippen der begehrten Frau zu bringen, die letztendliche Berührung aber doch hinauszuschieben, was beide Partner immer mehr aufheizt, bis sich diese Energie endlich in einem Kuss entlädt. Es kann sehr intensive Gefühle hervorrufen, die Spannung möglichst lange aufrechtzuerhalten, während man bereits den Atem seiner Geliebten atmet.

- Sei im Zweifel auch derjenige, der den Kuss beendet. Du kennst das ja von Partys: Wer nicht gleich zu Beginn auf der Matte steht und sich auch nicht erst verabschiedet, wenn die Gastgeber schon im Pyjama dasitzen, wird als Gast eher begehrt als jemand, der bis in die frühen Morgenstunden dableibt. Bei Dates ist es nicht viel anders – und das Küssen macht da keine Ausnahme. Bring eine Frau lieber dazu, sich nach mehr Kontakt mit dir zu verzehren und ihn dann auch dementsprechend zu schätzen, wenn er stattfindet.

- Wenn du einer Frau zu ihrer Kusstechnik Komplimente machst, dürfte ihr das außerordentlich schmeicheln, und du solltest mit noch wesentlich mehr Geknutsche rechnen dürfen. Noch raffinierter ist es allerdings, die Komplimente gar nicht erst in Worte zu packen, sondern zum Beispiel besonders atemlos zu wirken oder ein kleines erregtes Stöhnen von dir zu geben.

- Bei einer Umfrage, die der amerikanische Kussforscher William Cane durchführte, zeigte sich, dass es eine Stelle an ihrem Körper gab, an der Frauen wesentlich lieber geküsst werden wollten als an jeder anderen. Gemeint waren weder der Mund noch eine Stelle zwischen den

Beinen, sondern – der Nacken. Volle 97 Prozent der befragten Frauen erklärten, dass sie Nackenküsse »ganz wahnsinnig« machten – ohne genau begründen zu können, weshalb. Ähnlich effektiv ist oft auch ein zärtlicher Griff in den Nacken, wenn es die Situation anbietet. Du kannst auch zuerst ihren Nacken küssen, bevor du ihren Mund küsst. Das geht besonders gut, wenn sie sich vorher an deine Schulter gelehnt hat.

- Wie generell beim Sex besteht der goldene Weg auch beim Küssen weniger darin, festgeschriebenen Regeln aus Ratgebern zu folgen (nicht einmal diesem hier), sondern gemeinsam mit seiner Partnerin herauszufinden, was beiden am meisten Lust und Vergnügen bereitet.

Wie gestalte ich meine Wohnung so, dass sie eine Frau erotisch in Stimmung bringt?

Wenn du eine Frau deines Interesses in deine eigenen vier Wände eingeladen hast, kann ihre Bereitschaft, sich dir hinzugeben, deutlich steigen, wenn in deiner Wohnung eine entsprechende Atmosphäre herrscht. Mit ein paar einfachen Techniken erreichst du, dass dein weiblicher Gast sich bei dir so wohlfühlt, dass einer Verführung dieser Dame nichts mehr im Wege steht:

- Stell für die geplanten Stunden trauter Zweisamkeit nicht nur die Türglocke ab, sondern schalte auch das Telefon und alle anderen technischen Gerätschaften aus, die zu plötzlichen unerwünschten Ablenkungen führen könnten. Eure intimste Begegnung sollte durch keine Anrufer eines Callcenters unterbrochen werden, durch kein Faxgerät, das sich unvermittelt einschaltet, und auch nicht durch einen Videorekorder, auf dem du die neueste Folge von *Game of Thrones* getimt hast. Ganz fatal wäre es, wenn du deinen Anrufbeantworter versehentlich noch auf Zimmerlautstärke stehen hast und eure Zweisamkeit plötzlich durch die Stimme einer anderen Frau gestört wird.

- Falls du Haustiere hast, sind sie für diesen Abend aus dem Weg und gut versorgt. (Es sei denn, es handelt sich um Hundebabys, die viele Frauen ganz verrückt machen.)

- Stell deine Heizung sinnvoll sein. Es sollte warm genug im Raum sein, damit man nicht fröstelt, wenn man nackt ist; vielleicht sogar warm genug, damit man das Bedürfnis verspürt, das eine oder andere Kleidungsstück abzulegen. Frauen frieren leichter als Männer, und es ist keine gute Entwicklung, wenn eine Frau, die bereits mehrere Kleidungsstücke abgelegt hat, sie wieder anzieht, weil ihr zu kalt ist.

- Sorge für Ordnung und die nötige Sauberkeit. Ob es leere Getränkeflaschen in der Ecke sind oder Staubmäuse auf dem Teppich – all diese Dinge stellen ebenfalls Ablenkungen und Störfaktoren dar. Auch dein Bett sollte frisch bezogen sein und möglichst einladend aussehen. Die erwünschte Wirkung bleibt erst recht nicht aus, wenn du das geplante Lager eurer Lust mit edler Bettwäsche aus Seide beziehst.

- Um den Eindruck zu vermitteln, dass deine Liebeshöhle ein Ort ist, an dem die Zeit keine große Rolle spielt, kannst du auch sämtliche Uhren entfernen oder verdecken.

- Es kann hilfreich sein, wenn du deine Wohnung langfristig so einrichtest, dass sie dich bei einer Besucherin als interessante Persönlichkeit erscheinen lässt und zu

Gesprächen anregt. Der hölzerne Elefant beispielsweise, der in deinem Regal steht, stammt von deinem Afrikaurlaub, und wenn sie dich zu diesem Mitbringsel anspricht, ist das eine gute Gelegenheit, über deine Leidenschaft für exotische Länder zu sprechen. Das Rennrad in der Ecke vermittelt, dass du ein sportlicher Typ bist, die Gitarre an der Wand, dass du musizierst. (Deine Besucherin wird dich mit Sicherheit darum bitten, ihr etwas vorzuspielen.) Dein Bücherschrank lässt dich vielseitig interessiert wirken. Sehr gut machen sich auch ein paar strategisch gut platzierte Zeitschriften oder Bücher auf dem Couchtisch. Wenn du in der Küche oder auf Toilette bist, wird deine Besucherin garantiert darin stöbern. Bleib aber bei allem authentisch und stimmig: Das *Yacht*-Magazin wirkt bei einem Studenten eher deplatziert und wenig glaubwürdig.

- Du kannst den Gesamteindruck deiner Wohnung auch durch ein paar passende Bilder verstärken, seien es erotische Fotografien von Bruce Weber oder anderen Fotokünstlern, seien es ausdrucksstarke Gemälde wie die von Georgia O'Keeffe. Von den Wänden deiner Wohnung entfernen solltest du Pin-up-Poster und erotische Kalender sowie alles, was den Eindruck hinterlassen könnte, dass du in der Teenagerphase hängen geblieben bist.

- Noch paradiesischer gestaltest du die Atmosphäre, indem du im Raum das Beste präsentierst, was die Natur zu bieten hat. Das bist in erster Linie natürlich du selbst, aber darüber hinaus kannst du appetitliche Früchte auslegen oder wunderschöne Blumen in einer passenden Vase arrangieren.

- Der Atmosphäre dient es ebenfalls, wenn du statt einer grellen Deckenbeleuchtung sanftem mattem Licht den

Vorzug gibst. Insbesondere Frauen fühlen sich damit oft wohler, weil nicht sofort jeder echte oder auch nur vermeintliche Schönheitsmakel klar zu erkennen ist. Darüber hinaus hat sich in verschiedenen Untersuchungen gezeigt, dass Menschen umso dichter zusammenrücken, je weniger hell es ist – und das kann ja nur in deinem Sinne sein. Entscheide dich beim Kauf von Lampen also am besten für solche, deren Licht man dimmen kann, um eine heimeligere Atmosphäre herzustellen. Mit etwas Geschick kannst du auch deine bestehende Beleuchtung entsprechend nachrüsten.

- Die romantische Alternative: Stelle überall im Raum verteilt ein halbes, ein oder sogar zwei Dutzend Kerzen auf – je nachdem, wie groß das Zimmer ist, das du damit in ein angenehm mattes Licht tauchen möchtest.

- Beim Ausprobieren wirst du schnell selbst feststellen, welcher Grad an Beleuchtung dir am besten gefällt. Vielleicht legst du am meisten Wert auf das kontrastreiche Spiel von Licht und Schatten, oder aber es ist dir am wichtigsten, die Augen und das Gesicht deiner Besucherin noch gut erkennen zu können.

- Eine Alternative zu Kerzen stellen Teelichter dar. Vielleicht möchtest du diese in mit Wasser gefüllten Schüsseln treiben lassen? Dann leuchtet nicht nur das Teelicht selbst, sondern auch sein Spiegelbild, was einen zusätzlichen starken Effekt hat. Und um den Feuerschutz oder Wachsflecken brauchst du dir dann keine Sorgen mehr zu machen. Du kannst mit den Teelichtern auch Herzen oder – bei ausreichender Menge – ganze Sätze formen. (Achtung – auch das ist eher etwas für eine Liebesbeziehung als für ein erstes erotisches Date.) Mittlerweile findet man sogar Duftteelichter in so mancher Drogerie.

- Alternative drei, falls du überhaupt keine offenen Flammen in deinem Zimmer haben möchtest oder falls du gerne bestimmte Effekte hervorrufen willst, sind farbige Glühbirnen. Wenn du so etwas gerade nicht zur Hand hast, kannst du einen ähnlichen Effekt mit einem dünnen, lichtdurchlässigen Halstuch erzielen, das du über einen Lampenschirm wirfst. Auch die gute alte Lavalampe schafft eine sehr angenehme Atmosphäre.

- Duftlampen können ebenfalls sehr wirkungsvoll sein, wenn du die richtige Dosis und den richtigen Duft auswählst. Aromen, die auf Frauen besonders aphrodisierend wirken, sind Ylang-Ylang, Jasmin, Rose, Sandelholz und Patschuli.
- Bleibt das Gehör: CDs mit romantischen Songs leisten hier gute Dienste. Dieser Aspekt sollte auf keinen Fall fehlen: Einer im Jahr 2011 veröffentlichten Studie der McGill-Universität zufolge stimuliert Musik beim Menschen die Ausschüttung von Dopamin – einem Neurotransmitter, den Wissenschaftler mit sexueller Anziehungskraft, Lust und Sucht in Verbindung bringen. Dabei ist Rockmusik Jazz vorzuziehen. Eine andere Untersuchung zeigte, dass Frauen, denen Fotos von Männern gezeigt wurden, diese Männer als attraktiver einstuften, wenn im Hintergrund Rock spielte, als wenn die Versuchsleiter ein Jazzalbum aufgelegt hatten. Natürlich wäre für einen Abend zu zweit Soft Rock angemessener, als die Bude zum Beben zu bringen – das könnt ihr zwei später immer noch …

Kostspielig, aber ungemein praktisch ist ein Sonos-System, das ich selbst seit einiger Zeit besitze. Dabei handelt es sich um Boxen, die deine Musik überall dorthin streamen, wo du sie haben willst. Wenn du dieses System mit der Android-App Macronos[45] verbindest, kannst du wirklich schwere Geschütze auffahren. Die Box kannst du zum Beispiel unter dein Bett oder hinter dein Sofa stellen. Dann erstellst du mit der App ein Widget, das dir mit einem Knopfdruck erlaubt, eine vorher von dir zusammengestellte Playlist zu starten. Diese beginnt mit softer, entspannter Hintergrundmusik, und wenn es dann zum Sex kommt, drückst du ein anderes Widget, und die Musik wird leidenschaftlicher.

- Ein Vorrat an alkoholischen Getränken, die du anbieten kannst, ist kein Fehler. Dies gilt auch dann, wenn du selbst abstinent lebst. Alkohol hilft den meisten Frauen dabei, sich zu entspannen, und liefert ihnen auch eine willkommene Ausrede für den nächsten Tag: »Ich war ja so betrunken ...« Hab von allem etwas im Haus: Wein, Bier, Sekt ... die Klassiker eben. Wenn du auch noch Cocktails mixen kannst – umso besser. Schokolade und ein paar andere Snacks sind auch immer eine gute Idee.

- An mehreren strategisch ausgewählten Orten deiner Wohnung hast du griffbereit Kondome verstaut, sodass du nicht lange danach suchen musst, sondern dort, wo ihr euch gerade näherkommt, nur danach zu greifen brauchst. So bleibt alles im Fluss, und es kommt zu keiner störenden Unterbrechung, die deiner Besucherin womöglich die Gelegenheit gibt, es sich noch einmal anders zu überlegen.

- Auch ein Vorrat an Massageöl schadet nicht. Klischee oder nicht: Der Vorschlag »Komm, ich massier dir schnell die Schultern« führt oft unweigerlich zum Sex. Frauen lieben es, massiert zu werden, und nichts ist leichter, als von den Schultern den Rücken herunterzuwandern, den BH zu öffnen, der ja stört, dann deine Hände noch weiter nach unten gleiten zu lassen ...

- Vergiss zuletzt eines nicht: Das erotischste oder romantischste Boudoir verliert viel, wenn du selbst darin in schlampigen Klamotten herumläufst. Du musst nicht immer so wirken, als wärst du gerade einem Katalog oder einem Liebesfilm entsprungen, aber die Gesamtwirkung ist sicher größer, wenn deine Kleidung und dein sonstiges Outfit zu der Atmosphäre des Raumes passen.

Sobald du auf diese Weise den Schauplatz so vorbereitet hast, dass deine Verführungskünste dort die besten Aussichten auf Erfolg haben, solltest du im nächsten Schritt dafür sorgen, dass sich die Frau, die du in deine Wohnung eingeladen hast, dort so schnell wie möglich wohlfühlt, sich entspannt, ihre möglicherweise noch bestehenden Schutzschilde senkt und so für die Verführung empfänglich wird. Techniken, mit denen du das erreichst, hat dankenswerterweise Glenn Wilson in seinem Buch *Introducing Body Language* zusammengestellt.

»Wenn du einen Gast hast, der sich außerhalb seines eigenen Territoriums befindet«, schreibt Wilson dort, »dann empfindet er vermutlich einen gewissen Grad an Unsicherheit.« Um ihn zu beruhigen, beispielsweise »zu romantischen Zwecken«, wie Wilson es formuliert, könnten die folgenden Tipps hilfreich sein:

- Wähle einen niedrigen Tisch aus (ein hoher Tisch würde eine Art Barriere darstellen) und stelle ihn in eine gemütliche Ecke des Raumes, vielleicht mit einer Pflanze daneben. Auf dem Tisch sollte nichts stehen, was seinerseits eine Barriere darstellt, euch also voneinander trennt.
- Lass die Frau so sitzen, dass sie eine Wand im Rücken und weder Tür noch Fenster in ihrer direkten Nähe hat. So braucht sie – ob bewusst oder unbewusst – keine Angst zu haben, dass sich ihr jemand plötzlich von hinten nähert und sie überrascht.

- Setz dich selbst in einen Winkel von 45 Grad zu ihr, statt ihr direkt gegenüber oder neben sie. So könnt ihr euch in die Augen blicken, ohne dass ihr den Kopf drehen müsst, aber eure Positionen stehen einander nicht konträr gegenüber, sondern so, als ob ihr an einem gemeinsamen Projekt arbeiten würdet.

- Wenn zu deinen Möbeln eine Couch gehört, kann es geschickt sein, dass all deine Sessel und Stühle als Sitzgelegenheiten ausfallen, weil darauf Kissen, Decken etc. liegen. Daher »müsst« ihr beide auf der Couch sitzen und kommt euch körperlich schon automatisch nah (je kleiner die Couch, umso näher).

- Achte darauf, dass deine Körperhaltung offen und ihr zugewandt bleibt. Verschränke also nicht die Arme vor der Brust und leg auch nicht die Beine übereinander. Diese offene Körperhaltung wird euch beide unbewusst beeinflussen, und wenn die Chemie zwischen euch stimmt, wird die von dir eingeladene Frau deine Körperhaltung schon bald spiegeln.

- Biete ihr etwas zu essen und zu trinken an. Das Teilen von Nahrung ist seit Jahrtausenden in den verschiedensten Kulturen der Weg, Fremde willkommen zu heißen und eine Gemeinschaft mit ihnen zu bilden. Um welche Nahrung es sich handelt, ist dabei gleichgültig; es kann auch ein Schälchen mit Erdnüssen sein. Ausschlaggebend ist der symbolische Effekt.

Wie bekomme ich eine Frau am einfachsten und schnellsten ins Bett?

Frauen lassen sich sehr viel schwerer als Männer dazu bewegen, eine heiße Nummer mit einem zuvor noch fremden Partner zu schieben – diese Behauptung findet man in zahlreichen Sachbüchern zur experimentellen Psychologie und über Unterschiede zwischen den Geschlechtern. Als Beweis gilt häufig dieselbe Studie, die die Autoren solcher Bücher noch immer fleißig voneinander abschreiben: Im Jahr 1989 ließen die Psychologen Russell Clark und Elaine Hatfield Studenten von einer ihnen noch unbekannten Kommilitonin und Studentinnen von einem ihnen unbekannten Kommilitonen befragen, ob sie mit ihm bzw. ihr ins Bett gehen wollten. Bis zu 75 Prozent der Männer waren dazu bereit, von den Frauen jedoch keine einzige.

Aus der Perspektive der Evolutionspsychologie macht das Ergebnis dieses Experiments Sinn: Es erscheint durchaus logisch, dass Männer viel eher zu Sex auch mit einer fremden Frau bereit sind, weil sie damit ihrem evolutionären Programm nachkommen, ihre Gene zu verstreuen, während Frauen sich zurückhaltender geben, weil sie vor allem einen zuverlässigen Ernährer suchen, der bei ihnen bleibt, um sie vor den Gefahren des Lebens zu beschützen. Da all diese Vorgänge unbewusst ablaufen, sozusagen biologische Automatismen darstellen, lassen sie sich auch nur schwer beweisen oder widerlegen. Umso genauer sollte man allerdings überprüfen, ob diese Vermutungen immer noch haltbar sind oder ob es inzwischen nicht neuere Erkenntnisse gibt, die ihnen hier und da zuwiderlaufen, weshalb man solche Annahmen überarbeiten und anpassen sollte.

Eine Forscherin, die sich diese Mühe gemacht hat, ist die Psychologin Terri Conley von der Universität Michigan. Sie vertritt die These: »Wenn jemand um Frauen wirbt, der ihnen ebenbürtig ist, was Sicherheit und sexuelles Können angeht, dann sind sie ebenso bereit wie Männer, sich auf Gelegenheitssex einzulassen.« Dabei erweitert Conley den Ansatz der Evolutionspsychologie um eine relativ neue Perspektive, die sogenannte »Genusstheorie« *(pleasure theory)*. Diese besagt, dass das sexuelle Verhalten von Menschen nicht allein durch deren evolutionären Auftrag beeinflusst wird, sich möglichst erfolgreich zu vermehren, sondern dass diese Vermehrung ein Nebenprodukt des Genusses, des Vergnügens ist, das wir Menschen gerne empfinden. Wenn wir diese Perspektive zugrunde legen, dann lassen sich Frauen deshalb so ungern auf ein Abenteuer mit einem fremden Mann ein, weil ihnen klar ist, dass sie dadurch keine große Befriedigung erfahren. Beispielsweise haben Frauen beim ersten Sex mit einem neuen Partner nur zu 35 Prozent so häufig einen Orgasmus wie Männer. Also sagen sie zu einem entsprechenden Angebot erst einmal lieber Nein: Die Gefahr, dass sich der Unbekannte zum Beispiel als Freak herausstellt (zumal er wildfremde Frauen mit einem derartig intimen Angebot überfällt), ist wesentlich höher als die Chance darauf, unter seinen Händen sexuelle Wonnen zu erleben. Damit eine Frau auf Touren kommt, muss sie das Gefühl haben, sich einem Mann hingeben, sich entspannen und fallen lassen zu können, wozu einiges Vertrauen notwendig ist. Männer sind hier anders gestrickt; sie sind zudem im Schnitt ein gutes Stück risikofreudiger als Frauen.

Conley führte nun verschiedene Experimente durch, um dieses Thema näher zu untersuchen. Beispielsweise ließ sie bisexuelle Frauen mal von einer Frau, mal von einem

Mann zum spontanen Sex auffordern. Bei den Frauen sagten die angesprochenen Damen deutlich öfter Ja. Offenbar hatten sie keine grundsätzliche Hemmung gegenüber spontanem Sex; sie gingen nur davon aus, bei einem noch fremden Mann entschieden weniger auf ihre Kosten zu kommen als bei einer ihnen noch fremden Frau. Auch ist die Gefahr, dass eine Frau sie nötigt, vergewaltigt oder Ähnliches, um einiges geringer, als es bei einem Mann der Fall ist. Eliminieren ließen sich die Unterschiede zwischen den Geschlechtern auch, wenn man Frauen wie Männer befragte, ob sie mit einem fremden Menschen mit sehr unterschiedlicher Attraktivität ins Bett gehen würden. So hatte Conley für die Frauen ein hypothetisches Abenteuer sowohl mit Johnny Depp als auch mit Donald Trump im Angebot und für die Männer sowohl mit Angelina Jolie als auch mit Roseanne Barr. Das Ergebnis: Mit dem attraktiven Fremden waren sowohl Frauen als auch Männer gerne zu einem Abenteuer bereit – und beide Geschlechter lehnten Spontansex mit Donald Trump bzw. Roseanne Barr ähnlich häufig ab. Weder ließen sich die Frauen von ihrem »evolutionären Programm« überzeugen, was für ein großartiger Versorger Trump doch sei, noch zeigten Männer das starke Bedürfnis, ihre Gene mit der Unterstützung von Roseanne Barr zu verbreiten.

In einer weiteren Untersuchung fand Terri Conley heraus, dass, wenn Frauen in ihrem Alltagsleben echte und nicht nur im Experiment dargestellte Angebote für spontanen Gelegenheitssex erhielten, diese Frauen in 40 Prozent aller Fälle einwilligten.[46] Und schließlich kam das Team um die Wiener Medizinerin Angelika Hofhansl im Jahr 2005 zu dem Ergebnis, dass 6,1 Prozent der Frauen, denen ein entsprechendes Angebot unterbreitet wurde, tatsächlich bereit waren, mit dem betreffenden Forscher ins Bett zu gehen. Wenn man hier diejenigen herausrechnete, die sich in einer festen Beziehung befanden oder die zumindest ein Telefongespräch oder ein Date dazwischenschalten wollten, lag die Erfolgsquote sogar nahe bei 21 Prozent.[47] Gab es außer der Tatsache, dass Frauen im Lauf der Jahrzehnte sexuell offenbar immer aufgeschlossener wurden, weitere Faktoren, die diese Entscheidung begünstigten? Ja: Die Angebote wurden sehr höflich vorgebracht und fanden an sicheren, öffentlichen Orten statt. »Aufdringlich, ungehobelt, unnahbar oder bedürftig aufzutreten funktioniert also nicht«, fasst der Psychiater Jeremy Nicholson zusammen. »Auch nicht fordernd zu wirken oder sich aufzuführen wie eine männliche Diva. Sei stattdessen einfach entspannt, ehrlich und echt.«[48] Wenn man das so liest, drängt sich einem der Eindruck auf, der nächste Trend in der Verführerszene wird sein, Frauen wie ganz normale Menschen zu behandeln, die dasselbe Bedürfnis nach Sex haben wie du …

Tatsächlich führt das Buch *Warum Frauen Sex haben* der Sexualforscherin und Professorin für klinische Psychologie Cindy Meston volle 237 sehr unterschiedliche Gründe auf, die eine Frau dazu bringen, sich mit einem Mann in den Laken zu wälzen.[49] Diese Gründe rangieren von dem Wunsch, die eigenen Gefühle auszudrücken, über Stressabbau, das Gewinnen neuer Erfahrungen oder eines höheren sozialen Status bis zu Rache und Pflichtgefühl. Und ja, einfach nur Geilheit gehört auch dazu. Vielleicht besteht ein wesentliches Hindernis dabei, eine Frau abzuschleppen, bei vielen Männern schlicht in zu großen Hemmungen, weil sie immer noch glauben, dass bereits die Frage allein eine unzumutbare Aufdringlichkeit und Belästigung darstellt.

Bei Studien wie den oben erwähnten sollte man auch nie das Sicherheitsbedürfnis einer Frau vergessen, das daraus resultiert, dass du ihr in der Regel körperlich überlegen bist. Also sagen Frauen oft aus Angst oder Unsicherheit Nein zu spontanem Sex. Ein Mann, der mit einer fremden Frau geht, wird sich dabei nicht sehr gefährdet fühlen, eine Frau, die mit einem fremden Mann mitgeht, durchaus. Was ist, wenn sie die Lust auf Sex verliert und der Mann auch ein ernst gemeintes Nein nicht akzeptiert? Meiner Erfahrung nach sind Frauen, sobald sie einmal Vertrauen zu einem Mann gefasst haben, genauso schnell zum Sex bereit wie Männer. Ein Versuchsaufbau, der zu realistischeren Ergebnissen führen würde, bestünde darin, Studentinnen und Studenten kostenlosen Sex mit einem sehr attraktiven professionellen Partner anzubieten und ihnen absolute Anonymität zu garantieren.

In diesem Kapitel möchten wir hierzu aber gerne noch eine etwas ausgefeiltere Strategie vorstellen, die wir Ron Louis' und David Copelands Buch *How to Succeed with Women* entnommen haben. Das Ziel dieser Strategie ist es, mithilfe von zwei geschickt gestalteten Dates deine Erfolgsaussichten deutlich zu erhöhen.

Das erste Date wird von Copeland und Louis als Vorbereitungsdate bezeichnet. Hierbei ist es deine Aufgabe, eure Unterhaltung durch entsprechende Fragen zum Thema Romantik zu steuern und bei der betreffenden Frau angenehme Gefühle zu wecken, die sie später mit dir in Verbindung bringt. Solche Fragen können zum Beispiel die folgenden sein:

- Stell dir vor, du könntest ein romantisches Wochenende mit dem Mann deiner Träume genießen. Was würdest du am liebsten tun?
- Was war der romantischste Abend deines Lebens?
- Was ist der romantischste Film, den du dir je angesehen hast?

Ihr könnt auch über Themen im Zusammenhang mit Küssen und Wohlfühlen sprechen, ebenso kannst du die Frau darum bitten, entsprechende Erinnerungen möglichst plastisch zu schildern. Am besten ist es, wenn sie ihre damaligen Empfindungen in deiner Gegenwart wiedererlebt. Das kannst du unterstützen, indem du immer wieder konkret nach ihren Gefühlen fragst. Wenn sie nur kurz antwortet, bittest du sie, das ausführlicher zu schildern. Du gewinnst dabei auch wichtige Informationen für dein zweites Date.

Bei diesem Vorbereitungsdate solltest du außerdem die folgenden Dinge tun:

- die Frau mehrfach beiläufig und wie selbstverständlich berühren, um sie auf weitere Berührungen vorzubereiten,
- »zu lange« in ihre Augen schauen,
- wenigstens einmal kurz deinen Blick über ihren Körper schweifen lassen, um darauf hinzudeuten, dass sie dich sexuell anspricht,
- ein intimes Einverständnis durch Zuflüstern, Zuzwinkern etc. signalisieren,
- ihr mehrere Komplimente machen,
- selbst Spaß haben.

Wie du siehst, werden hier Ratschläge aufgegriffen und weiter ausgestaltet, die du schon in dem Kapitel über Dating im Allgemeinen gelesen hast. Es geht jetzt nur noch darum, die Frau noch emotionaler anzusprechen, die Saite ihrer Gefühle stärker zum Schwingen zu bringen.

Eure zweite Verabredung ist dann das sogenannte Verführungsdate. Vorher solltest du dir vielleicht überlegen, ob diese Frau den Aufwand, den du gleich für sie treiben wirst, wirklich wert ist. Hat sie deutliches Interesse an dir gezeigt? Ist sie auf deine Fragen ernsthaft eingegangen? Freut sie sich auf ein zweites Date, oder hat sie nur aus Höflichkeit zugestimmt? Kommt sie damit klar, wenn du sie liebevoll berührst, oder schreckt sie zurück? Hat sie dir schon mal ein Kompliment gemacht?

Für das Verführungsdate solltest du dir dann deutlich mehr Zeit nehmen als für euer erstes Treffen. Du kannst es nicht einfach so dazwischenschieben – allein deshalb nicht, weil Frauen gerne mit Männern Katz und Maus spielen. Sie genießen es, wenn ihnen ein Mann den Hof macht und sie durch die vielfältigsten Zuwendungen zu beeindrucken versucht. Außerdem brauchen sie oft eine innere Rechtfertigung für ihr Tun, bevor sie mit einem Mann ins Bett gehen. Du hast während eines so ausgedehnten Dates die Möglichkeit, eine Frau komplett aus ihrem Alltag herauszuholen.

Der Ablauf dieses Dates könnte etwa so aussehen, dass ihr euch an einem besonders reizvollen von dir vorher ausgewählten Flecken trefft, danach ein erlesenes Restaurant besucht und dann in die Wohnung von einem von euch beiden weiterzieht ... Aber setz dir vorher ein Limit, wie viel Zeit, Geld und Energie du in dieses Date investieren willst, damit du dir später nicht manipuliert und ausgenutzt vorkommst – vor allem falls es wider Erwarten keinen Erfolg haben sollte.

Stelle außerdem eine Liste von Aktivitäten zusammen, die dieser Frau zusagen könnten. Entscheide dich dann für zwei oder drei deiner Ideen, die bei ihr vermutlich den stärksten Anklang finden. Überlege, wie man sie am besten miteinander und mit diesem »magischen Ort« verknüpfen könnte. Erstelle einen Zeitplan. Überlege, mit welchen zusätzlichen Gimmicks man das Ganze noch romantischer und sinnlicher gestalten könnte.

Bereite für dieses Date zuletzt einen Alternativplan vor, falls es regnet, das angepeilte Museum überraschend geschlossen ist oder etwas anderes Unerwartetes passiert. Wenn du nichts Geeignetes in petto hast, machst du keinen guten Eindruck.

Dieses Date führt schließlich entweder in deine Wohnung oder in die der von dir begehrten Frau. Wenn es sich um deine Wohnung handelt, kannst du sie so vorbereiten, wie wir es in dem entsprechenden Kapitel bereits beschrieben haben. Auch wie du den Körperkontakt mit einer Frau immer intensiver gestaltest, kannst du noch einmal nachlesen. Die allerletzten Schritte bleiben dann allein euch beiden überlassen.

Wie du mehr als nur
»ein guter Freund« wirst

Wie verhindere ich, bei einer heißen Frau
auf der Kumpelschiene zu landen?

Eine der häufigsten Fragen, die mir gestellt werden, lautet:
»Ich kenne da so ein Mädchen, Arbeitskollegin, gute Freundin, Mädchen an meiner Uni … Wie kann ich diese Frau
verführen?«

Meine erste Gegenfrage lautet dann erst einmal: »Wie
lange kennst du sie schon?« Daraufhin höre ich meistens etwas von Monaten oder Jahren. Und genau da liegt
das Problem. Es gibt fast nichts Schwierigeres, als eine
Frau zu verführen, die man schon sehr lange kennt.
Aber woran liegt das? Warum ist das wochenlange, in
manchen Fällen sogar Monate oder Jahre andauernde
Werben um eine Frau, was uns ja durch einschlägige
Hollywood-Filme als das effektive Mittel zum Erfolg verkauft wird, in Wirklichkeit so uneffektiv? Und warum ist
es so schwer für uns zu verstehen, wie es wirklich funktioniert?

Selbst wenn wir viele Frauen fragen würden, wie sie am
liebsten verführt werden möchten, würden sie erklären,
dass man um sie werben, ihnen Blumen kaufen, sie oft ausführen, ihnen bei Renovierungsarbeiten helfen und ihnen
dann irgendwann zum richtigen Zeitpunkt seine Gefühle
gestehen sollte.

Ich kenne keinen uneffektiveren Weg – und ich spreche aus eigener Erfahrung, denn ich war der typische Nice Guy, immer für jede Frau da, wenn es darum ging, ihr ein Ohr zu leihen. Die Frauen haben mir sehr gerne und sehr oft ihre Probleme anvertraut … aber leider war's das dann auch schon. Auch mit dem Gestehen meiner Gefühle habe ich niemals Erfolg gehabt.

Daraus folgt für dich bereits die erste Faustregel:

Gestehe niemals einer Frau deine Gefühle,
mit der du nicht schon schläfst!

Diese Regel hört sich vielleicht im ersten Moment radikal an und widersprüchlich zu alldem, was du bis jetzt zu diesem Thema gehört hast. Aber sie ist absolut begründet. In unserem ersten Buch, *Der perfekte Eroberer*, erklären Arne und ich, inwiefern Männer das romantischere Geschlecht darstellen. Und wir sind noch immer überzeugt davon, dass dem wirklich so ist. Vielleicht verfallen sie deshalb so leicht der Theorie, man könne eine Frau durch Nettigkeiten und intensives Werben für sich gewinnen.

In den meisten Fällen scheitert diese Theorie jedoch an der Realität. Sexuell nichts mit einem solchen Mann anzufangen ist ein Ratschlag, den Frauen einander ganz offen erteilen. Chiara Atiks an Frauen gerichteter Ratgeber *Modern Dating* beispielsweise empfiehlt seinen Leserinnen in einem Kapitel darüber, mit welchen Kerlen aus seinem Freundeskreis man auch mal in die Kiste steigen kann und mit welchen lieber nicht: »Der Mann, der für dich wie ein Bruder ist, den du seit Jahren kennst und der dir selbstlos beim Umzug aus mindestens zwei Wohnungen geholfen hat? O mein Gott, schlaf nicht mit ihm. Nein! Er ist viel zu wertvoll, und das Risiko, dass einer von euch

dabei verletzt wird, ist viel zu groß. Such dir lieber jemanden in den Außenbezirken eines Freundeskreises aus.«
Wir lernen: Lang andauernde Treue und Hilfsbereitschaft
sind kontraproduktiv, wenn du mit einer Frau ins Bett
gehen möchtest, und an dem Wort »wertvoll« hören wir
schon genau heraus, was ich immer wieder betone: Du bist
in erster Linie ein Lakai für sie.

Wenn du bei einer Frau landen möchtest, ist es sinnvoll,
nicht ihr etwas Gutes zu tun, sondern sie dazu zu bringen,
dir kleine Gefallen zu erweisen, Geschenke zu machen
und so weiter. Psychologische Untersuchungen haben inzwischen erwiesen, dass, wenn wir jemand anderem etwas
geben, ihm helfen oder uns um ihn kümmern, dies auf
uns selbst einen sehr angenehmen Effekt ausübt: Wir fühlen uns besser, lebendiger, und unser Selbstwertgefühl
steigt.[50] Darüber hinaus fühlt sich der Gebende dem Empfänger gegenüber stärker verpflichtet als umgekehrt.[51] Dies
liegt vermutlich daran, dass er das Gefühl hat, damit schon
eine bestimmte Investition in die Beziehung geleistet zu
haben, weshalb er sie schließlich aufrechterhalten möchte,
um so auch etwas davon zu haben.[52] Wenn du eine Frau
dazu bewegst, dir etwas Gutes zu tun, bindest du sie damit
eher an dich als umgekehrt.

Darüber hinaus hat ein Mann, der eine Frau abends in
der Disco anspricht, sie mit nach Hause nimmt und Sex
mit ihr hat, deutlich größere Chancen auf eine Beziehung
mit ihr als der Mann, der sich schon drei Monate rührend
um sie bemüht, aber noch keinerlei körperlichen Kontakt
mit ihr hatte. Der schnellste Weg in das Herz einer Frau
ist, Sex mit ihr zu haben.

Das hat mehrere Gründe, denen sich viele Frauen selbst
nicht bewusst sind – und wenn sie sich dieser Gründe bewusst sind, werden sie dir auf keinen Fall davon erzählen.

Tatsächlich aber lässt sich dieser Effekt sogar biologisch nachweisen.

Wenn ein Mensch mit einem anderen Sex hat, schütten seine Drüsen ein sogenanntes Bindungshormon namens Oxytocin aus. Dieses Hormon bewirkt das starke Verlangen, sich über einen längeren Zeitraum an den anderen zu binden. Hierbei handelt es sich um ein Relikt aus unserer Entwicklungsgeschichte. Wenn eine Frau mit einem Mann Sex hat, gehen die Körper der beiden sozusagen automatisch davon aus, dass hierbei Nachkommen gezeugt werden können – Nachkommen, die den Schutz beider Eltern benötigen. Das Oxytocin steigert bei beiden das Bedürfnis, zusammenzubleiben und füreinander da zu sein. Je öfter und regelmäßiger du mit einer Frau Sex hast, umso intensiver wirkt bei euch beiden dieses Bindungshormon – und bei der Frau noch einmal deutlich stärker als bei dir: Die Wirkung des Oxytocins wird durch ihre Östrogene gesteigert und durch dein Testosteron gehemmt.

Dieser Prozess führt häufig dazu, dass Frauen plötzlich mit Männern zusammen sind, von denen sie es zuvor selbst nicht für möglich gehalten hätten. Dieselbe Frau kann in der einen Woche sehr abfällig über einen Mann – oder einen bestimmten Typ Mann reden –, und nur zwei Wochen später befindet sie sich mit genau so einem in einer Beziehung.

Bei uns Männern ist es so, dass wir Lust auf eine Frau haben und deshalb mit ihr schlafen möchten. Bei Frauen ist es häufig umgekehrt. Das fand Rosemary Basson, Psychiaterin an der University of British Columbia, heraus, indem sie Hunderte von Frauen befragte. Ihre Erkenntnis: Frauen beginnen Sex häufig dann, wenn sie noch kaum oder gar nicht erregt sind. Die Gründe für den Sex sind sehr vielfältig, aber Lust steht selten an erster Stelle. Die flammt erst als ein Resultat des Liebesspiels auf. Ich habe nur sehr wenige Frauen kennengelernt, die es schaffen, regelmäßigen unverbindlichen Sex mit jemandem zu haben. Wenn du selbst schon die eine oder andere Affäre hinter dir hast, dann wirst du wissen, dass es vollkommen gleichgültig ist, wie oft du gegenüber einer Frau, mit der du öfter geschlafen hast, betonst, dass du keine Beziehung haben willst, und wie deutlich du das deiner Meinung nach kommuniziert hast ... Früher oder später wird die betreffende Frau an einen Punkt gelangen, wo sie dir die Pistole auf die Brust setzt und eine feste Beziehung einfordert.

Bei meinen Coachings berichten mir Männer immer wieder, dass sie »diese ganz besondere Frau« getroffen hätten und – selbst wenn sie in den Künsten der Verführung schon fortgeschritten sind – plötzlich glauben, in diesem Fall alles anders machen zu müssen. Sie sind dann besonders nett und wollen sich Zeit lassen. Das geht jedoch meistens in die Hose ... nur leider nicht in die Hose der begehrten Frau. Ich habe diese schmerzhafte Erfahrung selbst einmal machen müssen: Auf einem Konzert hatte ich eine Frau kennengelernt, und die Anziehung zwischen uns war von Anfang an sehr stark. Das Problem war nur, dass sie zu diesem Zeitpunkt einen Freund hatte. Wir hielten also über mehrere Monate hinweg lockeren Kontakt miteinander und sahen uns leider nur sehr selten. Eines Abends aber meldete sie sich bei mir und fragte mich, ob ich nicht in einen bestimmten Club kommen könne, sie würde mich gerne wiedersehen. Ich machte mich also mit einem guten Kumpel auf den Weg. Wir sahen uns, sie war schon leicht angetrunken, und ich merkte sofort, dass sich etwas verändert hatte. Wir waren extrem voneinander angezogen. Wir tanzten ein wenig, und nach kurzer Zeit haben wir uns geküsst. Es stellte sich heraus, dass sie gerade sehr unzufrieden in ihrer Beziehung war und überlegte, sich von ihrem Freund zu trennen. Der Abend ging noch lustig so weiter, schließlich landeten wir in meiner Wohnung und bald darauf auch in meinem Bett. Sie zog ihr Oberteil aus, und wir küssten uns leidenschaftlich. Ich war so überglücklich, endlich diese Frau in meiner Nähe und in meinem Bett zu haben, dass ich fast in eine Art Liebesrausch geriet. Es kam zu einem Moment, wo dieses Liebesgefühl meine Geilheit überstieg und ich diese Frau einfach nur in meinen Armen halten und küssen wollte.

Dabei dachte ich mir: Jetzt ist es so weit, sie gehört nun mir. Nur nichts überstürzen, wir haben ja Zeit. Von wegen. Genau dieses Verhalten sollte sich nämlich als großer Fehler herausstellen. Wir verbrachten zwar einen sehr schönen Abend miteinander, aber letztendlich fuhr sie dann wieder zurück nach Hause, und von der von mir erhofften Liebesgeschichte war nicht viel übrig geblieben. Wir schrieben uns ab und zu, aber das war auch alles. Erst Jahre später bin ich ihr in einer anderen Stadt wieder begegnet. Sie hatte sich inzwischen mit ihrem Freund versöhnt. Da wir ja nicht miteinander geschlafen hatten, war in ihrer Welt auch nichts Dramatisches passiert, was ihre Beziehung infrage stellen würde. Die Knutscherei konnte sie leicht als Bagatelle abtun, die nicht weiter erwähnenswert war. Hätte ich mit ihr geschlafen, sähe die Welt schon anders aus. Nicht nur hätte sie extreme Gewissensbisse gehabt, sie hätte sich durch das erwähnte Bindungshormon auch noch stärker zu mir hingezogen gefühlt und ihre Beziehung wesentlich stärker infrage gestellt.

In solchen Fällen versuchen sich Menschen die Dinge oft in der Rückbetrachtung zu erklären: Ich habe mit ihm geschlafen, könnte sich die betreffende Frau denken, also muss ich ihn lieben, und folglich muss mir meine bislang bestehende Beziehung nicht mehr so viel wert sein. Ich habe keinen Zweifel: Meine Chancen, mit dieser Frau eine langfristige Partnerschaft einzugehen, wären sehr viel größer gewesen, wenn ich an diesem Abend Sex mit ihr gehabt hätte. Zwar war ich damals schon relativ erfahren, was Verführungstechniken angeht, aber ich habe mich von meinen Gefühlen hinreißen lassen und bin damit prompt auf die Schnauze gefallen.

Meiner Erfahrung nach arbeitet im Unterbewusstsein fast aller Frauen aber noch ein weiterer Prozess. Diese Frauen sind sich selbst nicht im Klaren darüber, warum sie den einen Mann attraktiv finden und den anderen nicht. Auch das hat etwas mit der Entwicklungsgeschichte zu tun: Frauen misstrauen unterbewusst der Männlichkeit eines Mannes, der sexuell nicht besonders offensiv vorgeht und von dem sie sich somit auch nicht angezogen fühlen.

Der amerikanische Psychologe Dr. Brian Gilmartin, weltweit vermutlich der einzige Wissenschaftler, der sich in mehreren Büchern speziell mit Männern beschäftigt hat, die bei Frauen erfolglos bleiben, hat diesen Mechanismus in seinem 700 Seiten starken Buch *Shyness & Love* genauer untersucht. Dabei stellte er unter anderem fest, dass Männer, die bei der Partnersuche scheitern, große Schwierigkeiten damit haben, nach der dritten oder vierten Verabredung eine stärkere körperliche Nähe herzustellen. Statt dass sie auf Tuchfühlung gehen, haben sie den Eindruck, bei ihren Verabredungen schon alles Wichtige gesagt zu haben. Es kommt dadurch zu immer längeren Gesprächspausen – zu neuen Verabredungen hingegen kommt es dann allerdings nicht mehr. Die Frauen erkennen die Kluft zwischen den Wünschen und dem Verhalten dieser Männer nicht und fühlen sich entweder zurückgewiesen oder irritiert. Gilmartin spricht hier davon, dass »liebesschüchterne« Männer, wie er sie nennt, extrem romantische und sentimentale Vorstellungen hegen und ein Idealbild möglichst großer Offenheit. Das führe dazu, dass sie den von ihnen angebeteten Frauen irgendwann in großem Überschwang ihre Gefühle »gestehen«, statt sich auf das übliche Flirtspiel einzulassen. Die sexuelle Zurückhaltung dieser Männer erzeugt bei den Frauen aber ein starkes Befremden: Sie haben in ihren Teenagerjahren gelernt, »Zudringlichkeiten« abzuwehren, wenn sie den betreffenden Mann nicht mögen – mit einem Ausbleiben solcher Kontaktversuche können sie hingegen nicht umgehen und finden es irritierend, weshalb sie sich lieber anderweitig orientieren.

Dieser Mechanismus macht entwicklungsgeschichtlich durchaus Sinn. Nur der offensive, sexuell eher forsche Mann konnte sich gegenüber seinen Konkurrenten durchsetzen. Viele Frauen erklären auch heute noch, einen Mann zu schätzen, »der weiß, was er will, und sich das auch nimmt«. Gerade aggressives Verhalten, wie eine Frau einfach zu packen, sie an die Wand zu drücken und zu küssen, erregt viele Frauen oft sehr schnell, solange ihnen der betreffende Mann grundsätzlich sympathisch ist und die Aktion keinen unerwünschten Übergriff darstellt. Allzu vorsichtiges Annähern hingegen interpretieren viele Frauen als Schwäche. In ihren Fantasien möchten sie von einem begehrten Mann überwältigt und von den Beinen gerissen werden, ihm atem- und willenlos ausgeliefert sein.

Es wird nicht häufig darüber gesprochen, aber in der Sexualforschung ist seit Jahrzehnten bekannt, dass viele

Frauen Vergewaltigungsfantasien haben. Natürlich möchten diese Frauen nicht wirklich von einem Mann gegen ihren Willen niedergezwungen und missbraucht werden. Die Vergewaltigungsfantasie steht hier für die Wünsche, sich völlig hinzugeben, sich in die Arme eines Mannes fallen lassen zu können, selbst keine Verantwortung mehr übernehmen zu müssen – und dafür so begehrenswert zu sein, dass sich ein toller Mann gar nicht mehr beherrschen und somit nicht davon abhalten kann, über eine solche Frau herzufallen. Selbstverständlich ist das für dich als Mann ein schmaler und riskanter Pfad, weil du natürlich keinen echten Widerstand einer Frau übergehen möchtest. Andererseits möchtest du den stürmischen Lover ja gerne spielen, weil du hoffst, dass die von dir begehrte Frau sich das im Innersten wünscht. Insofern solltest du natürlich nicht eine x-beliebige Frau einfach an die Wand drücken und sie abküssen, schon gar nicht, wenn sie sich dir zu entwinden versucht. Du hast hier die leider nicht ganz einfache Aufgabe vor dir, dieses Verhalten nur dann anzuwenden, wenn du dafür bei der entsprechenden Frau alle Signale auf Grün siehst. Insofern würde ich es eher erfahrenen Männern empfehlen. Wer in dieser Hinsicht noch unerfahren ist, fährt deutlich besser damit, den Körperkontakt mit einer Frau schrittweise so zu steigern, wie wir es in *Der perfekte Eroberer* beschrieben haben.

Es geht hierbei in keinem Fall darum, mit einer Frau etwas zu tun, was sie nicht will. Für viele Frauen gehört es aber zum Spiel dazu, sich ein wenig zu zieren. Die *Psychologie Heute*-Redakteurin Ursula Nuber berichtete in diesem Zusammenhang von einer Studie der Universität Texas, bei der immerhin 39,9 Prozent der befragten Frauen zugaben, schon einmal Nein gesagt und Ja gemeint zu haben. »Von diesen fast 40 Prozent wendeten 32 Prozent den Trick nur einmal an«, schreibt Ursula Nuber, »45 Prozent berichteten von mehreren Malen, und für den Rest scheint das Vorspielen von Ablehnung zum Repertoire zu gehören.«[53]

Diese Zahlen wurden inzwischen durch andere Studien und Befragungen bestätigt[54], wenn auch mit gewissen Schwankungen. Die feministische Forscherin Charlene Muehlenhard beispielsweise ermittelte bei einer Umfrage unter sexuell aktiven Studentinnen sogar, dass 60 Prozent gelegentlich Nein sagten, wenn sie durchaus beabsichtigten, Sex zu haben.[55]

»Das Problem ist, dass man oft nicht einschätzen kann, ob es sich um ein Ich-brauche-ein-bisschen-mehr-Verführung-Nein oder ein Ich-hätte-gern-dass-du-sämtliche-Verantwortung-übernimmst-damit-ich-mein-moralisch-überlegenes-Selbstbild-nicht-zerstöre-Nein handelt«, kommentierte der US-amerikanische Autor Roy Schenk dieses Verhalten.[56] Allerdings scheinen die meisten Männer damit einigermaßen zurechtzukommen: Die überwältigende Mehrheit bekundete, sie würden aufhören, wenn die Frau mehr als einmal Nein sagte (unabhängig davon, ob diese Neins in Wahrheit Jas waren oder nicht), und praktisch der gesamte Rest würde sich durch körperlichen Widerstand der Frau von ihrem Tun abbringen lassen.[57]

In der Geschlechterforschung haben sich mehrere Gründe herauskristallisiert, warum Frauen zum Schein Widerstand leisten, obwohl sie dem Sex in Wirklichkeit überhaupt nicht abgeneigt waren: Beispielsweise wollten viele nicht als promiskuitiv eingeschätzt werden und glaubten, wenn sie sich ohne jeden Widerstand hingeben, würden sie nicht wie eine Dame wirken.[58] Andere wollten das Begehren des Mannes ein bisschen anstacheln, indem sie die Trauben etwas höher hängten, ihn aggressiver machen, damit er sie entweder so überwältigte wie Rhett Butler seinerzeit Scarlett O'Hara. Schon die Sex-Expertin Nancy Friday wies darauf hin, »dass dieses Überwältigtwerden die Standardentschuldigung für das ›brave Mädchen‹ ist, das für seine sexuellen Eskapaden nicht die Verantwortung übernehmen will«. Ein spielerisches Nein bedeute im Klartext oft: »Wollen doch mal sehen, ob du mich rumkriegen kannst!«[59]

Es gibt übrigens auch sehr viele Männer, die Nein sagen, obwohl sie in Wahrheit durchaus erregt sind – etwa um nicht so zu erscheinen, als ob sie nur an Sex interessiert seien, weil sie aus Sorge um die Beziehung das Tempo ein wenig drosseln möchten oder um etwas Würze und Herausforderung in die Partnerschaft zu bringen. Drei Viertel der Männer und Frauen empfinden solche Taktiken durchaus als vergnüglich.[60]

Ich habe selbst viele Situationen erlebt, wo mir eine Frau gesagt hat: »Du kannst ruhig noch mit reinkommen, aber es wird auf keinen Fall etwas laufen«, und die Sache sich dann trotzdem immer leidenschaftlicher entwickelte. Ich habe diese Frauen dann zum Beispiel auf den Hals geküsst, und sie haben immer wieder »Hör auf« gehaucht. Jeder Mann, der kein Roboter ist, wird aber ein schamvolles oder verspieltes »Hör auf ...« von einem genervten, bedrängten oder anderweitig ernst gemeinten »Hör auf!« unterscheiden können. Wer aber ein »Hör auf«, das lediglich dem Flirten dienen soll, wörtlich nimmt und umgehend all seine Verführungsversuche einstellt, lässt eine extrem enttäuschte Frau zurück. Hinweise darauf, dass das Problem nicht erst seit gestern besteht, findet man auch in der Literatur:

»Das Problem mit mir ist, wenn Mädchen sagen, ich soll aufhören, höre ich auf«, erklärt zum Beispiel Holden Caulfield, die männliche Jungfrau in Jerome D. Salingers Kult-roman *Der Fänger im Roggen* – mit ihm konnten sich ganze Generationen junger Männer identifizieren.

»Du musst lernen, ihre Einwände richtig zu interpretie-ren«, schärft der bekannte Londoner Pick-up-Artist Richard La Ruina den Lesern in seinem Buch *The Natural* ein. »Wenn sie dir mit Worten widerspricht, mit ihren Hand-lungen aber immer noch Einverständnis signalisiert, han-delt es sich in der Regel um vorgetäuschten Widerstand. Versucht sie sich dir allerdings sowohl verbal als auch kör-perlich zu entziehen, dann hör sofort auf mit dem, was du tust! Sie wird nichts mit dir anfangen, und du musst das respektieren und innehalten! Mach dir diesen wichtigen Punkt klar. Frauen setzen sich gerne im Spiel zur Wehr und kämpfen ein bisschen mit dir, wenn sie beherrscht werden wollen. Das kann für Männer schwierig und ver-wirrend werden, weil Frauen ihren Widerstand manchmal auch ernst meinen. Du musst sichergehen, dass du eine Frau immer respektierst und den Unterschied zwischen gespieltem Widerstand oder schlichtem Zögern einerseits und echtem Widerstand andererseits erkennst.«

Es ist für einen Mann vollkommen natürlich, mit einer attraktiven Frau Sex haben zu wollen. Hingegen ist es (wenn wir Sonderfälle wie zum Beispiel asexuelle Männer einmal ausklammern) im höchsten Maße ungewöhnlich, wenn du eine attraktive Frau kennenlernst und nicht mit ihr ins Bett willst. Das musst du dir bitte immer wieder vor Augen halten. Ein richtiger Nice Guy schafft es viel-leicht sogar, sich selbst einzureden, er wolle keinen Sex mit einer bestimmten Frau. Er versucht, sich selbst zu er-höhen, indem er sagt, er wäre nicht wie all die anderen Männer, die nur auf Sex aus sind. Er hält sich für etwas Besseres. Das ist aber nur ein kleiner Trick seines Unterbewusstseins, um den Schmerz über die Tatsache, dass er bei Frauen keinen Erfolg hat, vor sich selbst zu verbergen.

Frauen spüren diese Diskrepanz und mangelnde Aufrichtigkeit solcher Männer und fühlen sich nicht von ihnen angezogen. Sie springen eher mit einem Typen ins Bett, der sie in der Disco mit einem plumpen, vielleicht allzu direkten Spruch anbaggert, als mit einem dieser unaufrichtigen Männer, die nicht einmal zu ihren eigenen Wünschen und Bedürfnissen stehen können. Darauf gebe ich dir Brief und Siegel. Der Nice Guy wird von Frauen noch nicht einmal mehr als sexuelles Wesen wahrgenommen, weil er seine eigenen erotischen Impulse vor sich und seiner Umwelt verbirgt. Entgegen aller anderslautenden Stimmen erregt Frauen nichts mehr als die ganz primitive Geilheit eines Mannes, vor allem, wenn sie ihnen gilt. Sie lieben das »Tier im Manne«, was sich leicht mit dem Erfolg von zahlreichen Vampir-/Werwolf-/Dämonenromanen für Frauen beweisen lässt.

Lange, tiefschürfende Gespräche, freundliches Zuhören, das Immer-für-den-anderen-da-Sein erschafft vielleicht Sympathie, aber niemals sexuelle Anziehung bei einer Frau. Paradoxerweise sind die Dinge, die wirklich sexuelle Anziehung beim weiblichen Geschlecht erzeugen, oft genau diejenigen, die von unserer Gesellschaft extrem reglementiert oder verurteilt werden. Sexuelle Anziehung findet häufig dort statt, wo man die Ebene des Höflichen und Freundlichen verlässt und stattdessen in eine grenzwertige Kommunikation oder Handlung übergeht.

Um einer Frau zu signalisieren, dass sie dich nicht nur als Kumpel wahrnehmen soll, musst du dich wenigstens ein Stück weit nach vorne wagen. Sag ihr zum Beispiel, dass sie eine »sexy Ausstrahlung« hat oder »scharf aussieht«. Wähle also kein harmloseres Kompliment wie »Du, ich find dich echt hübsch«, sondern lass von Anfang an anklingen, dass sie dich auf erotischer Ebene anspricht. Noch effektiver ist es, durch Berührungen einen ersten Körperkontakt herzustellen, wie du es an anderer Stelle in diesem Buch nachlesen kannst, und dann schrittweise zu überprüfen, wie weit du mit immer intensiveren Körperkontakten gehen kannst: später also beispielsweise mit Kraulen im Nacken, Küssen, deine Hand unter ihr Shirt schieben und so weiter. Die Frau, die du begehrst, hat bei alldem jederzeit die Gelegenheit, Stopp zu sagen, worauf du sofort innehältst. Bleibt sie aber mit dir in dieser Situation, statt sie abzubrechen, unternimmst du etwas später einen erneuten Anlauf. Vielleicht klappt es mit euch, vielleicht nicht – aber auf diese Weise wirst du nie auf der Schiene des »asexuellen« Kumpels landen, bei dem sie sich wegen all der Kerle ausheult, mit denen sie in die Kiste gesprungen ist.

Wo verläuft die Grenze zur sexuellen Belästigung?

Im Jahr 2003 veröffentlichte die Zeitschrift *Woman* unter dem Titel »Küss mich, Kollege« Ergebnisse einer Umfrage unter berufstätigen Frauen. Ihr Ergebnis: Die Mehrheit betrachtet den Arbeitsplatz als idealen Ort zur Partnersuche; zwei Drittel betonten, dass ein Flirt dort die Atmosphäre verbessere. Dementsprechend verraten Magazine wie *Cosmopolitan* gerne, wie ein Kollege zu entsprechenden Aktionen ermuntert werden kann: »Wenn Sie an seinem Schreibtisch vorbeigehen, lassen Sie einen Stapel Akten fallen, dann bücken Sie sich danach. Er wird Ihnen helfen. Lehnen Sie sich an ihn, legen Sie ihm die Hand auf die Schulter, um nicht das Gleichgewicht zu verlieren … Tragen Sie einen sehr kurzen engen Rock und hohe Absätze. Strecken Sie sich, mit dem Rücken zu einem Mann, nach einem Aktenordner …«, lauteten die Ratschläge eines typischen Artikels.[61]

Doch wenn ein Mann auf derartige Verlockungen eingeht, begibt er sich aufs Glatteis. »Niemand weiß heute noch, wo die Grenze zwischen Flirt und Belästigung liegt«, erklärte dazu die New Yorker Psychologin Baila Zeits. »Es gibt keine Regeln. Es ist ein neues Spiel.« Und Dennis Powers zitiert in seinem Buch *Liebe im Büro* einen typischen männlichen Angestellten: »Vor zehn oder fünf Jahren war für uns Männer das Klima zweifellos noch ganz anders. Heute leben wir nicht nur mit der Angst vor einer Abfuhr, sondern auch mit dem Risiko, dass im Falle eines Scheiterns der Beziehung unsere Partnerin den Vorwurf der sexuellen Belästigung erhebt. Wir fühlen uns, als würden wir doppelt bestraft.«[62]

Natürlich sind die Gesetze in den USA in diesem Bereich extrem streng. Dennoch gilt auch bei uns: Ob eine Frau die Avancen ihres Kollegen als Belästigung oder als Flirten wahrnimmt, hängt stark davon ab, wie attraktiv sie ihn findet. Das konnte durch ein Experiment bestätigt werden, über das die amerikanische Publizistin Cathy Young berichtete: »College-Studentinnen lasen ein Szenario, in dem eine Frau von einem männlichen Kollegen auf einen Drink eingeladen wird, zu dem sie vorher schon Nein gesagt hatte. In verschiedenen Versionen war der Mann entweder verheiratet oder Single, und ein beigefügtes Foto zeigte ihn mal als gut aussehend, mal als unscheinbar. Zwei Prozent der Frauen, die das Skript mit dem hübschen Junggesellen bekamen, sagten, sie würden sich an der Stelle seiner Kollegin extrem belästigt fühlen. Elf Prozent waren es, wenn der Mann attraktiv, aber verheiratet war, 14 Prozent, wenn er Single, aber reizlos war, und 24 Prozent, wenn er das Pech hatte, weder Single noch sexy zu sein.«[63]

Zu diesem Thema hat die amerikanische Comedyshow *Saturday Night Life* ein satirisches Video erstellt, das später auf YouTube landete und dort über eine Million Mal angeklickt wurde. Es sieht aus wie ein Lehrfilm im Stil der Fünfzigerjahre und erklärt, wie man sich Frauen am Arbeitsplatz auf angemessene Weise nähern solle. Dazu wird zunächst ein attraktiver Mann gezeigt, der seiner Kollegin unvermittelt an die Brust greift oder sie in seiner Unterhose anspricht, worauf die Kollegin positiv reagiert. Im Kontrast dazu ist dann ein schüchterner, farblos wirkender Mann zu sehen, der sich ganz vorsichtig nach einem Date erkundigt und prompt wegen sexueller Belästigung belangt wird. Die Satire endet mit den folgenden drei Regeln, die Männer bei Flirtversuchen am Arbeitsplatz beachten sollten:

1. Sei stattlich!
2. Sei attraktiv!
3. Sei nicht unattraktiv!

Mit *Spiegel Online* als Einpeitscher tobte nun Anfang 2013 eine von einigen Feministinnen und ihren Sympathisantinnen in den Medien lancierte »Sexismusdebatte« durch zahllose Zeitungsartikel und Talkshows. In dieser Debatte wurde von so mancher Teilnehmerin bereits jeder anzügliche Spruch und jeder Annäherungsversuch eines Mannes zur sexuellen Belästigung dramatisiert. Männer erschienen hier oft als etwas Dreckiges, das ständig danach lechzt, das reine Weibliche zu beschmutzen. Das Ganze steigerte sich so weit, dass ein Experte für Strafrecht in einem Interview noch einmal ausdrücklich darauf hinweisen musste, dass Anbaggern in Deutschland noch immer keine Straftat darstellt. Bei vielen Männern führte die medial geschürte Hysterie zu noch mehr Verunsicherung, was erlaubtes und erwünschtes Verhalten darstellt.[64] Die Männer, die sich diese Frage stellen, sind allerdings genau die Männer, die jedes Wochenende in meinen Workshops sitzen. Ein erfolgreicher Verführer konnte – so wie viele Frauen auch – über die ganze Scheindebatte nur lachen. Ein paar Intellektuelle, Journalisten und Politiker wollten uns erklären, wie politisch korrektes Flirten funktionieren soll. Das hat allerdings nur selten etwas mit der Realität zu tun.

Gott sei Dank haben das auch sehr viele Menschen gemerkt, die sich im Internet ausgesprochen kritisch zu dieser Debatte geäußert haben. So gelangte eine Analyse der feministischen Twitter-Kampagne »Aufschrei«, die mit den Anlass zu dieser Debatte gegeben hatte, zu dem Fazit, dass nur 1,5 Prozent der bei Twitter unter dem Hashtag »Aufschrei« diskutierenden Personen über eigene Erlebnisse von sexueller Belästigung berichteten. Gleichzeitig aktivierte die Diskussion etwa zwanzigmal so viele Antifeministen. »Wie die deutschen Medien sich insgesamt in Superlativen ergehen können, bleibt für uns ein mittelgroßes bis nicht lösbares Rätsel«, fasste Marko Willnecker die von seinem Forscherteam angelegte Analyse zusammen. »Alle 90 000 Tweets im Sinne des #Aufschreis zu werten ist unseres Erachtens ein grober Anfängerfehler. Das ist genauso, als würde man bei einem DFB-Pokal-Spiel FC-Bayern gegen einen Drittligaverein im Stadion des FC Bayern alle Zuschauer als Fans des Drittligavereins werten.«[65]

Ob die irreführende Berichterstattung der Medien tatsächlich auf deren Versagen hindeutet oder nicht doch manipulative Absicht war, sei einmal dahingestellt. Jedenfalls hatte man es dort gerne so schlicht und einfach wie möglich: Männer sind entweder zu primitiv und zu dämlich, um eine Frau auf geschickte Weise anzuflirten, oder, das ist die verschärfte Variante, bei ihnen handelt es sich um skrupellose Grapscher. Dass sich erstaunlich viele Leser dadurch keineswegs eintrichtern ließen, was sie zu diesem Thema zu denken hatten, zeigte sich aber auch daran, dass der mit riesigem Abstand am meisten gelesene und weiterempfohlene Beitrag in dieser Debatte von keinem der Leitmedien verbreitet wurde, sondern von Nischenmagazinen wie *The European* und *Freie Welt*. Dieser Artikel mit der Überschrift »Dann mach doch die Bluse zu«, der zahllosen Männern und Frauen offenkundig aus der Seele gesprochen hat, stammt von der mit Arne und mir befreundeten Journalistin Birgit Kelle. Sie befindet: »Ich lebe wohl in einem anderen Land, in einer Parallelwelt. Es nervt, es regt mich auf, gerade als Frau, dass inzwischen jede Lappalie, jede blöde Anmache, jedes Hinterherpfeifen und jeder Blick auf das falsche Körperteil zur falschen Zeit zum Sexismus hochstilisiert wird. Es wird nicht mehr differenziert und damit jede ernsthafte Diskussion im Keim erstickt. Es nervt, weil diejenigen degradiert werden, die tatsächlich Opfer sexistischer Übergriffe werden und die sich nun einreihen müssen in die ›Opfer‹ von blöder Anmache. Sie gehen gerade unter in einem Meer von Banalitäten, die nichts weiter sind als das alltägliche Balzverhalten zwischen Mann und Frau. (...) Wieso ist es in Ordnung, dass Frau ihr Aussehen strategisch einsetzt, aber nicht in Ordnung, dass Mann darauf reagiert? Wir dürfen also alles tun, um uns gut in Szene zu setzen, es soll uns aber bloß keiner drauf ansprechen? Wie viele Frauen warten nur darauf, dass ein Mann reagiert? Wenn aber der Falsche auf die Signale anspringt, dann ist er Sexist. Nein, Ladies, so geht es auch nicht.« In einer Welt wie dieser, so Kelle, möchte sie kein Mann sein.

Im Zusammenhang mit der Sexismusdebatte wurde häufig so getan, als seien wir Männer aufgrund unseres primitiveren Gehirns so viel unbeholfener und tollpatschiger als die feinfühligen und mit Worten geschickten Frauen. Das allerdings ist großer Unsinn, dessen Beliebtheit vor allem zwei Faktoren zu verdanken ist: zum einen, dass es seit langer Zeit schon als schick gilt, Männer als minderwertig zu fantasieren, und zum anderen, dass es auch heute noch überwiegend der Mann ist, von dem die Aufnahme eines Kontaktes erwartet wird. »Auch nach 100 Jahren Feminismus«, argumentiert jedoch Birgit Kelle, »werden die Männer nicht in der Lage sein, Gedanken zu lesen. Werden sie uns Frauen falsch verstehen, falsch behandeln und falsch ansprechen. Selbst wenn sie es gut meinen. Weil wir unterschiedlich sind, unterschiedlich denken, unterschiedliche Erwartungen haben. Wenn wir also ein bestimmtes Verhalten nicht wollen, müssen wir es auch aussprechen. Müssen wir selbst die Grenze ziehen und diese deutlich machen. Und es gibt so viele Grenzen, wie es Frauen gibt.«

Diesen Satz finde ich besonders wichtig, denn genau dort liegt das Problem der meisten Männer: Wir können keine Gedanken lesen. Es wird von uns immer noch erwartet, den ersten Schritt bei der Verführung zu machen, aber wenn wir eine Frau falsch einschätzen, uns einen Fehltritt leisten oder über das Ziel hinausschießen, droht uns der Vorwurf der sexuellen Belästigung. Hier werden Ansprüche an uns gestellt, die kein Mann erfüllen kann – und übrigens auch keine Frau. Gerade weil Frauen das wissen, überlassen sie das Risiko dieser Annäherung noch immer liebend gerne uns Männern. Wären Frauen in der gleichen sozialen Rolle wie wir, würden sie sich genauso unbeholfen anstellen – und tatsächlich tun sie das ja auch oft genug, wenn ein solcher Kontaktversuch einmal von ihnen ausgeht. Auch hierüber sind die Berichte zahlreich, sobald man Männer nur einmal danach fragt. Sie rangieren von Verhaltensweisen, die umgekehrt ohne jede Frage als sexuelle Belästigung gelten würden, bis hin zu einem Anbaggern in sozialen Netzwerken, das an Einfallslosigkeit kaum noch zu überbieten ist.

Der Unterschied zwischen der Meinung, die die Leitmedien vorgeben, und der Ansicht, die in der Bevölkerung mehrheitlich vorherrscht, zeigte sich auch, als ich in einer ZDF-Sendung mit zwei Feministinnen diskutieren sollte, die einen angeblich extremen Sexismus gegen Frauen in unserer Gesellschaft anprangerten. Meine Gegenthese: Tatsächlich sind Männer Opfer feministischer Hysterie und stehen unter Generalverdacht. Die deutschen Männer haben keineswegs das Problem, dass sie zu aggressiv auf Frauen zugehen. Das Gegenteil ist der Fall. Zum Schluss der Sendung stimmten die Zuschauer ab, welcher These sie recht gaben – die meisten entschieden sich für meine Position.

Mittlerweile werden wir Männer immer wieder massiv in die Mangel genommen. Am 18. Juli 2011 erörterte Ally Fogg die von einigen wenigen Frauen verbreitete Hysterie gegenüber männlichem Anbaggern in seinem Artikel »Why are we afraid of male sexuality?« für den britischen *Guardian*. Fogg argumentierte: »Seit der Epoche einer freizügigen Gesellschaft und dem erfolgreichen Feminismus hat die westliche Gesellschaft einen langen Weg zurückgelegt, um die weibliche Sexualität zu befreien. Jüngere Frauen wurden wie noch nie zuvor dazu ermutigt zu glauben, dass sie so sexuell sein können, wie sie möchten, und ihr Begehren so ausdrücken können, wie sie wollen. Gleichzeitig und vielleicht nicht zufällig wird männliche Sexualität zunehmend als Problem gesehen. Der männliche Blick bedroht, männliches Begehren ist aggressiv. Unsere grundlegenden Instinkte werden mit dem Jargon der Genderstudien pathologisiert. Vielleicht sollten Männer und Frauen gleichermaßen besorgt darüber sein, wie sehr männliche Sexualität und das Ausdrücken dieser Sexualität auf einem dünnen Seil des Akzeptablen balancieren müssen. Ein falscher Schritt, und man stürzt ab in den Bereich des Perversen. Wie die feministische Bloggerin Clarisse Thorn feststellte, riskiert jeder Mann, der eine Frau anbaggert und dabei einen Fehler macht, als ›Widerling‹ gebrandmarkt zu werden – manchmal natürlich zu Recht, aber oft für keine größere Sünde, als nicht ausreichend attraktiv oder sozial geschickt zu sein oder ein vermeintliches Zeichen des Interesses missverstanden zu haben.« Geschrieben wurde dies anderthalb Jahre vor der deutschen »Sexismusdebatte«, die Foggs Worte bestätigte.

Allem feministischen Krakeelen zum Trotz: Männer sind weit überwiegend nicht zu forsch, wenn es darum geht, mit einer Frau Kontakt aufzunehmen, sondern im Gegenteil nicht forsch genug. Das fanden die Experimentalpsychologen Debra Walsh und Jay Hewitt heraus, indem sie eine attraktive Frau in eine Cocktail-Lounge setzten und sie anwiesen, drei Formen unterschiedlichen Verhaltens zu zeigen:

① *Besonders auffordernd:* Dabei sah sie den Mann, mit dem sie eine Bekanntschaft wünschte, wiederholt an, stellte Blickkontakt her und lächelte.

➋ *Auffordernd:* Dabei stellte sie nur mit den Augen einen Kontakt her, ohne dabei zu lächeln.
➌ *Spröde:* Hierbei verzichtete sie sogar auf den Blickkontakt.

Das Ergebnis: Im ersten Fall wagten sich 60 Prozent der Männer an ihren Tisch, im zweiten Fall 20 Prozent und im dritten kein einziger. Anders gesagt: Volle 40 Prozent der körpersprachlich Angeflirteten ließen sich auch durch deutliche Signale nicht dazu bewegen, die unbekannte Schöne anzusprechen. Viele Frauen finden das nicht besonders toll – aber durch die ideologisch geschürte Sexismushysterie dürfte die männliche Unsicherheit und Zurückhaltung hierzulande eher noch stärker geworden sein.

Wenn der Mann in unseren Medien nicht als bedrohliches Monster erscheint, wird er gerne als Trottel hingestellt. So wurde in der Talksendung, von der ich oben berichtet habe, auch eine »Expertin« interviewt, die unter vergnügtem Gejohle des überwiegend weiblichen Publikums sinngemäß erklärte, Männer seien kommunikativ aber auch so was von unbeholfen und mit ihrem Hirn im Gegensatz zu den Frauen praktisch in der Steinzeit hängen geblieben. Wie entstehen derartige Geschlechterklischees, und warum werden sie von Frauen so bereitwillig geglaubt? Der Grund dafür ist schlicht, dass es auch nach mehreren Jahrzehnten Frauenemanzipation die Rolle des Mannes ist, bei einer Frau die ersten Schritte zu wagen. Und nicht nur dem Männerexperten Warren Farrell ist klar, um wie viele »erste Schritte« es sich dabei handelt: der erste Blickkontakt, das erste Anlächeln, das erste Ansprechen, das Fragen nach der Telefonnummer, das Vorschlagen eines Dates, der erste Körperkontakt, der erste Kussversuch und so weiter. Frauen hingegen kommen sehr gut klar, wenn sie bei diesem Prozess lediglich die Aufgabe übernehmen, Nein zu sagen, wenn ihnen etwas nicht passt. Aus diesem Grund ist ihnen in der Regel auch nicht klar, wie viel Mühe wir Männer in unsere Verführungen stecken. Wenn es aber um noch schwerere Vorwürfe wie »sexuelle Belästigung« geht, sollten wir Männer eines klarstellen: Die übergroße Mehrheit von uns wünscht eines auf gar keinen Fall: und zwar, dass unser Versuch, einer Frau nahezukommen, von ihr als zudringlich verstanden wird. Erstaunlicherweise haben wir Kerle nämlich sowohl ein Gewissen als auch Gefühle, und wir möchten weder, dass eine Frau unter unserem Verhalten leidet, noch wollen wir zurückgewiesen werden und vor den Augen einer Frau, die uns bezaubert, als Widerling dastehen. Die folgenden Regeln halten wir für sinnvoll, wenn es darum geht, das Risiko zu senken, dass man einen Kontaktversuch startet, der ernsthaft als sexuelle Belästigung wahrgenommen werden und Unbehagen bereiten kann:

- Stell dir die folgenden Fragen: Was würdest du davon halten, wenn sich jemand auf diese Weise gegenüber deiner Schwester, Tochter oder einer geschätzten Freundin verhält? Würdest du das als okay empfinden, oder hättest du das dringende Bedürfnis, ein ernstes Wörtchen mit dem Typ zu reden?
- Wenn du einen besonders frechen Kontaktversuch starten willst oder wenn du jemand bist, der mit Zurückweisungen durch eine Frau schlecht umgehen kann, dann solltest du besser nicht ausgerechnet an deinem Arbeitsplatz eine Frau anzugraben versuchen, solange sie nicht von sich aus starkes Interesse an dir zeigt. Falls dein Vorhaben nämlich mit Pauken und Trompeten scheitert, du aber der betreffenden Frau danach mehrmals

am Tag über den Weg laufen musst, dürfte das für euch beide eine dauerhafte Belastung werden, die du dir lieber ersparen solltest.

- Es gibt beim Flirten und Verführen kein Patentrezept, das für jeden Mann gleichermaßen passt. Beispielsweise hatte ich weiter oben erwähnt, dass das sehr forsche Vorgehen eher etwas für erfahrene Männer ist. Wenn du dir das noch nicht zutraust oder es dir schlicht nicht liegt, brauchst du dich nicht dazu zu zwingen. Du kannst auch immer nur einen kleinen Schritt der Annäherung nach dem anderen unternehmen und jedes Mal auf die Reaktion der Frau achten, die du für dich gewinnen willst. Der Vorteil dieser Methode, solange sie nicht allzu gemächlich abläuft: Die Spannung und das Knistern zwischen euch beiden bleiben länger erhalten; du lernst, die Signale der betreffenden Frau besser zu deuten, und sie fühlt sich bei dir besonders geborgen, weil sie merkt, wie wichtig es dir ist, auf ihr Wohlergehen zu achten. Aufgrund dieser Sicherheit kann sie sich dir später beim Sex besonders bereitwillig hingeben. Nur wenn du dieses langsame Heranpirschen allzu sehr auswalzt, kann es passieren, dass dir jemand Forscheres die Frau deiner Wahl vor der Nase wegschnappt.

- Es schadet nicht, wenn du die Frau, auf die du abfährst, als ganzen Menschen wahrnimmst und nicht ausschließlich als heißen Körper, dem du es gerne besorgen möchtest. Je mehr du über sie weißt, desto besser kannst du auch einschätzen, ob sie den von dir erwogenen Verführungsversuch als Belästigung auffassen wird oder nicht.

- Wenn du eine Frau sehr offensiv verführen möchtest, solltest du vorher zumindest einige Signale wahrgenommen haben, dass sie dafür auch aufgeschlossen ist. Wenn eine Frau beispielsweise all deine Avancen nur teilnahmslos oder angespannt über sich ergehen lässt, spricht das eine lautere Sprache als jedes Nein. Lass in diesem Fall besser deine Finger von ihr. Du brauchst schon klare Anhaltspunkte, dass der Sex, zu dem du eine Frau verführst, von ihr letzten Endes wirklich willkommen geheißen wird: Lächelt sie dich an oder zeigt sie auf andere Weise, dass es ihr gut geht? Gehen auch von ihr selbst diverse Liebkosungen aus? Dann heißt es volle Fahrt voraus.

In welchen Fällen kann »Sexismus« zum Erfolg führen?

Es bleibt für mich ein unglaubliches Mysterium, wie sehr die öffentliche Diskussion über Sexismus an der Realität vorbeigeht. Wenn die Männer in Deutschland ein Problem haben, dann ist es sicher nicht, dass sie sich zu sexistisch und zu sexuell aggressiv verhalten. Die meisten Frauen, mit denen ich mich unterhalte, beschweren sich im Gegenteil bei mir, dass die Männer viel zu passiv wären und sie sich mal wieder einen richtigen Kerl wünschen würden. Eine gute Freundin, sehr attraktiv und gebildet, klagte darüber, dass sie als Singlefrau oft im Nachtleben unterwegs war und rein gar nichts lief. Die Männer, die sie angesprochen haben, haben sie, anstatt sie zu verführen, eher gelangweilt. Sie waren überfreundlich und zurückhaltend, und dabei wollte sie einfach nur Sex und nicht deren Lebensgeschichte hören.

Originalzitat: »Ich hätte mir gewünscht, dass mich einfach mal einer an den Arsch packt und sagt: Ich bin geil auf dich.«

Auch wenn ich dir dieses Verhalten jetzt nicht unbedingt empfehlen würde, zeigt es doch, dass eine kleine Gruppe von Feministinnen sich einbildet, für alle Frauen sprechen zu können, und ich in der Realität feststellen muss, dass die Männer, die sich wirklich so wohlverhalten, wie sie es verlangen, wenig bis gar keinen Erfolg bei Frauen haben. Wohingegen die sexuell aggressiveren und forscheren Männer sich über ein reges Sexualleben freuen können. Das ist doch total absurd.

Arne Hoffmann weiß dazu zu berichten: »Als ich für mein Buch *Unberührt* Dutzende von Menschen interviewte, die auch im höheren Erwachsenenalter trotz aller Mühe keinerlei Erfahrungen mit Sexualität und Partnerschaft machen durften, fiel mir bei vielen auf, wie bemüht sie waren, sich dermaßen verquast auszudrücken, dass sie auf keinen Fall für eine bestimmte klare Position angegriffen werden konnten. Umgekehrt habe ich in meinem eigenen Leben die Erfahrung gemacht, dass Frauen umso mehr meine Nähe suchen, je klarer ich zu bestimmten Fragen Stellung beziehe und dabei auch vor vom Mainstream abweichenden Meinungen keine Scheu habe. Ich fühle mich auch selbst sehr viel besser, wenn ich das Herz auf der Zunge trage, und ich spüre, dass ich Selbstsicherheit und Souveränität ausstrahle. Das alles war in jenen Phasen meines Lebens, in denen ich eher bemüht war, zu gefallen und nicht anzuecken, viel weniger der Fall.«

Ich selbst habe so ziemlich jedes Experiment gewagt, das man in Bezug auf Frauen machen kann, und so bin ich auch einen ganzen Tag lang auf der Straße herumgelaufen und habe Frauen freundlich gesagt, dass ich sie sehr attraktiv finde und gerne mit ihnen schlafen würde. Ich bekam darauf durchaus positive Reaktionen, aber auch einige sehr aggressive.

Und hier muss man sich fragen: Warum eigentlich? Betonen Frauen sonst nicht immer wieder, sie wollten einen Mann, der offen und ehrlich zu ihnen ist? Was ist an der Äußerung denn so anrüchig, dass man sich darüber aufregen müsste? Eigentlich handelt es sich um ein Kompliment und ein freundliches Angebot. Aber Frauen werden geradezu darauf konditioniert, so etwas extrem abstoßend und anmaßend zu finden – um sich andererseits zu beschweren, es gäbe keine echten Männer mehr, die wissen, was sie wollen.[66]

Leider sind in der Tat aus etlichen Feministinnen, die vor einigen Jahrzehnten noch sexy und erotisch waren, indem sie selbst mutig zahlreiche Grenzen übertreten hatten, neuviktorianische Sittenwächterinnen geworden, die im sozialen Miteinander zwischen Mann und Frau etliche Tretminen, Fußangeln und Fettnäpfchen aufgestellt haben. Privat wünschen sich viele Frauen den wagemutigen, kecken Verführer, der sich souverän über gesellschaftliche Konventionen hinwegsetzt – für die Wortführerinnen im politischen Spektrum ist so jemand allerdings ein übergriffiger Lüstling mit einem völlig falschen Frauenbild.

Nun weiß ein Mann, der eine fremde Frau sehr direkt anspricht, nicht vorher, ob er es mit einer Zicke zu tun hat, die ihm für eine unerwünschte Anmache am liebsten vors Schienbein treten würde, oder mit einer Frau, die emotional im Gleichgewicht ist und so entweder spielerisch einsteigen oder freundlich ablehnen kann. Dass sie dieses Risiko eingehen, macht Verführungskünstler aber für viele Frauen attraktiv. Umgekehrt bleiben gerade jene Männer dauerhaft glücklos bei Frauen, die so lange darüber nachgrübeln, wie sie es schaffen, auf keinen Fall etwas »Falsches« zu sagen, bis die Gelegenheit zum Kontakt schließlich vorüber und die gefährliche Situation so endlich überstanden ist.

Weder Feministinnen noch die meisten anderen Frauen haben leider eine wirkliche Ahnung, worauf sie wirklich stehen. Vieles von dem, was sie dir erzählen, ist einfach reine Konditionierung. Das mag vermessen klingen, aber hast du dich nicht auch schon oft darüber gewundert, dass du keinen Erfolg bei Frauen hast, obwohl du dich eigentlich genau an die gesellschaftlichen Regeln hältst?

Einige ihrer verborgenen Wünsche wollen sie sich als emanzipierte Frau lieber gar nicht eingestehen, und selbst wenn sie spüren, dass sie sexuell darauf reagieren, versuchen sie, diese Impulse zu verdrängen.

Du hast sicher schon oft von den sogenannten »Arschlöchern« gehört. Auf Facebook gibt es sogar eine Gruppe »Stell mir 100 Männer hin, und ich nehme garantiert das Arschloch«.

Was sagt uns das? Frauen scheinen von einem bestimmten Männerschlag angezogen zu sein, würden aber niemals öffentlich zugeben, dass sie diesen Mann »wollen«. Es wird eher als eine Art Schicksal betrachtet. »Warum falle ich immer wieder auf diese Arschlochtypen rein?«, hört man viele Frauen klagen. Die Antwort ist sehr einfach: Weil sie sie sexuell erregen und weil sie das wollen.

Hab also bitte keine Angst davor, von einer Frau als Macho oder Arschloch bezeichnet zu werden. Die Wahrscheinlichkeit, dass sie mit dir Sex hat, ist gerade um 80 Prozent gestiegen. Interessant ist auch eine Studie aus den USA zu diesem Thema.

Weil Verführungsratgeber wie unsere sehr erfolgreich sind und auch in den Vereinigten Staaten viele Männer begeistern, machte sich vor Kurzem ein Forscherduo von der

Universität Kansas daran, näher zu erkunden, ob diese Ratschläge tatsächlich halten, was sie versprechen. Zu diesem Zweck führten Jeffrey Hall und Melanie Canterberry zwei Studien durch, deren Ergebnisse im August 2011 in dem Fachmagazin *Sex Roles* veröffentlicht wurden: Die erste Untersuchung fand anhand von 363 College-Studenten aus dem konservativen mittleren Westen der USA statt. Die zweite wurde online auf der Grundlage von 850 erwachsenen Freiwilligen beiderlei Geschlechts erhoben. In beiden Studien wurden die Teilnehmer befragt:

– wie es sich mit ihrer Einstellung gegenüber Frauen verhielt,
– ob sie bereit zu Sex außerhalb einer festen Partnerschaft waren,
– in welchem Ausmaß die Männer aggressive Flirtstrategien benutzten, wie sie in Verführungsratgebern vorgestellt und empfohlen werden,
– inwiefern die befragten Frauen diese Annäherungsversuche wünschenswert fanden.

Die Ergebnisse der beiden Studien lassen sich folgendermaßen zusammenfassen:

• Männer, die One-Night-Stands bevorzugten, traten beim Flirten bestimmender und durchsetzungsstärker auf.
• Männer mit sexistischen Einstellungen gegenüber Frauen traten ebenfalls bestimmender auf: möglicherweise, um Frauen »auf ihren Platz zu verweisen« und gefügiger zu machen, wie die Forscher spekulierten.
• Frauen, die für zwanglosen Sex aufgeschlossener waren, reagierten positiver auf diese durchsetzungsstarken Flirtstrategien der Männer.

- Frauen mit einer negativen Einstellung gegenüber Mitgliedern ihres eigenen Geschlechts reagierten auf solche Strategien ebenfalls stärker.

All das bedeutet für die Verführungstaktik, die du wählst, Folgendes:

- Wenn du bei Emanzen landen möchtest, die zu spontanem Sex nicht bereit sind, sondern so etwas nur in einer festen Partnerschaft erleben möchten, verzichte besser auf eine Flirtstrategie, in der du allzu dominant auftrittst.
- Wenn du noch in derselben Nacht eine Frau klarmachen möchtest, bei der du ein »echter Mann« im traditionellen Sinne sein kannst, dann solltest du auch beim Flirten entsprechend forsch auftreten.

Während eine Feministin dich anfeinden würde, wenn du ihr gegenüber allzu sehr den Macker heraushängen lässt, kommst du bei einer Frau, die die traditionelle Rollenverteilung der Geschlechter schätzt, mit Süßholzraspeln und Leisetreten nicht weiter. Stattdessen könntest du dich in letzterem Fall womöglich unter diejenigen Männer einreihen, die klagen: »Ich mache doch alles genau so, wie es die Medien von uns verlangen und bin kein bisschen Macho! Warum dampft dann schon wieder eine heiße Schnitte mit so einem asozialen Macker ab statt mit mir?«

Die Antwort sollte dir dieses Kapitel ausreichend gegeben haben. Was aber tun, wenn du schon auf der sogenannten »Kumpelschiene« gelandet bist?

Wie komme ich von der Kumpelschiene wieder runter?

Lass mich gleich zu Beginn noch einmal auf den Punkt bringen, was ich bereits in den vorangegangenen Kapiteln zu diesem Thema erklärt habe:

- Eine Frau, die du neu kennenlernst, ist mit höchster Wahrscheinlichkeit nicht an einem neuen Freund zum Mau-Mau-Spielen interessiert, sondern geht davon aus, dass ihr Sex haben werdet – und will das meistens auch.
- Verschwende keine Zeit. Zeig ihr von Anfang an, dass du ein Mann mit einer lebendigen Sexualität bist und diese Frau begehrst.
- Wenn du sie bis zum dritten Date noch nicht mal geküsst hast, obwohl du heiß auf sie bist, läuft zwischen euch etwas falsch. Wenn diese Frau sexuell an dir interessiert ist und sie merkt, dass du es nicht auf die Reihe bekommst, dein eigenes Begehren auszudrücken, verlierst du in ihren Augen immer mehr an Wert.
- Der Weg ins Bett dieser Frau führt nicht über diverse Nettigkeiten und Gefallen, sondern über sexuelle Eskalation. Heb dir dein Bedürfnis, anderen etwas Gutes zu tun, für eure Beziehung auf – oder deine männlichen Freunde.
- Es gibt ein bestimmtes Zeitfenster, innerhalb dessen du mit einer Frau intim werden kannst. Lässt du diese Phase verstreichen, ist es meistens schwer bis unmöglich, von der Schiene des Kumpels, Freundes oder Du-bist-wie-ein-Bruder-für-Mich wieder herunterzukommen.

Meiner Erfahrung nach gibt es nur einen Weg, die Kumpel-schiene wieder zu verlassen, sobald man erst einmal dort gelandet ist. Mit diesem Weg hatten sowohl ich selbst als auch meine Kunden oft Erfolg. Ich präsentiere dir hiermit also meinen

Runter-von-der-Kumpelschiene-Notfallplan:

- Brich den Kontakt zu dieser Frau ab. Geh ins Ausland, sei nicht erreichbar, reagiere nur noch knapp oder gar nicht auf ihre SMS-Nachrichten. Geh nicht ans Telefon. Mach keine weiteren Treffen mit ihr aus. Zieh das mindestens drei Monate konsequent durch.
- Verändere dich in dieser Zeit sowohl optisch als auch innerlich. Sprich andere Frauen an. Arbeite an deinen sozialen Fähigkeiten. Ziel der Aktion ist es, bei dieser Frau den Eindruck zu erwecken, dass du ein anderer geworden bist – und das sollte auch so sein. Hast du das Gefühl, dieses Ziel erreicht zu haben, dann gehe über zum nächsten Schritt.
- Tritt wieder locker mit ihr in Kontakt. Kommentiere irgendwas, das sie bei Facebook hinterlassen hat. Schreib ihr eine unverbindliche SMS: »Hey, wir haben lange nichts mehr voneinander gehört. X hat mich gerade daran erinnert, als wir Y gemacht haben. Haha, das war lustig …« oder ähnlich banales Zeug.

Schau, wie sie darauf reagiert. Reagiert sie positiv, steigere den Kontakt langsam. Reagiert sie nur verhalten oder gar nicht, versuche es nach ein paar Wochen noch einmal.

Habt ihr über einen längeren Zeitraum wieder positiven Kontakt, geht es weiter mit dem nächsten Schritt:

- Schlag ihr ein unverbindliches Treffen vor: »Mal wieder über die alten Zeiten quatschen ...« Geht sie darauf ein, zeig dich von deiner besten neuen Seite.

Falls du vor deinem Kontaktabbruch so etwas verbrochen hast, wie ihr deine Liebe zu gestehen, mach dich darüber lustig. Sag ihr, wie blauäugig du warst – und dass ihr ja überhaupt nicht zusammenpassen würdet. Das sollte sie verwirren und verändert das Machtverhältnis zwischen euch.

- Verführe sie nach allen Regeln der Kunst, wie du es hier gelernt hast.

Das ist die Kurzversion: Wenn du eine längere, ausführliche Erklärung zu diesem Thema suchst, habe ich ein Video für dich aufgenommen und online gestellt. Du findest es unter *www.dasgesetzdereroberung.de.*

Der »Notfallplan« stellt meiner Erfahrung nach die deutlich erfolgversprechendste Strategie dar, weshalb ich ihn dir ans Herz legen möchte. Es gibt allerdings noch eine weitere denkbare Vorgehensweise, die in der internationalen Literatur zum Thema Verführung empfohlen wird (so etwa in Luanna Wallis' Buch *Break Out of the Friend Zone – and Get the Girl* und in Johnny Coles *From Friend to F*ck Buddy*). Es ist nicht meine bevorzugte Methode, aber auch diesen Weg stelle ich hier gerne vor, weil eine alternative Strategie immer hilfreich sein kann. Vielleicht ist es für dich gar nicht möglich, einen drei Monate dauernden Kontaktabbruch durchzuführen, weil du mit der Frau, für die du dich interessierst, durch dieselbe Ausbildung oder denselben Arbeitsplatz mehr oder weniger zusammengezwungen wirst. Dann solltest du vielleicht einen anderen Weg ins Auge fassen.

Dieser Plan B besteht im Wesentlichen darin, dass du nacheinander mehrere Schritte unternimmst, die dich gegenüber der begehrten Frau mehr und mehr als sexuelles Wesen erscheinen lassen. Beobachte bei jedem Schritt, wie sie darauf reagiert: Das erspart dir mögliche Peinlichkeiten oder eine Zurückweisung – was nicht der Fall wäre, wenn du sie plötzlich mit einem Geständnis überfielest, wie scharf du inzwischen auf sie bist.

Eine schrittweise Steigerung könntest du stattdessen auf diese Weise herbeiführen:

- Blicke ihr häufiger, länger und intensiver in die Augen. Lächle sie dabei an.
- Unterhalte dich immer öfter in einem flirtenden Tonfall mit ihr. Zieh sie ein wenig auf oder mach ihr ab und zu ein Kompliment – je nachdem, was besser zu euch passt.
- Unterhalte dich mit ihr immer öfter über Themen im Zusammenhang mit Sexualität und Erotik. Damit sorgst du dafür, dass sie dich gedanklich häufiger mit diesem Bereich in Verbindung bringt.
- Erwähne gelegentlich beiläufig, dass du dich mit anderen Frauen triffst. Sie soll ruhig merken, dass andere Frauen dich durchaus als Mann wahrnehmen und du ihr nicht immer zur Verfügung stehst, wenn ihr gerade danach ist – und vielleicht wird sie sogar ein wenig eifersüchtig dabei und beginnt, um dich zu kämpfen.
- Ein Weg, um seine Männlichkeit vor anderen zum Ausdruck zu bringen, besteht darin, Führungsqualitäten zu zeigen. Überlass es also nicht zu oft der Frau, mit der du befreundet bist, Vorschläge zu machen, die Initiative und die Verantwortung zu übernehmen und Entscheidungen zu treffen. Wenn du dich immer nur bereitwillig

mitschleppen lässt, präsentierst du dich als Lusche. Du solltest nicht ins andere Extrem fallen und darauf bestehen, dass alles nur nach deinem Kopf geht – das wäre reine Sturheit –, aber ein Minimum an Konfliktfähigkeit schadet nicht.

- Nimm im Gespräch mit ihr immer öfter Haltungen ein, die Männlichkeit und vielleicht auch Dominanz ausdrücken. Verschränke zum Beispiel die Arme im Nacken und schiebe dabei deinen Brustkorb hervor, setz dich breitbeinig hin oder schieb dein Becken nach vorne.

- Dringe schließlich mit deinem Körper in ihre persönliche Zone vor, mit der wir uns alle im sozialen Kontakt umgeben. Beobachte dabei, ob sie das toleriert, ohne sich unwohl zu fühlen. Falls du den Eindruck hast, dass sie sich dabei nicht wohlfühlt, zieh dich erst mal wieder zurück.

- Geh zu einer Körpersprache über, bei der du deinen Schoß betonst: Die altbekannte Haltung, bei der du deine Daumen in den Gürtel hakst und mit deinen Fingern automatisch in Richtung deiner Genitalien deutest, ist dafür gut geeignet.

- Lass deine Körpersprache auf subtile Weise erotischer werden: Leck dir also mal über die Lippen, streiche zuerst über beliebige Gegenstände und dann über Gegenstände, die ihr gehören. Solche Aktionen wirken zwar besser, wenn Frauen sie tun – etwa wenn eine Frau ihre Finger über ein hohes Glas gleiten lässt, als ob es ein Penis wäre –, aber auch ein Mann hat hier Möglichkeiten, bewusst oder unbewusst wahrgenommene Signale zu senden.

- Berühre sie immer häufiger auf scheinbar zufällige und unschuldige Weise, etwa indem du sie beim Gehen versehentlich streifst, deine Beine ihre berühren, du ihr etwas gibst oder etwas von ihr entgegennimmst und so weiter. Knuffe sie spielerisch, kitzle sie. Oder spiele den Kavalier, indem du ihr deine Jacke umlegst, wenn sie fröstelt.

Parallel zu alldem könntest du dein Äußeres in ähnlicher Weise verbessern, wie ich es in meiner eigenen Strategie beschrieben habe. Richte dich dabei nach den Vorlieben der Frau aus, hinter der du her bist, wenn du das möchtest. Style dich zum Beispiel entsprechend, wenn du siehst, dass sie auf schicke Männer abfährt, oder lass dir die Haare länger wachsen, wenn sie darauf steht. Nimm ab oder treib Sport, wenn dir das guttäte. Das Ganze solltest du allerdings nicht so weit treiben, dass sie den Eindruck hat, dich nach Lust und Laune zurechtformen zu können. Das ist für die meisten Frauen erotisch nicht besonders reizvoll.

Irgendwann wird sich herausstellen, ob du mit dieser Strategie erfolgreich bist oder nicht. Garantierten Erfolg gibt es leider nie, dazu sind die Frauen und die möglichen Beziehungsmuster zwischen den Geschlechtern zu unterschiedlich. Aber wenn diese Frau zum Beispiel beginnt, auf sexuelle Anspielungen einzugehen oder immer forschere Berührungen zulässt, dann ist das ein untrügliches Zeichen, dass du es geschafft hast, dich aus der Zone herauszubewegen, wo du nur als Kumpel wahrgenommen wirst. Dann wird es hoffentlich irgendwann zum ersten Kuss kommen.

Wie führe ich emotionale Intimität herbei?

Liebe ist für etliche Männer und Frauen das stärkste Aphrodisiakum, und in Untersuchungen berichten vor allem Liebespaare fast immer von befriedigendem Sex. Im September 2006 etwa berichtete der Berliner *Tagesspiegel* über die repräsentative Umfrage eines bekannten Marktforschungsinstituts, in der eine deutliche Mehrheit beider Geschlechter bekundet hatte, beim Sex seien für sie Liebe und Gefühl am wichtigsten. Was kann ein Mann tun, um solche Empfindungen tiefer Zuneigung auszulösen?

Viele von uns sind bewusst oder unbewusst davon überzeugt, dass sich emotionale Nähe und Intimität einfach ergeben, wenn zwischen zwei Menschen die Chemie stimmt und sich zwei verwandte Seelen gefunden haben. Es mag sein, dass sich in solchen Fällen emotionale Nähe leichter herstellen lässt. Aber selbst das geschieht nicht auf quasi magische Weise, sondern indem bestimmte Prozesse, die viel mit Kommunikation zu tun haben, diesen engeren Kontakt herbeigeführt haben. Du kannst also auch versuchen, diesen Vorgang bei einer Frau, an der dir etwas liegt, gezielt in Gang zu setzen oder zumindest zu verstärken.

Intimität ist nicht nur ein körperlicher, sondern auch und vor allem ein emotionaler Zustand tiefster Vertrautheit und Verbundenheit. Es handelt sich um eine Verbindung, die man nur mit ganz speziellen Menschen teilt, die einem viel bedeuten. Insofern ist emotionale Intimität einer der Grundpfeiler von Freundschaft, Liebe und Sexualität. Intimität bedeutet, dass man eine bewusste Entscheidung trifft, was von seinem Innenleben und seiner persönlichen Sphäre man mit einem anderen Menschen teilen will.

Wenn du also mit einer Frau eine intimere Beziehung als bisher herstellen möchtest, solltest du ihr deutlich machen, dass sie jemand ganz Besonderes für dich ist. Du könntest also zum Beispiel Folgendes tun:

- Berichte der Frau von Erfahrungen, Gedanken oder Gefühlen, von denen du nicht jedem anderen erzählen würden (oder erwecke zumindest den Eindruck, dass es sich um solche Erfahrungen, Gedanken und Gefühle handelt). Dazu können zum Beispiel Sorgen gehören, Ängste, Kindheitserinnerungen oder Träume, die dir eigentlich ein wenig albern vorkommen. Falls du dir unsicher bist, worüber genau du sprechen sollst, kannst du mit ihr ja eine Art Spiel spielen, bei dem jeder dem anderen zehn Fragen stellen darf, deren Antworten ihn sehr interessieren.
- Unterhalte dich mit ihr nicht nur über die Dinge, die du erlebt hast oder gerade erlebst, sondern auch über die Gedanken und Gefühle, die sie in dir auslösen. Auch wenn du mit dieser Frau schläfst, tust du es nicht auf routinierte, unpersönliche Weise, sondern bringst deine Gefühle dabei zur Sprache.
- Du drängst die Frau aber nicht dazu, ihrerseits ihre Emotionen mit dir zu teilen (danach fragen ist allerdings erlaubt), sondern gibst ihr die Zeit, die sie braucht, um das nötige Vertrauen in dich zu entwickeln.
- Du zeigst allerdings aufrichtiges Interesse an dem, was sie tut, unterstützt sie dabei und versuchst auch zu ergründen, warum sie sich gerade für dieses Hobby oder diese Aufgabe begeistert. Was hat diese Leidenschaft mit ihrem Charakter oder ihren bisherigen Erfahrungen zu tun?
- Emotionale Nähe kann auch aus körperlicher Nähe heraus entstehen, etwa durch enges Nebeneinandersitzen oder gelegentliche liebevolle Berührungen.

- Bestärke das Vertrauen der Frau in dich, indem du ihr auch vor anderen Menschen Komplimente machst oder deine Verbundenheit zu ihr ausdrückst.
- Erweise ihr ab und zu einen kleinen Gefallen, wenn sie gar nicht damit rechnet. Weshalb das keine großen Dinge sein sollten, habe ich in dem Kapitel zur Kumpelschiene genauer erklärt, aber es ist gut, wenn du die Botschaft vermitteln kannst: Weil ich auf dich achte und dich verstehe, ist mir aufgefallen, was du gerade brauchst oder was dir guttun könnte, und ich habe mich darum gekümmert.
- Benimm dich ab und zu albern oder kindlich und ermuntere die Frau dazu, es dir gleichzutun. Dabei verlasst ihr beide eure sozialen Rollen als Erwachsene und zeigt euch voreinander ungeschützt.

In seinem Ratgeber *How to Make Someone Fall in Love With You in 90 Minutes or Less* stellt der Kommunikationsexperte Nicholas Boothman eine Art Rangfolge der Selbstenthüllung auf. Auf einer niedrigen Stufe und mit einem entsprechend geringen Risiko behaftet, durch entsprechende Offenbarungen Ablehnung hervorzurufen, befindet sich hier alles, was dein gesamter Freundeskreis über dich weiß, also zum Beispiel deine Hobbys, dein Lieblingsspiel, die Zahl deiner Geschwister und deine allgemeinen Lebensumstände. Mit mittlerem Risiko sind jene Dinge behaftet, die man anderen nicht ganz so leichtfertig anvertraut, also beispielsweise deine Ansichten zu bestimmten Streitfragen, deine Träume und von dir begangene Fehler. Ein hohes Risiko schließlich birgt das Bekennen deiner innersten Gefühle, Ängste und Unsicherheiten.

Deine Aufgabe im Gespräch mit einer begehrten Frau, führt Boothman weiter aus, besteht jetzt darin, Offenbarungen auszuwählen, die sie nicht abschrecken, dich dabei immer weiter vorzutasten und ihre Reaktionen zu beobachten. Da die Frau aber nicht deine Therapeutin ist, solltest du dein Seelenleben nicht einseitig offenlegen. Besser ist es, wenn ihr abwechselnd sprecht, sodass du auch ihr die Gelegenheit gibst, über ihr eigenes Innerstes zu berichten. Kippe nicht alles auf einmal aus, verzichte zumindest anfangs auf allzu peinliche Schilderungen, und lass auch deine romantische Vorgeschichte mit anderen Frauen lieber erst mal weitgehend außen vor. Wer allzu viel erzählt, hier hat Boothman völlig recht, erscheint nicht mehr rätselhaft, sondern mangelhaft und damit unsexy. Deshalb ist es am geschicktesten, wenn du in der Anfangsphase eures Kennenlernens erst mal nur über persönliche Vorlieben und amüsante Anekdoten sprecht und erst später, sobald du merkst, dass du grundsätzlich akzeptiert wirst, auch über tiefere Gefühle, Unsicherheiten und Schwächen.

Einen besonderen Trick hat darüber hinaus die Pick-up-Expertin Victoria Zdrok auf Lager. Sie empfiehlt ihren Lesern, deren Traumfrau danach zu fragen, was der Psychologe Abraham Maslow als »Gipfelerlebnisse« bezeichnet, weil du dadurch erfährst, was diese Frau in ihrem Leben sucht. Fragen dieser Art wären also etwa:

- »Wann fühlst du dich am schönsten?«
- »Was war der glücklichste Moment in deinem Leben?«
- »Wann warst du am beliebtesten?«
- »Was ist das Aufregendste, das du jemals getan hast?«

Falls die Frau fragt, weshalb du derart persönliche Dinge von ihr wissen möchtest, brauchst du nur zu erwidern, dass du Menschen gerne intensiver kennenlernst und auch von ihr mehr als nur Oberflächlichkeiten hören willst, weil du sie sehr interessant findest – eine gekonnte Balance zwischen Schmeichelei und Herausforderung.[67]

Es ist allerdings immer möglich, dass du, obwohl du geschickt vorgehst und dir alle Mühe gibst, bei der Frau deines Interesses mit all diesen Methoden keinen Erfolg hast: Sie geht nicht darauf ein und gibt nichts Entsprechendes zurück. Vielleicht rückt sie sogar von dir ab. Die Gründe dafür können der unterschiedlichsten Art sein. Vielleicht möchte sie nur im Moment keine Nähe, beispielsweise weil sie vor Kurzem einen Vertrauensbruch oder eine andere verletzende Erfahrung durchlebt hat. Oder sie möchte generell schon Nähe, aber nicht unbedingt mit dir (was nicht zwangsläufig heißen muss, dass sie dich komplett unsympathisch findet). Sie ist schüchtern und unsicher, ob sie deine Signale richtig interpretiert. Weitere Gründe sind denkbar.

Was kannst du in dieser Situation tun? Falsch wäre es, der Frau emotionale Nähe aufzwingen zu wollen. Manche Frauen reagieren darauf ähnlich widerborstig, wie wenn man ihnen körperliche Nähe aufnötigt. Wenn die betreffende Frau aber keinerlei Anzeichen dafür zeigt, dass ihr deine Annäherungsversuche unangenehm sind, kannst du ruhig ein wenig damit weitermachen. Vielleicht braucht sie einfach mehr Zeit, um genügend Sicherheit und Vertrauen zu entwickeln, und deine Geduld wird am Ende belohnt. Du kannst die Sache aber auch sanft forcieren, indem du ihr ganz offen deutlich machst, dass du dich für das interessierst, was in ihr vorgeht, und sie gerne noch ein bisschen näher kennenlernen möchtest. Umgekehrt kannst du deine emotionalen Annäherungsversuche aber auch mehr und mehr zurücknehmen und abwarten, ob jetzt von ihrer Seite verstärkt Signale für den Wunsch erfolgen, dir wieder so nahe sein zu wollen wie zuvor.

Wenn es um Liebe geht, neigen Frauen eher zum Reden und Männer eher zum Handeln. Das bedeutet, dass Männer ihre Gefühle häufig stillschweigend zeigen, etwa indem sie Frauen helfen oder mit ihnen gemeinsame Aktivitäten durchführen. Das wissen Frauen aber nicht immer in ihre eigene »Liebessprache« zu übersetzen. Deutlich wurde das etwa bei einer Untersuchung, für die Ehepaare ihre Aktivitäten im Haushalt und in der Beziehung ebenso notieren sollten wie den Grad ihrer Zufriedenheit mit der Partnerschaft. Das Ergebnis: Frauen waren am glücklichsten, wenn ihre Männer etwas Liebevolles sagten, während für Männer Taten und nicht Worte ausschlaggebend waren. Infolgedessen erhielten die Männer den Auftrag, ihre Liebesbekundungen großzügiger einzusetzen. Trotzdem erklärten die Frauen, als sie später erneut befragt wurden, an der Lage der Dinge habe sich nichts geändert. Daraufhin befragten die Psychologen ihre männlichen Versuchspersonen einzeln und besonders intensiv. Die typische Antwort, die sie erhielten, wird in einem Versuchsteilnehmer deutlich, der berichtete, er habe sehr wohl seine Zuneigung stärker zum Ausdruck gebracht – beispielsweise indem er den Wagen seiner Frau gewaschen habe. Er war davon überzeugt, dass dies eine unmissverständliche Botschaft darstellte. Bei seiner Partnerin allerdings war diese Botschaft nicht angekommen.[68]

Das Gleiche gilt, sobald es um Sex geht. Manche Männer glauben, wenn sie mit einer Frau ins Bett gehen, zeigen sie ihr doch deutlich genug, dass sie sie lieben. Aber leider glauben viele Frauen an das Klischee, dass sich Männer mit praktisch jeder Frau in den Laken wälzen würden, die bereit dazu ist. Zusätzliche wiederholte Liebeserklärungen sind also durchaus sinnvoll, um die weibliche Lust anzufachen.

Das alles funktioniert natürlich nur dann wirklich, wenn es ernst gemeint ist und nicht lediglich eine manipulative Methode darstellt. Liebe, Vertrauen und Zuneigung können nicht erzwungen oder durch die Anwendung bestimmter Techniken herbeigeführt werden. Bedränge deine Partnerin also nicht damit, sich dir emotional oder sexuell zu öffnen, sondern biete es nur an. Sie muss schon selbst bereit dazu sein.

Wie du deinen Horizont erweiterst

Wie kann ich eine Affäre erfolgreich managen?

Viele Männer, die meine Workshops besuchen, haben gerade eine Trennung hinter sich und scheuen erst mal vor einer neuen festen Beziehung zurück. Sie plagen sich mit der Frage herum, ob sie das einer Frau, die sie neu kennenlernen, sagen müssen, und wenn ja, wann der beste Zeitpunkt für dieses Geständnis ist. Schließlich möchten sie keine Frau verletzen. An solchen Fragen zeigt sich wieder deutlich, dass Männer sehr viel besser sind als ihr Ruf. Ich habe jedenfalls noch nie von einer Frau gehört, die sich über solche Dinge Gedanken macht. Wenn sich eine Frau nach einer spontanen Liebesnacht nicht mehr bei dir meldet, dann gilt sie in unserer Gesellschaft als selbstbewusst und modern, eine, die sich nimmt, was sie will, und auch einfach nur mal unverfänglichen Sex genießen kann.

Wenn ein Mann das Gleiche tut und die Frau weitergehende Erwartungen an ihn hatte, dann sieht die Sache plötzlich komplett anders aus: Er ist ein Macho und ein Arschloch und hat die arme Frau ausgenutzt. Dieses Bild wird in unseren Medien immer wieder vollkommen unkritisch zelebriert. So wurde in der Sendung *Frau TV* vor einiger Zeit die Geschichte einer jungen Frau erzählt, die »Opfer« eines Pick-up-Artist geworden sei. Ich weiß nicht, wie das bei euch aussieht, aber ich verfüge über keine magischen oder hypnotischen Methoden, mit denen ich eine Frau dazu bringen kann, Dinge zu tun, die sie eigentlich gar nicht will. Genauso wenig spreche ich einer Frau die Intelligenz und Reife ab, selbst entscheiden zu können, mit wem sie schläft und mit wem nicht. Seltsamerweise tun das aber gerade jene Journalisten, die vorgeben, uns ein modernes Frauenbild vermitteln zu wollen. Dabei sind sie selbst eigentlich die größten Sexisten, denn ihre Denkweise entspricht der der Männer von vor hundert Jahren, die glaubten, eine Frau könne keine rationale Entscheidung treffen und wäre somit hilflos wie ein Kind. Also was denn nun? Die moderne Frau sollte sich endlich entscheiden, welche Position sie einnehmen möchte: Entweder will sie auf einer Stufe mit dem Mann stehen, dann aber bitte auch mit den gleichen Rechten und Pflichten, oder sie will das beschützenswerte Weibchen von vor hundert Jahren bleiben. Die Opferkarte immer dann aus dem Ärmel zu zaubern, wenn es gerade gut in den Kram passt, halte ich für im höchsten Maße heuchlerisch.

Warum zur Hölle ist der Mann dazu verpflichtet, der Frau vor dem Sex darzulegen, ob er eine Beziehung, eine Affäre oder nur einen One-Night-Stand haben will? Wenn eine Frau auf eine Beziehung aus ist und nur unter dieser Prämisse mit mir Sex haben will, dann ist es ihre Aufgabe, das klar zum Ausdruck zu bringen. Davon abgesehen finde ich die Vorstellung ohnehin kurios, dass man von vornherein verhandelt, ob man mit einer bestimmten Frau eine feste Beziehung wünscht oder nicht. Woher soll man das denn wissen, wenn man sich gerade erst kennenlernt? Du kaufst doch auch kein Auto, ohne es vorher Probe zu fahren? Meiner Erfahrung nach kann man die Frage, ob die Grundlagen für eine längere Partnerschaft vorhanden sind, annähernd realistisch erst nach ungefähr drei Monaten beantworten. Alles andere ist ein Glücksspiel. Und genau das kommuniziere ich auch gegenüber den Frauen, die mir diese Frage bei einem unserer ersten Dates stellen. Es mag ungewöhnlich ehrlich sein, einer Frau gleich beim ersten Date zu erzählen, dass man nur eine lockere Affäre wünscht – besonders schlau ist es nicht. Viele Frauen ergreifen sofort die Flucht und bringen euch beide um eine schöne Zeit. In den meisten Fällen greift auch hier wieder eine soziale Programmierung: Eine Frau, die sich auf eine kurze Affäre einlässt und sich von dieser Programmierung nicht befreit hat, fühlt sich billig. Um diesem Gefühl zu entgehen, muss sie sich wenigstens selbst glaubhaft vermitteln, dass ihr Ziel eine ernste Beziehung ist, selbst wenn sie sich in Wirklichkeit allein durch reinen Sex und intime Nähe sehr wohlfühlen würde. Gerade bei Frauen unter dreißig begegne ich diesem Mechanismus immer wieder.

Wie also solltest du dich verhalten, wenn du nur nach einer Affäre suchst? Die Antwort ist relativ einfach: So wie immer. Es gibt keinen Unterschied in der Verführung oder der Art, wie ich mit einer Frau umgehe, bis ich mit ihr Sex habe.

Danach solltest du jedoch ein paar Grundregeln beachten, um zumindest das Risiko zu minimieren, dass du die Frau unnötig verletzt. (Auf null fahren lässt sich dieses Risiko leider nie; dazu sind Frauen einfach zu unterschiedlich.) Nach dem ersten Sex beginnt bei den meisten Frauen eine unausgesprochene Orientierungsphase. Sie werden versuchen, dich Stück für Stück in eine Beziehung hineinzumanövrieren. Wie machen sie das? Ganz einfach: Selbst Frauen, denen du vorher hinterhergelaufen bist und die sich selten oder nie bei dir gemeldet haben, versuchen jetzt auf einmal, fast täglich Kontakt mit dir zu haben. Sie nutzen dafür alle ihnen zur Verfügung stehenden Mittel: in erster Linie SMS und neuerdings auch Facebook, dort vor allem die Chat-Funktion.

Du wirst dir vielleicht nicht viel dabei denken und höflich auf jeden ihrer Kontaktversuche umgehend reagieren. Aber genau da nimmt das Dilemma seinen Lauf. Geht das über einen längeren Zeitraum so weiter, befindest du dich schon mit ihr in einer Beziehung, ob du es willst oder nicht. Sie hat das so für sich beschlossen und wird extrem überrascht und manchmal auch erbost sein, wenn du ihr mitteilst, dass du nur eine Affäre willst – auch wenn du niemals etwas anderes behauptet hast.

Vermeide also unbedingt, den Kontakt mit ihr unentwegt aufrechtzuerhalten. Je unregelmäßiger und sporadischer er stattfindet, desto weniger Illusionen macht sie sich. Ich habe deswegen zum Beispiel die Chat-Funktion bei Facebook komplett deaktiviert. Wenn eine Frau sieht, dass du online bist, sie dich anschreibt und keine Antwort von dir erhält, kann auch das zu unnötigen Konflikten führen. Bei SMS-Nachrichten gestaltet sich das einfacher. Dein Handy kann ausgeschaltet gewesen sein, oder du kannst behaupten, dass du generell nicht so der SMS-Typ bist.

Der zweite wichtige Aspekt, um falsche Hoffnungen zu unterbinden, ist die Häufigkeit, mit der ihr euch seht. Hier läuft bei einer Frau in der Regel ein sehr ähnliches Programm ab: Wenn ihr euch dreimal pro Woche oder sogar noch öfter trefft, geht sie automatisch davon aus, dass ihr in einer Beziehung seid – egal, was du ihr sagst. Ich schlage deshalb vor, eine Frau nicht mehr als einmal die Woche zu sehen, damit sie auf keine dummen Gedanken kommt. Leider lassen wir uns oft aus purer Bequemlichkeit dazu verleiten, uns weiterhin mit einer Frau zu treffen, mit der wir eigentlich nur mal eine Nummer schieben

wollten, bloß weil es uns leichter erscheint, auf diese Angebote einzugehen, statt sich nach anderen reizvollen Frauen
umzutun.

Der letzte Aspekt ist etwas komplizierter, falls du aber
auf Nummer sicher gehen willst, ist die folgende Regel
hilfreich: Wenn du nicht ihr Freund sein willst, dann verhalte dich auch nicht wie ihr Freund. Nimm sie also nicht
auf Partys von deinen Kumpels mit, triff dich nicht mit
ihren Freundinnen, unternimm keine romantischen Aus-
flüge mit ihr, und unterstütze sie nicht bei persönlichen
Problemen. Wenn ihr euch trefft, dann geht es in erster
Linie um Sex und nichts weiter. Natürlich kann man sich
vorher ein wenig unterhalten oder einen Film ansehen,
aber im Vordergrund steht Sex.

Wenn du diese drei Regeln beachtest, ist es unwahr-
scheinlich, dass eine Frau irrtümlich davon ausgeht, ihr
wärt in Richtung Beziehung unterwegs. Ich selbst miss-
achte aber die dritte Regel, weil ich glaube, dass es mehr
Formen einer Beziehung zwischen Männern und Frauen
gibt als entweder eine feste Partnerschaft oder eine relativ
herzlose Affäre. Ich muss einen Menschen wirklich mögen,
um mich langfristig mit ihm zu beschäftigen, und das zeige
ich dieser Person dann auch. In meiner Zeit als Single
habe ich immer sehr herzliche Affären gehabt und auch
viel einfach so aus Spaß mit den Frauen unternommen.
Das Resultat war natürlich, dass sich einige dieser Frauen
früher oder später in mich verliebten, was dann letztlich
doch zu Vorwürfen oder bitterer Enttäuschung führte. Das
tut mir immer leid und schmerzt mich auch, aber ich trage
keine Verantwortung für die exklusiven Besitzansprüche
einer Frau an meiner Person. Und so wenig, wie man eine
Frau zum Sex zwingen sollte, sollte man einen Mann zu
einer festen Partnerschaft zwingen. Selbst wenn ich eine

Frau sehr liebe, ist es mein gutes Recht, keine Partnerschaft eingehen zu müssen, wenn ich das nicht möchte. Sozialer Druck, wie ihn etwa die erwähnte *Frau-TV*-Sendung ausübt (mit der Botschaft: »Der böse Verführer wollte nur mit ihr ins Bett und keine Partnerschaft«), ist genauso verwerflich, wie es umgekehrt die Forderung wäre, dass eine Frau in einer bestimmten Situation Sex haben muss. Etwas anderes wäre es, wenn jemand eine Frau glauben macht, er wäre an einer festen Beziehung interessiert, nur um sie ins Bett zu bekommen. Und selbstverständlich ist es das Recht jeder Frau, mir ihre eigenen Wünsche mitzuteilen, was die Form unserer gemeinsamen Beziehung angeht, und sich gegen mich zu entscheiden, wenn wir keine Übereinkunft finden. Tut sie das nicht, hat sie ihr Leid selbst zu verantworten.

Jeder geht auf seine Art mit diesem Dilemma um. Ich bin ein sehr herzlicher Mensch, und es fällt mir schwer, mein Herz von meinem Körper zu trennen, mich also einfach nur zum Sex mit einer Frau zu verabreden. Aber vielleicht kannst du das ja besser als ich. Ich denke, dass wir alle noch jede Menge zu lernen haben und irgendwann begreifen werden, dass es sehr viele ganz unterschiedliche Beziehungen zwischen Männern und Frauen gibt, die alle ihre Berechtigung haben, wobei keine besser ist als die andere. Im nächsten Kapitel werde ich dir erklären, wie du sogar mehrere Affären nebeneinander führen kannst. Denn auch diese Variante ist Teil des ganzen Spektrums.

Wie kann ich mehrere Affären gleichzeitig handhaben?

Vielleicht ist es für dich im Moment noch schwer vorstellbar, aber wenn du bei Frauen immer erfolgreicher wirst, kann es gut passieren, dass sich zu einer Affäre schnell eine zweite oder gar dritte gesellt.

Mit deinen neu gewonnenen Fähigkeiten betrittst du ein Schlaraffenland, in dem dein Problem nicht mehr darin besteht, endlich einmal eine Frau näher kennenzulernen, sondern eher darin, unter den vielen Frauen, die du wöchentlich kennenlernst, diejenigen herauszufiltern, mit denen du mehr Zeit verbringen möchtest. Selbst wenn du dich hier konservativ verhältst, bleiben doch meist mehrere Frauen über. Nun hat uns die Gesellschaft zwar beigebracht, dass zu einem Mann eine Frau gehört und es richtige Liebe nur zwischen zwei Personen geben kann, aber ich würde da eher Mozart beipflichten, der einmal gesagt haben soll: »Wäre es nicht extrem egoistisch von mir, meine Liebe und meine Person nur mit einer Person zu teilen?«

Hier mag der Eindruck entstehen, ich sei ein Verfechter der Polygamie, aber ich bin genauso wenig ein Verfechter der Polygamie wie der Monogamie. Ich bin nur ein Verfechter des Prinzips, seiner inneren Wahrheit zu folgen, und zwar frei von gesellschaftlichen Konventionen. Viel zu leicht finden wir uns in erlernten Beziehungsmodellen wieder, ohne dass wir diese jemals daraufhin überprüfen, ob sie für uns selbst überhaupt stimmig sind. Ein Mann und eine Frau – das ist normal. Alles andere gilt als extrem und auch ein bisschen anrüchig. Tatsächlich gibt es für dich als Verführungskünstler außer den offensichtlichen Gründen noch einige weitere Vorteile, mit mehreren Frauen gleichzeitig Affären zu haben. So wirst du dadurch vermutlich entspannter und geduldiger: Wenn eine Frau, auf die du stehst, nörgelig oder gemein zu dir ist, weil sie einen schlechten Tag hat, bringt dich das nicht mehr aus der Fassung, sondern du kannst souverän bleiben und stattdessen die Gesellschaft einer anderen Frau vorziehen, mit der es gerade besser läuft. Du stehst nicht mehr unter dem Druck, jeder Laune einer Frau nachzugeben, und musst ihr umgekehrt auch keinen Druck machen: Du brauchst sie nicht unbedingt ins Bett zu bekommen, weil deine sexuellen Bedürfnisse bereits von einer anderen erfüllt werden. Auf Frauen aber wirken entspannte und selbstbewusste Männer, die sich weiblichen Launen gegenüber unbeeindruckt zeigen, wesentlich attraktiver.

In dieselbe Kerbe schlägt Victoria Zdrok in ihrem Ratgeber *Dr. Z – Verbotene Tipps für Aufreißer.* »Ihre Lust sollte sich unter der kontrollierten Maske eines Mannes verbergen, der in seinem Leben sowieso problemlos befriedigt wird«, rät sie ihren Lesern. »James Bond ist gerade deswegen so attraktiv für Frauen, weil er sich ihnen gegenüber so ritterlich verhält, denn er wiegt sich in der Sicherheit, jederzeit Sex mit diversen anderen Frauen haben zu können.« Daran kannst du dir ein Beispiel nehmen. Denn Sex ist eines der beliebtesten Werkzeuge, wenn Frauen einen Mann dazu bekommen möchten, ihre Wünsche zu erfüllen. Historisch gesehen, bestand eine der wenigen Möglichkeiten für Frauen, Macht auszuüben, darin, Sex zu reglementieren – eine uralte Manipulationsmethode, die bereits 411 v. Chr. in der Komödie *Lysistrata* des griechischen Dichters Aristophanes thematisiert wurde. Ein Mann, der ausstrahlt, in dieser Hinsicht vollkommen befriedigt zu sein, ist Frauen suspekt, wirkt gleichzeitig aber auch unglaublich anziehend auf sie. Er ist sozusagen so mächtig, dass er sexuell nicht manipulierbar ist.

Also überprüfe bitte einfach mal für dich selbst, welche Form des Zusammenlebens für dich die richtige ist – und dann lebe sie. Lass dir weder von deinen Eltern noch von deinen Freunden und Bekannten einreden, dass das falsch wäre. Sie verstehen es einfach nicht oder wollen es nicht verstehen. Es ist aber dein Leben und nicht ihres. Viel zu viele Menschen führen heutzutage ein Leben, das davon geprägt ist, ihren Eltern zu gefallen oder nie hinterfragten gesellschaftlichen Idealen zu folgen. Es ist der Weg des geringsten Widerstandes. Ich will diese Menschen nicht verurteilen. Im Gegenteil, ich kann dieses Verhalten sehr gut verstehen. Es erfordert enorme innere Stärke, etwas zu leben, womit ein Großteil der Gesellschaft ein Problem hat. Wie viel Wut und Hass so etwas auslösen kann, könnt ihr euch heute noch auf YouTube angucken. Die Feindseligkeiten, die ich bei meinem Auftritt in der Talkshow *Hart, aber fair* zu spüren bekam, als es dort um das Thema Treue ging, sprechen Bände.

Egal ob es für dich nur eine momentane Lebensphase ist oder ein grundsätzliches Lebensmodell – vielleicht möchtest du auch einfach nur ausprobieren, wie es ist, mit mehreren Frauen zusammen zu sein? –, ich möchte dir an dieser Stelle ein paar wichtige Tipps geben, wie du es anstellst, mehrere Beziehungen parallel zueinander zu unterhalten.

Im Grunde gelten ganz ähnliche Regeln wie im vorigen Kapitel, nur um ein paar Besonderheiten erweitert:

Sei ganz bei der Frau, mit der du dich gerade triffst

Wenn du dich mit einer deiner Frauen triffst, dann sei auch mit deiner Aufmerksamkeit ganz bei dieser Frau. Schreib keine SMS-Nachrichten an andere Frauen und telefoniere nicht mit ihnen. Mach dein Handy am besten einfach aus. Der Vorteil daran: Das Gleiche kannst du dann auch von der Frau verlangen, der du dich gerade widmest. Wenn du so erfolgreich bei Frauen bist, wie du es hoffentlich durch unser erstes Buch gelernt hast, spürt eine Frau oder nimmt zumindest an, dass es auch andere Frauen in deinem Leben gibt. Du musst sie aber nicht mit der Nase draufstoßen. Frauen sind Meisterinnen im Ausblenden der Realität. Aber wenn sie nicht anders können, als der Wahrheit ins Gesicht zu sehen, können sie ziemlich garstig werden. Nimm zum Beispiel die Affäre von Tiger Woods: Kein Mensch kann mir erzählen, dass seine Frau nicht schon früh merkte, dass ihr Mann zahlreiche Affären führte – sie hat es aber erfolgreich ausgeblendet. Als die ganze Sache schließlich in die Öffentlichkeit kam, musste sie reagieren, und auf einmal war es ein Riesendrama für sie. Sei also mit deiner Aufmerksamkeit ganz bei der Frau und behandele sie bei eurem Date, als ob sie die Einzige wäre.

Rede nicht mit ihr über andere Frauen (zumindest nicht von dir aus)

Diese Regel gilt eigentlich auch für das übliche Dating, ist aber in der Konstellation, um die es hier geht, noch wichtiger.

Nur Männer, die keine Frauen haben, reden viel über andere Frauen und ihre Eroberungen. Ein Gentleman genießt und schweigt. Von dir aus solltest du niemals über andere Frauen reden. Aber es wird der Moment kommen, wenn dich eine Frau, mit der du dich gerade triffst, auf andere Frauen in deinem Leben anspricht.

Eine mögliche Antwort wäre: »Ich besuche einmal im Monat meine Mutter, aber ansonsten gehe ich natürlich allen Frauen strikt aus dem Weg.« Dabei grinst du, um klarzumachen, dass es sich um einen Scherz handelt.

Oder du tust auf ähnlich ironische Weise schockiert: »Ich? Mit anderen Frauen? Kommt man dafür nicht in die Hölle?«

Du siehst schon: Es geht darum, humorvoll einen Test abzuwenden und dich nicht auf eine Diskussion einzulassen.

Manchmal gibt es aber Situationen, wo eine Frau partout nicht lockerlassen will und es ihr wirklich wichtig ist zu wissen, woran sie bei dir ist. Vielleicht ist sie in dich verliebt und malt sich eine feste monogame Beziehung mit dir aus. Dann solltest du auch ehrlich zu ihr sein, was allerdings nicht heißt, dass du dein ganzes Leben vor ihr ausbreiten musst. Du kannst stattdessen etwas sagen wie: »Süße, du weißt, dass ich dich sehr gern habe und unglaublich gerne Zeit mit dir verbringe. Wenn du aber darauf abzielst, mit mir eine exklusive Beziehung zu führen, dann muss ich dir sagen, dass ich dafür im Moment nicht zur Verfügung stehe. Ich weiß nicht, wie es in Zukunft aussieht, aber ich möchte dir hier auch nichts versprechen.«

Wenn sie dann noch weiterbohrt und dich Sachen fragt wie: »Hast du eine andere?«, dann antworte ihr: »Vielleicht ja, vielleicht nein. Ich führe mit dir keine exklusive Beziehung und bin nicht bereit, dir darüber Rechenschaft abzulegen, was ich in der Zeit mache, in der ich mich nicht mit dir treffe. Ich hoffe, du kannst das akzeptieren, sonst klappt das mit uns auf dieser Ebene nicht.«

Denk dran: Du wirst bei diesem Beziehungsmodell immer auch Frauen verlieren, weil sie einen Mann suchen, der mit ihnen eine feste Partnerschaft eingehen will. Das ist okay. Lass sie gehen.

Viele kommen irgendwann zurück, wenn du sie gut behandelt hast. Manche nicht. So ist das Leben.

Frag sie nie nach anderen Männern

Es wird ein Punkt während deiner Affäre kommen, wo die betreffende Frau dich testen wird, indem sie Andeutungen über andere Männer macht, mit denen sie sich getroffen hat. Das ist eine gefährliche Falle.

Sie will dich eifersüchtig machen. Dir Angst machen, sie zu verlieren. Sodass du schnell einlenkst und beteuerst, dass du doch eine feste Partnerschaft mit ihr führen willst.

Oft existieren diese Männer überhaupt nicht. Aber im Grunde genommen spielt das gar keine Rolle, weil du auf keinen Fall darauf eingehen darfst. Wenn du es doch tust, nimmst du automatisch eine Position ein, die nur für feste Partnerschaften relevant ist.

Auch mit dem hier angesprochenen weiblichen Verhalten kannst du auf unterschiedliche Weise umgehen:

- *Ignorieren* – Wenn sie in einem Gespräch beiläufig andere Männer erwähnt, dann übergehe es komplett, als ob sie einen Kommentar über das Wetter oder etwas anderes gemacht hätte, das dich nicht im Geringsten interessiert. Wechsel einfach das Thema oder stell ihr eine Frage zu dem, was sie vorher gesagt hat.

- *Bestärken* – Mit diesem Feedback kannst du eine Frau komplett aus dem Konzept bringen. Bestärke sie in ihrem angeblichen Verhalten und gib ihr Ratschläge wie einer guten Freundin.

  Angenommen, eine Frau sagt dir bei einem Date Folgendes: »Bei uns in der Arbeit gibt es diesen neuen Kollegen, der sieht extrem gut aus, und alle Frauen stehen auf den. Ich hab den erst mal ignoriert, aber stell dir vor, jetzt hat er mich gefragt, ob ich mit ihm was trinken gehen will.« Darauf könntest du zum Beispiel erwidern: »Der Typ scheint echt Geschmack zu haben. Macht ihn mir gleich sympathisch. Ich glaube, du solltest ihn näher kennenlernen. Hey, erinnerst du dich noch an diese Bar, in der wir damals waren – die würde sich doch super eignen für ein erstes Date?«

- *Fragen, ob du schwul auf sie wirkst.* – Auch das ist eine Erwiderung, die ich schon seit Jahren mit großem Erfolg einsetze – auch in Beziehungen. Sobald mir eine Frau von anderen Männern zu erzählen beginnt, antworte ich einfach: »Sag mal, wirke ich heute irgendwie schwul auf dich?« Darauf folgt unweigerlich die Frage »Wieso?«. Worauf ich sage: »Wieso erzählst du mir von irgendwelchen Männern und wie nett sie sind? Ich interessiere mich null für andere Männer. Also erzähl das bitte deinen Freundinnen.«

Das sollte eigentlich selbstverständlich sein, aber ich erwähne es hier trotzdem noch mal: Wenn du Sex mit verschiedenen Frauen hast, solltest du dich schützen. Du weißt nie sicher, mit wem eine Frau sonst noch vögelt und ob sie sich schützt. Deswegen sind Kondome ein absolutes Muss.

Auch wenn eine Frau noch so steif und fest behauptet, sie würde nur mit dir schlafen – verlass dich nicht darauf. Frauen gehen genauso häufig fremd wie Männer, und die meisten vergessen dabei die Regeln des Safer Sex. Also schütze dich in deinem eigenen Interesse.

Kann ich auch Frauen erfolgreich anbaggern, die wesentlich jünger sind als ich?

Viele ältere Männer glauben vermutlich, Pick-up-Techniken zu lernen sei nur etwas für Teenager, und wenn ich mir die Threads im größten deutschen Forum unserer Szene durchlese, kann ich mir gut vorstellen, dass etwas reifere Männer hiervon erst mal abgeschreckt sind. Tatsächlich richten sich mein Coaching und unsere Bücher aber auch an Männer jenseits der dreißig. Das mag zum einen daran liegen, dass ich selbst 36 bin und Arne 44, zum anderen heben sich unsere Ratgeber bewusst von Konzepten à la »Wie lege ich möglichst viele Frauen in möglichst kurzer Zeit flach?« ab. Uns geht es in erster Linie darum, Männer ganz allgemein dabei zu unterstützen, ihre Männlichkeit zu leben und erfolgreich und glücklich zu werden.

Als ich zu coachen begann, war mein Hauptkunden-kreis so um die 20 Jahre alt. Mittlerweile aber kommen immer mehr Leute jenseits der 30 und 40 zu mir. Mein ältes-ter Kunde war 66. Die ersten Fragen, die mir diese Männer stellen, lauten: »Funktioniert das überhaupt für mich? Hat es überhaupt einen Sinn, mich damit zu beschäftigen?«

Meine Antwort ist ein ganz klares Ja. Es ist in dieser Le-bensphase sogar noch wichtiger, sich mit diesem Thema zu beschäftigen, als es für jüngere Männer ist.

Sehen wir uns das Leben eines Zwanzigjährigen an: Wenn du studierst, bist du jeden Tag von hübschen jungen Frauen umgeben. Jedes Wochenende finden Partys statt. Gelegen-heiten, neue Frauen kennenzulernen, gibt es somit genug. Und in der Regel sollte es dir auch gelingen, die eine oder andere von ihnen zu verführen.

Wenn du dann aber ins Berufsleben eintrittst, folgt meis-tens das böse Erwachen. Wenn du dazu noch einer Tätig-keit in einem Bereich nachgehst, in dem es wenig Frauen gibt – den meisten meiner Kunden geht es so –, sind Ge-legenheiten für ein aktives Liebesleben rar. Besonders ungünstig ist es in dieser Hinsicht, als freier Autor oder selbstständiger Männercoach zu arbeiten …

Ich witzele in meinen Workshops gerne herum, dass ich den falschen Beruf gewählt habe und besser Yogalehrer oder wenigstens Kommunikationscoach geworden wäre. Dann würde ich meine Wochenenden nicht eingesperrt mit 15 Männern verbringen müssen, sondern hätte immer einen Zustrom von weiblichen Fans. Arne geht es als einem der Köpfe der Männerrechtsbewegung nicht anders.

Viele Menschen stellen sich mein Leben superaufregend vor. Dabei besteht meine Arbeit zum größten Teil darin, zu Hause zu sitzen und zu schreiben oder mein Business zu managen – und das oft zehn Stunden am Tag. Wenn ich dann ein Coaching durchführe, konzentriere ich mich völlig darauf und nutze die Zeit nicht, um selbst Frauen kennenzulernen, sondern bin für meine Kunden da. Arne verbringt als Autor und Blogger die meiste Zeit des Tages allein vor seinem Computer. Insofern sieht es bei uns unter dem Strich nicht anders aus als bei vielen Männern, die wir beraten: Wenn wir unseren Hintern nicht aus dem Haus bewegen und aktiv auf Frauen zugehen, dann lernen wir genau null Frauen zufällig kennen. Ohne aktive Freizeitgestaltung würden wir irgendwann einsam, depressiv und verbittert und damit auch katastrophal in unserem Job sein.

Das ist ein wesentlicher Grund, weshalb die Fähigkeiten, die ich lehre, mit dem Alter noch wichtiger werden. Viele reifere Männer ziehen sich irgendwann auf das Internetdating zurück, wo die Erfolgschancen, in ihrem Alter eine attraktive Frau zu finden, aber erst recht nicht optimal sind. Eine 24-jährige Schönheit dürfte in ihre Suchmaske wohl kaum die Kategorie »Männer von 25 bis 45« eingeben. Bewusst hält sie niemals in einer solchen Altersspanne Ausschau – zumal sie sonst in Partnerbörsen damit rechnen müsste, noch mehr mit Anfragen geflutet zu werden, als es ohnehin schon der Fall ist.

Aber draußen im richtigen Leben habe ich nie Probleme, junge Frauen zu verführen. Egal ob ich 80 Kilo wiege oder wie jetzt 105. Egal ob ich 25 Jahre alt war oder wie jetzt 36 bin.

Warum ist das so? Wie kann das sein?

Ganz einfach: Wenn eine Frau im Internet sucht, lässt sie ihren Verstand entscheiden und die gesellschaftlichen Normen. Wenn sie dich aber draußen trifft, entscheidet ihr Gefühl. Es fallen dann später vielleicht Sätze wie: »Ich hab mir immer gesagt, ich nehme keinen Mann über dreißig, bis ich dich kennengelernt habe.«

Dein vermeintliches Handicap, dein Alter, ist gleichzeitig deine größte Stärke. Du hast den jungen Männern vieles voraus – das darfst du nicht vergessen. Leider hat uns unsere Gesellschaft so konditioniert, dass es irgendwie »pfui« ist, sich jüngeren Frauen zu nähern. Ich habe bis jetzt eigentlich immer das Gefühl gehabt, dass es sich um Neid handelt, wenn man bei diesem Thema auf massiven Widerstand stößt – oder darauf, dass der betreffende Mann sich tatsächlich einbildet, eine junge Frau unmöglich erobern zu können.

Manche Männer stellen sich Fragen wie »Was soll ich mit einer Zwanzigjährigen, mit der kann man sich doch gar nicht unterhalten?«. Nun, das ist natürlich Quatsch. Entscheidend ist nicht das Alter eines Menschen, sondern womit er sich geistig auseinandersetzt. Da kann eine 20-jährige Studentin, die sich mit Politik und Philosophie beschäftigt, wesentlich anregender sein als eine 35-jährige Bürokauffrau, die DJ Bobo hört, einmal im Jahr nach Malle zum Feiern fährt und jeden Abend vor der Glotze hockt.

Manche Männer behaupten auch, jüngere Frauen seien oft nicht gerade die Granate im Bett. Auch wenn ich einräumen würde, dass ältere Frauen natürlich mehr Erfahrung haben und genauer wissen, was sie wollen, sollte man jüngere Frauen nicht unterschätzen. Es kommt immer auf die männliche Führung an, die sie hatten. Solche Abwertungen jüngerer Frauen wirken auf mich ziemlich absurd. Sie erinnern an die Fabel mit dem Fuchs, der an bestimmte Trauben nicht herankommt und sich deshalb vormacht, dass sie ihm vermutlich sowieso zu sauer wären.

Wenn ich Kunden im Einzelcoaching betreue, muss dieser Punkt regelmäßig geklärt werden. Immer wieder kommen mir die Männer mit dem Einwand, sie könnten doch keine 25-jährigen Frauen ansprechen. Darauf frage ich sie jedes Mal: »Weil sie dir nicht gefallen? Oder weil du meinst, dass sie sich nicht mehr für dich interessieren?« Meistens stellt sich dann heraus, dass Letzteres der Fall ist. Ich hatte gerade ein Einzelcoaching auf Sylt, und mein Kunde, 37 Jahre alt, war regelrecht geschockt, als er seine erste Telefonnummer von einer Frau auf der Straße bekommen hatte. Die Tatsache, dass sie erst 20 war, machte die Sache nicht besser. Dieses Erlebnis hat komplett die Realität zerstört, in der er lebte. Er musste sich erst mal setzen und brauchte mehrere Minuten, um halbwegs klarzukommen. So mächtig sind die Glaubenssätze, die uns die Gesellschaft eingeimpft hat. Von diesen Glaubenssätzen solltest du dich erst einmal befreien.

Vielleicht hilft es dir dabei, wenn du dir bewusst machst, welche bekannten Männer eine Partnerschaft mit einer wesentlich jüngeren Frau eingegangen sind. Als sich Humphrey Bogart und Lauren Bacall kennenlernten, war er 44 und sie 20. Sie blieben zusammen, bis Bogart starb. Charlie Chaplin heiratete im Alter von 54 Jahren die 17-jährige Tochter des Schriftstellers Eugene O'Neill und hatte mit ihr sieben Kinder. Die dritte Frau des Komikers Groucho Marx war 40 Jahre jünger als er, Woody Allen ehelichte im Alter von 62 Jahren die gerade einmal 27 Jahre alte Adoptivtochter seiner ehemaligen Geliebten Mia Farrow. Farrow selbst hatte im Alter von 21 Jahren den damals 50-jährigen Frank Sinatra geheiratet. Michael Douglas ist 25 Jahre älter als Catherine Zeta-Jones, Harrison Ford 22 Jahre älter als Calista Flockhart, Alec Baldwin 26 Jahre älter als Hilaria Thomas, Patrick Stewart 38 Jahre älter als Sunny Ozell. Und um auch einmal nach Deutschland zu schauen: Franz Müntefering etwa ist 40 Jahre älter als seine Frau Michelle.[69]

Nun könntest du einwenden, dass es sich bei den meisten der hier aufgeführten Beispiele um Filmstars handelt und für diese Männer andere Regeln gälten. Aber sind diese anderen Regeln denn ein Naturgesetz? Nein. Ihr Hintergrund besteht vielmehr darin, dass Künstler sich vermeintlich allgemein gültigen sozialen Regeln gerne entziehen. Und obwohl dies einem echten Hollywoodstar aufgrund seines hohen sozialen Status und seines Einkommens leichterfallen wird als anderen Männern, gibt es auch viele unbekannte Männer, die eine wesentlich jüngere Frau als Partnerin gewinnen konnten. Und ihre Beziehungen laufen keineswegs schlechter als die von Partnern in der gleichen Altersgruppe.

So verglichen die Forscher J. Patrick und K. Barnes für die in der Fachzeitschrift *The Gerontologist* veröffentlichte Studie »Examining Age-Congruency and Marital Satisfaction« Ehepaare, bei denen die Altersdifferenz größer als 15 Jahre war, mit Paaren, die weniger als fünf Jahre auseinanderlagen. Das Ergebnis: Es gab keinen Unterschied, was die Zufriedenheit mit der Partnerschaft betraf. Auf allen abgefragten Ebenen, einschließlich der sexuellen, zogen Paare mit der großen Altersdifferenz mit jenen Paaren gleich, die sich im gleichen Alter befanden. Eine Studie der britischen Regierung aus dem Jahr 2005 untersuchte Ehen über mehrere Jahrzehnte hinweg und gelangte zu dem Ergebnis, dass ein Altersunterschied der Partner keine Rolle bei der Frage spielte, wie häufig Ehen geschieden werden. Und eine kanadische Studie zeigte, dass Scheidungen vor allem dann häufiger vorkommen, wenn eine Frau deutlich älter ist als ihr Mann, führte aber auch zum folgenden Ergebnis: »Scheidungsraten sind am niedrigsten, wenn der Ehemann zwei bis zehn Jahre älter ist als seine Frau oder wenn ihr Altersunterschied extrem groß ist.«[70]

Arne und ich sind überzeugt davon, dass die kulturellen Barrieren zwischen Partnern verschiedenen Alters ebenso fallen müssen, wie glücklicherweise auch die Barrieren gefallen sind, einen Liebhaber nur innerhalb der eigenen »Rasse«, Religion oder Kultur wählen zu dürfen. In beiden Fällen haben es Rollenpioniere erst einmal schwer. Zwei in dieser Hinsicht verschiedene Partner haben oft einen vollkommen anderen Lebenshintergrund, vielleicht andere Einstellungen und Werte. Auch von außen werden sie erst einmal als ungleiches Paar wahrgenommen, und mancher wird sich denken, dass die beiden gar nicht zueinander passen. Würdest du deswegen sagen, dass beispielsweise ein Kenianer auf keinen Fall etwas mit einer deutschen Frau anfangen dürfte? Wohl kaum. Wir lehnen solches Denken inzwischen als rassistisch ab, weil mutige Männer und Frauen immer wieder dumme Bemerkungen in Kauf genommen haben, um die Partnerschaft zu führen, die sie führen wollten. Mit derselben Entschiedenheit sollten wir Diskriminierungen auf Grundlage des Alters zurückweisen.

Natürlich gibt es immer wieder selbst ernannte Sittenwächter, die sich ähnlich wie so manche Rassisten berufen fühlen, darüber zu wachen, dass bestimmte Grenzen nicht übertreten werden, und die Menschen anfeinden, die es dennoch wagen. Zu ihnen gehörte auch der feministisch ausgerichtete amerikanische Professor für Genderstudien Hugo Schwyzer – bis er im Alter von 44 Jahren bei einer Affäre mit einer 27 Jahre alten Sexarbeiterin erwischt wurde. Zuvor hatte er ältere Männer, die auf jüngere Frauen standen, als »schmutzige alte Männer« und »Widerlinge« angefeindet.[71] Da unter der Affäre nicht nur Schwyzers Ehe, sondern auch seine Glaubwürdigkeit litt, zog er sich aus der Öffentlichkeit zurück. Unser Mitleid gilt allerdings weniger ihm, sondern all jenen Männern, die auf eine glückliche Partnerschaft mit einer deutlich jüngeren Frau verzichtet haben, weil sie Angst vor Herabsetzungen wie denen von Professor Schwyzer hatten. Also lass wenigstens du dir von niemandem einreden, du könntest keine jungen Frauen verführen oder würdest das nicht wollen, nur weil du Angst hast, für deine Wünsche abgewiesen oder niedergemacht zu werden.

Das Thema ist relativ einfach auf einen Nenner zu bringen. Es gibt dort draußen Frauen, die sich, wenn du sie ansprichst, denken werden: »Was wagt der alte Sack eigentlich, mich anzulabern? Ist der pervers? Oder sehe ich so aus, als hätte ich einen Vaterkomplex?« Aber es gibt da draußen genauso viele junge Frauen, die auf ältere Männer stehen. Ich würde sogar so weit gehen zu sagen, dass viele Frauen nur ältere Männer wirklich ernst nehmen und viele auch gerne in der erotischen Fantasie schwelgen, einmal etwas mit einem älteren Mann anzufangen.

Zuletzt noch ein paar wichtige Tipps, wie du deine Erfolgschancen bei jungen Frauen steigern kannst:

Kleide dich angemessen

Deine Kleidung wird mit dem Alter noch entscheidender und macht den Unterschied, ob dich eine Frau als alten Sack wahrnimmt oder als erotisch ansprechenden reifen Mann. Wenn du dich anziehst wie ihr eigener Vater, brauchst du dich nicht zu wundern, dass sie dich auch so behandelt.

Viele Männer ab 35 kleiden sich furchtbar konservativ und bieder. Ich nenne es den Familienvater-Look. Auf der anderen Seite solltest du dich aber auch nicht an die Jugend anbiedern. Nichts ist peinlicher als ein 40-Jähriger in Baggy-Jeans und Cap, besonders wenn du diesen Look nicht beherrschst.

Kleide dich modisch deinem Alter entsprechend, aber trau dich auch ruhig was. Google zum Beispiel einmal nach Fotos, die zeigen, wie Johnny Depp oder Brad Pitt sich im Privatleben kleiden. Sie sehen sehr cool aus – aber ohne sich so anzuziehen, als ob sie noch 15 wären.

Für Frauen stellt Kleidung einen Code dar. Sie erkennen an der Art, wie du dich anziehst, sofort, ob du ein Familienvater oder Langweiler bist oder beispielsweise ein Künstler oder ein erfolgreicher Geschäftsmann Ende vierzig.

Es gibt ab einem gewissen Alter keine Entschuldigung dafür, nicht gut gekleidet zu sein. Wenn du unsicher bist, was deinen Geschmack an Kleidung betrifft, spricht auch überhaupt nichts dagegen, eine Stilberatung in Anspruch zu nehmen.

Besuche Orte, wo du junge Frauen triffst

Am einfachsten lernst du junge Frauen im alltäglichen Leben kennen. Im Club könnte es schwer für dich sein zu punkten, weil sich eine Frau dort gegenüber ihren Freundinnen rechtfertigen muss, warum sie mit so einem »alten Knacker« mitgegangen ist. Für eine junge Frau ist die Affäre mit einem älteren Mann eher ein scharfes Geheimnis: Das macht es für sie noch interessanter und aufregender. Also versuch sie, wenn möglich, anzusprechen, wenn sie allein ist. Besonders günstige Orte, wo du junge Frauen kennenlernen kannst, sind der Park, Modeläden, der Campus, Sportclubs und Tanzschulen.

Umgib dich mit jüngeren Leuten

Wenn du mit jüngeren Leuten unterwegs bist, schätzen dich die anderen automatisch auch jünger ein. Keiner wird annehmen, dass du zehn Jahre älter bist als der Rest der Gruppe. Und glaub mir, man kann auch verdammt viel Spaß mit Leuten haben, die viel jünger sind als man selbst.

Viele ältere Männer kennen das Problem, dass ihre Kumpel von früher jetzt mit ihrer Freundin oder sogar schon Ehefrau auf dem Sofa sitzen, während sie selbst am liebsten noch Party machen wollen. Also bau dir einen Freundeskreis mit jüngeren Leuten auf.

Führe ein aktives, »jugendliches« Leben

Damit meine ich nicht, dass du anfangen sollst zu rappen und Skateboard zu fahren. Aber wenn ich mir die Männer ab 35 betrachte, die bei Frauen erfolgreich sind, und jene, bei denen das nicht der Fall ist, dann haben die Mitglieder jeder dieser Gruppen etwas gemeinsam. Die erfolgreichen Männer sind jung geblieben und vielseitig interessiert. Sie tauchen, fahren Motorrad, machen Abenteuerurlaube, sind Musiker, springen Fallschirm, schreiben oder interessieren sich für Kunst. Die anderen Männer führen das dröge Leben einer Arbeitsdrohne und sind innerlich schon zehn Jahre älter, als es tatsächlich der Fall ist.

Dein Lifestyle ist etwas, wodurch du dich sogar positiv von jüngeren Männern absetzen kannst. Welcher 20-Jährige kann sich schon eine Harley leisten oder eine Frau zu einem spontanen Wochenendtrip nach Paris einladen?

Weißt du, warum sehr viele begehrte Models ältere Männer haben? Einfach weil nur diese Männer souverän genug sind, mit dieser Art Frauen umgehen zu können. Die meisten jungen Männer haben Angst vor ihnen und lassen sich auf der Nase herumtanzen. Wenn du ein bestimmtes Alter erreicht hast, solltest du diese Souveränität auch ausstrahlen.

Ich habe diesbezüglich vor Kurzem ein nettes Kompliment bekommen. Ein Mädel hat mich, was selten vorkommt, vom Alter richtig eingeschätzt. Ich war überrascht und sagte ihr, dass ich sonst immer jünger geschätzt werde. Sie meinte, dass ich auch jünger aussehe, aber mein Verhalten das eines 36-Jährigen sei. Dass ich eine Souveränität ausstrahle, die es bei jüngeren Männern nicht gibt.

Wenn du ein gewisses Alter erreicht hast, dann solltest du deinen Platz im Leben gefunden haben, dir über deine Werte und Lebensmaximen im Klaren sein. Diese Klarheit zieht viele jüngere Frauen an, die selbst noch auf der Suche sind.

Wie du dein Leben dauerhaft verwandelst

Wie stelle ich sicher, dass ich mich beständig zum Profiverführer verändere?

Wenn sich jemand schwer damit tut, Frauen anzusprechen, sich mit ihnen zu verabreden und sie schließlich ins Bett zu bekommen, obwohl er all dies gerne tun würde, kann die Ursache dafür in einem von zwei Bereichen liegen. Zum einen ist es möglich, dass ihm schlicht die notwendigen Kenntnisse und Erfahrungen fehlen. Zum anderen kann es sein, dass er zwar theoretisch weiß, was er zu tun hat, es aber praktisch nicht auf die Reihe bekommt.

Wenn du zur ersten Kategorie gehörst, dann solltest du dir klar darüber werden, wo genau bei dir noch Lücken bestehen, und sie dann mithilfe dieses Ratgebers (und vielleicht des Vorgängerbandes) konkret angehen. Falls du zum Beispiel nicht weißt, wie du mit einer Frau ein längeres, prickelndes Gespräch führen sollst, dann kann es hilfreich sein, dir stichpunktartig die wesentlichen Techniken aus dem entsprechenden Kapitel dieses Buches herauszuschreiben und so gut auswendig zu lernen, dass du dich leicht daran erinnerst. So brauchst du in der konkreten Situation nur noch darauf zurückzugreifen.

Es gibt aber auch nicht wenige Männer, die sich über Ratgeber, Pick-up-Foren und ähnliche Quellen den Kopf mit Techniken und Strategien zuknallen, es aber einfach nicht auf die Reihe bekommen, diese Dinge auch konkret umzusetzen und so einzuüben, dass sie ihnen in Fleisch und Blut übergehen. Bei ihnen spielt sich alles nur im Kopf ab.

Für die letztgenannte Gruppe ist der wichtigste Ratschlag, all die Bücher und Foren hinter sich zu lassen und stattdessen rauszugehen und den Kontakt mit Frauen zu suchen. Oft schieben genau jene Männer das lange auf, weil sie vorher so perfekt wie möglich werden möchten und sicherheitshalber lieber noch ein Buch bestellen und sich noch ein paar Videos auf YouTube anschauen … Und währenddessen geht irgendein Simpel, der sich mit alldem nie beschäftigt hat, auf Frauen zu, labert sie mit grottenschlechten Sprüchen an und hat damit auf Dauer Erfolg, einfach weil er aktiv geworden ist.

Falls du also zu den verkopften Leuten gehörst, die sich eher viel zu viel statt zu wenig Gedanken machen, lautet unser Ratschlag: Jetzt, nachdem du alles Notwendige weißt, was es zu wissen gibt, lass die Bücher hinter dir und probiere stattdessen aus, was für dich persönlich funktioniert und was nicht. Sehr oft ist der wichtigste Ratschlag, den man bestimmten Menschen geben kann, ihren Verstand und das ständige Reflektieren einmal auszuschalten und stattdessen einfach zu handeln. Natürlich ist gerade für diese Männer die Hysterie, mit der Anne Wizorek und andere »Aufschrei«-Feministinnen das Thema Flirten angehen, extrem beeinträchtigend. Diesen Frauen geht es darum, dass der Mann – und nur der Mann! – beim Flirten ständig reflektiert, ob das, was er zu einer Frau sagt, gerade gut ankommt oder nicht. Dabei ist diesen Feministinnen die Perspektive von schüchternen und ohnehin schon verkopften Männern herzlich egal.

Es ist klar, dass du dich nicht zum Widerling entwickeln sollst, der einer fremden Frau erst mal an den Hintern fasst. Für die allermeisten Leute, die unsere Bücher lesen oder meine Workshops besuchen, ist das aber das geringste Problem. Für diese Männer besteht das Hauptproblem darin, dass sie es selbst bei einer Frau, mit der sie sich schon seit Monaten bestens verstehen, nicht wagen, ihr auch nur die Hand auf die Schulter zu legen.

Wenn du mit sämtlichen Ratschlägen in unseren Büchern trotz allem nicht weiterkommst, kann es sein, dass bei dir tiefer greifende Ängste und Hemmungen dahinterstecken. Die bekommst du aber durch Flirtratgeber auch nicht gelöst. Stattdessen solltest du dir vielleicht überlegen, ob eine professionelle therapeutische Beratung, die speziell auf dich persönlich und deine Situation zugeschnitten ist, nicht der beste nächste Schritt wäre.

Eines ist uns an dieser Stelle allerdings auch noch wichtig klarzustellen: Dieser Ratgeber beschreibt, viele andere Methoden, mit denen du reihenweise Frauen ins Bett bekommst. Das klappt mit unseren Ratschlägen zwar tatsächlich, aber nur, wenn du dich auch entsprechend in die Sache reinhängst. Es kann sehr gut sein, dass du gar nicht die Motivation verspürst, die nächsten Monate mit zeitintensivem Verführungstraining zu verbringen. Stattdessen sind dir andere Dinge wichtiger, beispielsweise in deinem Beruf oder deiner Ausbildung voranzukommen oder überhaupt mal festen Fuß zu fassen. Wenn dem so ist, dann ist das vollkommen okay. Kein Mann sollte sich dazu gedrängt fühlen, reihenweise Frauen abzuschleppen, nur damit er als echter Mann gilt. Du hast es heutzutage schwer genug mit den unterschiedlichsten, teils widersprüchlichen Anforderungen, die von den verschiedensten Seiten an dich gestellt werden. Viele Frauen sehnen sich nach dem Macho, Beschützer und Ernährer so wie noch vor über fünfzig Jahren, Politik und Medien hingegen wollen dir ständig einreden, dass du nur als sensibler und unterwürfiger Frauenversteher unserer modernen Gesellschaft genügst ... Das Letzte, was dir noch fehlt, wäre, dass du dich zu allem anderen auch noch genötigt fühlst, alle paar Wochen eine andere Frau in die Kiste zu kriegen. Leider erlebe ich immer wieder, dass Männer, die im Verführen erfolgreich werden, eine regelrechte Sucht danach entwickeln und damit versuchen, ihre innere Leere zu füllen. Das führt im Extremfall zu Zusammenbrüchen wie bei dem bekannten Pick-up-Artist Mystery.

Stattdessen kannst du die Sache auch ganz gemächlich angehen und dich nur langsam und moderat verändern. Sehr vielen Männern genügt das vollkommen. Sie haben gute Gründe dafür, dass Frauen nicht das Wichtigste in ihrem Leben sind. Vielleicht wirst du viel glücklicher, wenn du eine Partnerin findest, die langfristig zu dir passt, als wenn du durch die Betten turnst. Der Hypnotiseur und Mentalmagier Jan Becker ist sogar überzeugt davon, dass nur allmähliche Veränderungen von Dauer sein können. Zur Veranschaulichung erinnert er an die vielen Sänger, die mit Sendungen wie *Deutschland sucht den Superstar* die Ochsentour vermieden und stattdessen im Rekordtempo bekannt wurden, ihren Erfolg aber weit überwiegend letztlich nicht halten konnten. Becker argumentiert, es stelle einen notwendigen Lernprozess dar, das Unterbewusstsein damit vertraut zu machen, »Sänger zu sein«, mit allen automatischen Aktionen und Reaktionen, die damit verbunden sind. Wer aber über DSDS die scheinbar günstige Abkürzung wählte, statt die notwendige Geduld in den Aufbau einer langfristigen Karriere zu stecken, versagte sich diesen Lernprozess. In Wahrheit führten meist nur die kleinen Erfolgserlebnisse zum Ziel.[72] Womöglich lässt sich Ähnliches über eine Veränderung zum erfolgreichen Frauenverführer sagen.

Aber unabhängig davon, welchen Weg du für dich wählst, ist *Das Gesetz der Eroberung* eines jener Bücher, die dir zumindest das Potenzial geben, dein Leben intensiv hin zum Besseren zu verändern – wenn du ausreichend motiviert und entsprechend viel Zeit und Energie aufzuwenden bereit bist. Falls du diese Veränderung wirklich möchtest, reicht es aber nicht aus, dafür lediglich dieses Buch gelesen zu haben und zu hoffen, dass du dich an die meisten Ratschläge zur richtigen Gelegenheit erinnerst. Insbesondere wenn die von dir angestrebte Veränderung groß ist, du dich also zum Beispiel vom schüchternen Mauerblümchen zum selbstbewusst auftretenden Macher entwickeln willst, musst du entsprechend viel Arbeit investieren. Das ist in diesem Bereich so wie in jedem anderen.

Der Psychologe Timothy Wilson hat in seinem Buch *Redirect* ausführlich dargelegt, was nötig ist, damit bei einem Menschen eine tief greifende Veränderung stattfinden kann. Dabei erklärt Wilson zunächst, dass vieles, was man dazu in der gängigen Ratgeber- und Selbsthilfeliteratur finde, fragwürdig sei, weil es nicht durch überprüfte wissenschaftliche Studien gesichert ist. Das gelte insbesondere für Bücher, die ihren Lesern versprechen, dass diese auf geradezu magische Weise allein durch Wünschen und positives Denken das Glück in ihr Leben ziehen können.

Allerdings, führt Wilson weiter aus, existiert sehr wohl wissenschaftliche Literatur dazu, dass eine bestimmte Schreibtechnik durchaus in der Lage ist, die angestrebten Verbesserungen herbeizuführen. Diese Technik besteht darin, dass du an vier aufeinanderfolgenden Abenden die folgenden Schritte unternimmst:

- Stell dir dein Leben in der Zukunft vor.
- Stell dir vor, dass alles so gut gelaufen ist, wie es nur konnte. Du hast hart an dir gearbeitet und Erfolg gehabt.
- Achte darauf, nicht nur in Fantasien zu schwelgen, wie toll dein zukünftiges Leben ist, sondern schreibe auch darüber, wie genau du dorthin gelangt bist.

Mit dieser Technik bist du eher darauf vorbereitet, Hindernisse zu überwinden, die sich dir in den Weg stellen werden. Studenten, die diese Übung durchführten, zeigten sich im Vergleich mit anderen Studenten optimistischer und berichteten über größere Zufriedenheit mit ihrem Leben – nicht nur direkt nach der Übung, sondern auch noch Wochen und Monate später.[73]

In seinem Buch *Changeology* empfiehlt ein anderer Psychologe, John Norcross, zwei ähnliche Übungen, die sich ebenfalls in wissenschaftlichen Studien bewährt haben:

- Drehe gedanklich deinen eigenen Film, um mit einem nahenden Stressfaktor umgehen zu lernen. Ersetze dabei die Szenen, in denen du unbeholfen und nervös auftrittst, durch solche, in denen du souverän und selbstsicher erscheinst. Dadurch wirst du im realen Leben auf derartige Stressfaktoren besser reagieren können.
- Stell dir immer wieder fünf Minuten lang vor, wie du deine neuen Stärken und Fähigkeiten im Scheinwerferlicht zeigst, zum Beispiel charmant mit einer Frau flirtest. Auch diese Vorstellung wird in deinen Alltag hinüberwandern.

Beide Psychologen empfehlen also, deine Vorstellungskraft zu nutzen, um deine bisherigen inneren Bilder zu überspielen und durch solche zu ersetzen, die dir mehr Kraft und Selbstbewusstsein verleihen. Wilson geht dabei noch einen Schritt weiter als Norcross, indem er empfiehlt, sich nicht nur die angestrebten Veränderungen auszumalen, sondern auch, mit welchen Mitteln du diese Veränderungen in die Wege geleitet hast. Wenn du möchtest, kannst du das sogar noch weiter ausbauen, indem du die Art, wie du vorgehst und wie erfolgreich du mit verschiedenen in unseren Ratgebern vorgestellten Methoden bist, einer inneren Manöverkritik unterziehst. Frage dich zum Beispiel, nachdem du eine fremde Frau angesprochen hast, was an diesem Kontakt besonders gut und was eher nicht so gut gelaufen ist, welche Techniken du schon ganz gut beherrschst, in welchen Bereichen du aber noch verstärkt arbeiten solltest. Wenn ein Kontaktversuch gescheitert ist, kannst du auch überlegen, wie du dich geschickter hättest verhalten können, sodass du für ähnliche Situationen in Zukunft besser gerüstet bist. All diese Gedanken kannst du zumindest stichwortartig auch schriftlich niederlegen, sodass du nach ein paar Wochen zurückblättern und überprüfen kannst, welchen Weg du bisher zurückgelegt hast und wo sich noch Baustellen befinden, um die du dich kümmern solltest. Zugleich motiviert dich ein solches Strategie-Tagebuch hoffentlich, an deinem Projekt dranzubleiben und immer wieder zu üben und neue Ansätze auszuprobieren. Vielleicht wird dir auf diese Weise sogar noch klarer, welches Ziel du auf deinem Weg eigentlich anstrebst.

Allerdings ist man gerade, wenn es um eine umfassende Veränderung der eigenen Persönlichkeit geht, schnell verleitet, sich von anderen Einflüssen wie beispielsweise beruflichen Phasen, die volle Aufmerksamkeit erfordern, ablenken zu lassen. Das wirst du nicht ganz vermeiden können, aber wichtig ist es dann, immer wieder zu den von dir angepeilten Zielen zurückzukehren. Vielleicht magst du dir ein Wort wie »Charme« als Bildschirmhintergrund deines PCs einrichten oder einen Bogen Papier mit der entsprechenden Aufschrift ans Kopfende deines Bettes heften, sodass du bewusst und unbewusst immer wieder an dein Ziel und deine neue Persönlichkeit erinnert wirst.[74]

Wie kann ich mich zukünftig über relevante Männerthemen informieren?

Du hast die letzten Seiten dieses Ratgebers erreicht. Wir hoffen, dass du mit den in diesem Buch enthaltenen Tipps und Informationen etwas anfangen kannst, und wünschen dir in jeder Hinsicht viel Glück und Erfolg!

Vielleicht hast du ja Appetit bekommen, was die hier behandelten Themen angeht, und würdest gerne noch mehr von uns dazu lesen. Schon in wenigen Wochen möchte Arne sich an sein nächstes E-Book mit dem Titel *Frauen online erobern* setzen, das bei Amazon Kindle erscheinen soll. Es dürfte zeitgleich mit diesem Ratgeber bei Amazon erhältlich sein.

Über solche Ratgeber für den Einzelnen hinaus gibt es inzwischen aber auch gesamtpolitisch viel für Männer und Jungen zu tun, nachdem sich die Geschlechterpolitik im letzten halben Jahrhundert fast nur mit den Anliegen von Frauen und Mädchen beschäftigt hat. Da Arne einer der Vordenker der deutschen Männerbewegung ist, wird er 2014 auch hierzu zwei Bücher herausbringen. Das eine trägt den Titel *Not am Mann* und erscheint im Gütersloher

Verlagshaus. Es beschäftigt sich damit, inwiefern Männer und ihre Bedürfnisse in unserer Gesellschaft inzwischen zu kurz kommen und was getan werden muss, um das zu ändern. Da Arne zum linksliberalen Flügel der Männerbewegung gehört, plant er, etwa zeitgleich mit einem weiteren Buch namens *Plädoyer für eine linke Männerpolitik* gezielt das linke Lager anzusprechen. Dieses zweite Buch wird das Thema wesentlich tiefgehender behandeln als das erstgenannte und deshalb doppelt so umfangreich sein.

Darüber hinaus veröffentlichen sowohl Arne als auch ich kontinuierlich online neue Texte: Arne fast täglich in seinem Blog »Genderama«, ich selbst und einige andere Autoren geben in dem Blog von »Casanova Coaching« immer wieder neue Tipps, wie man auf geschickte Weise Frauen kennenlernen und verführen kann. Du findest ihn, mein Forum, meine Videos und meine Coaching-Angebote auf der Seite *www.casanovacoaching.de*. Speziell als Unterstützung für dieses Buch habe ich eine Seite angelegt: *www.dasgesetzdereroberung.de*. Hier findest du die von mir im Buch erwähnten Ressourcen, und wer weiß … vielleicht in Zukunft noch viel mehr.

Verwendete Literatur

ABRAMSON, PAUL und PINKERTON, STEVEN: With Pleasure: Thoughts on the Nature of Human Sexuality. Oxford University Press 2002

ALLEN, STEVE: How to be Funny. Prometheus Books 1998

ATIK, CHIARA: Modern Dating. Harlequin 2013

BECKER, JAN und BONGERTZ, CHRISTIANE STELLA: Du wirst tun, was ich will. Hypnose-Techniken für den Alltag. Pendo 2012

BISWAS-DIENER, ROBERT: The Courage Quotient: How Science Can Make You Braver. John Wiley & Sons 2012

BLUE, VIOLET: Seal it with a Kiss. Tips, Tricks, and Techniques for Delivering the Knockout Kiss. Cleis Press 2010

BOOTHMAN, NICHOLAS: How to Make Someone Fall in Love With You in 90 Minutes or Less. Workman Publishing 2009

BOWDEN, MARK: Winning Body Language. McGraw-Hill 2010

CIALDINI, ROBERT: Yes! Andere überzeugen – 50 wissenschaftlich gesicherte Geheimrezepte. Huber 2009

CLARK, JAMES: Mind Magic and Mentalism For Dummies. John Wiley & Sons 2012

COLE, JOHNNY: From Friend to F*ck Buddy. Amazon Kindle 2012

COX, TRACEY: Hot Sex. Auf den Höhe-Punkt gebracht. Goldmann 1999

DEISSLER, NINA: Flirt Talk. Humboldt 2011

DEISSLER, NINA: Flirten & Verlieben. Humboldt 2012

EDWARDS, LOGAN: The Art of the Approach. Sweetleaf 2010

ELLSBERG, MICHAEL: The Power of Eye Contact. William Morrow 2010

FARRELL, WARREN: Mythos Männermacht. Zweitausendeins 1995

FASSBENDER, WOLFGANG: 50 einfache Dinge, die Sie über Restaurantbesuche wissen sollten. Westend 2006

FILLION, KATE: Lip Service: The Truth About Women's Darker Side in Love, Sex and Friendship. DIANE Publishing 1998

FOX CABANE, OLIVIA: The Charisma Myth. Portfolio 2013

GERMER, CHRISTOPHER: Der achtsame Weg zur Selbstliebe. Wie man sich von destruktiven Gedanken und Gefühlen befreit. Arbor 2011

GILMARTIN, BRIAN: Shyness & Love. Causes, Consequences and Treatment. University Press of America 2012

GIVENS, DAVID: Love Signals. St. Martin's Griffin 2006

HARRIS, RUSS: The Confidence Gap. Constable & Robinson 2011

HARTMAN, CHRISTIE: Changing your Game. 5280 Press 2012

HENDERSON, LYNNE: Finde den Mut, du selbst zu sein. Wie die Compassion Focused Therapy dabei helfen kann, Schüchternheit zu überwinden und soziales Vertrauen zu stärken. Arbor 2012

HOFFMANN, ARNE: Das Kamasutra am Arbeitsplatz. Passion Publishing 2013

HOFFMANN, ARNE: Romantischer Sex. Passion Publishing 2010

HOFFMANN, ARNE: 50 einfache Dinge, die Männer über Sex wissen sollten. Piper 2013

JACOBS, TOM: Women As Likely As Men to Want Casual Sex. In: AlterNet vom 6. 3. 2011, online unter http://www.alternet.org/sex/150143/women_as_likely_as_men_to_want_casual_sex/

KELLY, MATTHEW: The Seven Levels of Intimacy. Touchstone 2007

KINRYS, MARNI: Get Inside Her. Dirty Dating Tips & Secrets From A Woman. Velocity Press 2013

KIRSHENBAUM, SHERIL: The Science of Kissing. Grand Central Publishing 2011

LaFrance, Marianne: Lip Service. Norton & Company 2013

Langley, Liz: Crazy Little Thing: Why Love and Sex Drive Us Mad. Viva Editions 2011

La Ruina, Richard: The Natural: How to Effortlessly Attract the Women you Want. Ebury Digital 2013

Louis, Ron und Copeland, David: How to Succeed with Women. Prentice Hall Press 2009

Lowndes, Leil: How to Make Anyone Fall in Love With You. Harpercollins UK 1997

Lowndes, Leil: How to Create Chemistry With Anyone. Da Capo Press 2013

Manson, Mark: Models. Attract Women Through Honesty. CreateSpace 2011

McInnis, Jan: Finding the Funny Fast. Cubicle Comedy 2009

Neff, Kristin: Selbstmitgefühl: Wie wir uns mit unseren Schwächen versöhnen und uns selbst der beste Freund werden. Kailash 2012

Niazi-Shahabi, Rebecca: Nett ist die kleine Schwester von Scheiße. Piper 2011

Nicholson, Jeremy: Being Beautiful or Handsome is Easier Than You Think! Online unter http://www.psychologytoday.com/blog/the-attraction-doctor/201111/being-beautiful-or-handsome-is-easier-you-think

Nicholson, Jeremy: Make Them Love You by Taking (Not Giving). In dating, is it more persuasive to give or receive? Online veröffentlicht am 20. 5. 2011 unter http://www.psychologytoday.com/blog/the-attraction-doctor/201105/make-them-love-you-taking-not-giving

Norcross, John: Changeology: 5 Steps to Realizing Your Goals and Resolutions. Simon & Schuster 2012

Perper, Timothy: Sex Signals. Isi Press 1986

Pickup Artists Anonymous: Pick-Up Artists' Secrets. Essential Beginner's Guide. Xlibris Corps 2010

Pilinski, Michael: The Pick-Up-Artist Quiz Book. Amazon Kindle 2012

Powers, Dennis: Liebe im Büro. Campus 1999

RIO, BOBBY: Attraction Magnets: 12 Best Conversation Topics for Dating and Pickup. Amazon Kindle 2010

RIO, BOBBY: First Date. Amazon Kindle 2012

ROOSH V.: Day Bang. CreateSpace 2011

ST. HILAIRE, CHRIS: 27 Powers of Persuasion. Prentice Hall Press 2011

TAVRIS, CAROL: The Mismeasure of Woman. Why Women are Not the Better Sex, the Inferior Sex, or the Opposite Sex. Touchstone 1993

THORN, CLARISSE: Confessions of a Pickup Artist Chaser. CreateSpace 2012

TREES, ANDREW: Decoding Love. Why It Takes Twelve Frogs to Find a Prince, and Other Revelations from the Science of Attraction. Hay House Publishing 2010

VALENTINO, CHARLIE: Destroy Approach Anxiety. CreateSpace 2012

WACHS, KATE: Relationships for Dummies, Hungry Minds 2002

WALLIS, LUANNA: Break Out of the Friend Zone – and Get the Girl. CreateSpace 2012

WHITE, DUSTY: The Easiest Way to Meet and Pick Up Girls – EVER!! BookSurge 2006

WILSON, GLENN: Introducing Body Language: A Practical Guide. Icon Books 2012

WILSON, TIMOTHY: Redirect. Little, Brown and Company 2011

ZDROK, VICTORIA: Dr. Z – Verbotene Tipps für Aufreißer: Wie Sie bei den tollsten Frauen landen. Goldmann 2010

Anmerkungen

Anmerkung: Bei Literatur, die bei der Recherche zu diesem Ratgeber als E-Book verwendet wurde, können dementsprechend keine Seitenzahlen angegeben werden.

1 Vgl. Hollstein, Walter: Immer mehr Männer entscheiden sich fürs Single-Leben. In: Badische Zeitung vom 15. 7. 2013, online unter http://www.badische-zeitung.de/ratgeber/liebe-familie/immer-mehr-maenner-entscheiden-sich-fuers-single-leben.

2 Eine Rezension dieses Buches von Arne Hoffmann steht online unter http://www.cuncti.net/streitbar/485-der-streik-der-maenner.

3 Vgl. Nicholson, Jeremy: Why Are Men Frustrated With Dating? Online veröffentlicht unter http://www.psychologytoday.com/blog/the-attraction-doctor/201204/why-are-men-frustrated-dating. Vgl. auch Hall, Jeffrey und Canterberry, Melanie: Sexism and assertive courtship strategies. In: Sex Roles, 65/2011, S. 840–853.

4 Der Artikel steht online unter http://www.psychologytoday.com/blog/the-attraction-doctor/201301/do-pick-artist-techniques-really-work.

5 Vgl. Oesch, Nathan und Miklousic, Igor: The dating mind: Evolutionary psychology and the emerging science of human courtship. Evolutionary Psychology, 10/2012, S. 899–909.

6 Als Grundlage für diese drei Punkte haben wir das Kapitel »Understanding Women« in dem Ratgeber »Pick-Up Artists'

Secrets«, herausgegeben 2010 von »Pickup Artists Anonymous«, verwendet.

7 Victoria Zdrok: Dr. Z. Verbotene Tipps für Aufreißer. Wie Sie bei den tollsten Frauen landen. Goldmann 2010, S. 277.

8 Vgl. Mehrabian, Albert und Blum, Jeffrey S.: Physical appearance, attractiveness, and the mediating role of emotions. In: Current Psychology: A Journal for Diverse Perspectives on Diverse Psychological Issues, Vol 16(1), 1997, 20–42.

9 Vgl. Badenoch, Andrew: The Pick-Up Artists' Alpha-Male Narrative Myth. Online veröffentlicht unter http://evolvify.com/alpha-male-narrative-myth/.

10 Vgl. Burri, Andrea und andere: Emotional Intelligence and its Association with Orgasmic Frequency in Women. In: Journal of Sexual Medicine, Vol. Nr. 7/2009, S. 1930–1937.

11 Vgl. Perper, Timothy: Sex Signals. Isi Press 1986, S. 251–256.

12 Vgl. Joan Kellerman, James Lewis, James Laird: Looking and Loving: The Effects of Mutual Gaze on Feelings of Romantic Love. Journal of Research in Personality 23, Nr. 2/1989.

13 Vgl. Lowndes, Leil: How to Create Chemistry with Anyone, Boston 2013, S. 55.

14 Vgl. Perper, Timothy: Sex Signals. Isi Press 1986, S. 281.

15 Vgl. Braunmiller, Helwi: Heiraten: Ja zur Ehe. Online veröffentlicht am 2. 5. 2010 unter http://www.focus.de/gesundheit/gesundleben/partnerschaft/beziehung/tid-10047/heiraten-ja-zur-ehe_aid_303123.html.

16 Mein Coautor Arne Hoffmann hat sich in einigen seiner Bücher, etwa »Der Fall Eva Herman«, mit solchen Fällen beschäftigt. Aber natürlich gehören auch die Pick-up-Community und die Männerrechtsbewegung zu den Gruppen, die viele in unserer Gesellschaft zu isolieren und auszugrenzen versuchen, weil sie den Vorgaben nicht entsprechen, die man aktuell als politisch korrekt durchzusetzen beziehungsweise aufrechtzuerhalten versucht.

17 Vgl. Gilbert, Paul und andere: Self-Criticism and Warmth: An Imagery Study Exploring their Relation to Depression. In: Journal of Cognitive Psychotherapy, Nr. 2/2006, S. 183–200.

18 Vgl. Pedersen, Traci: Meditation's Effects on Emotion Shown to Persist. Online veröffentlicht am 23. 6. 2013 unter http://psychcentral.com/news/2013/06/23/meditations-effects-on-emotion-shown-to-persist/56372.html.

19 Vgl. Louis, Ron und Copeland, David: How to Succeed with Women, Prentice Hall 2009, S. 172–173.

20 Vgl. Givens, David: Love Signals. St. Martin's Griffin 2006.

21 Vgl. hierzu und als Quelle für die als Beispiel erwähnten sowie viele weitere Negs http://www.pualingo.com/pua-definitions/neg-hit-negs/ sowie http://www.pualingo.com/pua-definitions/neg-theory/ und http://www.pualingo.com/pua-definitions/neg-opener/.

22 Vgl. Deißler, Nina: Flirten & Verlieben. Humboldt 2012, S. 175.

23 Vgl. Atik, Chiara: Modern Dating. Harlequin 2013.

24 Vgl. Carney, Dana, Cuddy, Amy und Yap, Andy: Power Posing: Brief Nonverbal Displays Affect Neuroendocrine Levels and Risk Tolerance. In: Psychological Science OnlineFirst, veröffentlicht am 21. 9. 2010, online unter http://www.people.hbs.edu/acuddy/in%20press,%20carney,%20cuddy,%20&%20yap,%20psych%20science.pdf. Diese Erkenntnisse wurden inzwischen durch Deborah Grünfeld von der Universität Stanford bestätigt.

25 Vgl. Cuddy, Amy, Wilmuth, Caroline und Carney, Dana: The Benefit of Power Posing Before a High-Stakes Social Evaluation. Harvard Business School Working Paper Nr. 13-027, September 2012.

26 Vgl. zu diesen vier Tipps Givens, David: Love Signals. St. Martin's Griffin 2006.

27 Vgl. Fennis, Bob und Stel, Marielle: The pantomime of persuasion: Fit between nonverbal communication and influence strategies. in: Journal of Experimental Social Psychology Nr. 4/2011, S. 806–810. Zitiert nach Nicholson,

Jeremy: Body Language for Flirting, Dating, and Influence. Online veröffentlicht am 12. 4. 2012 unter http://attractiondoctor.com/personal-development/body-language/body-language-for-flirting-dating-and-influence/.

28 Vgl. Dobson, Roger: Love's big secret? Play hard to get. In: The Independent vom 9. 12. 2012, online unter http://www.independent.co.uk/news/science/loves-big-secret-play-hard-to-get-8395973.html.

29 Vgl. Bruns, J. R.: New Study Shows Being Hen-pecked Does Not Work. Capitulation is not the answer. In: Psychology Today vom 1. 7. 2013, online unter http://www.psychologytoday.com/blog/repairing-relationships/201307/new-study-shows-being-hen-pecked-does-not-work.

30 Vgl. Deißler, Nina: Flirt Talk. Humboldt 2011, S. 65–71.

31 Vgl. Deißler, Nina: Flirten & Verlieben. Humboldt 2012, S. 215.

32 Vgl. Nicholson, Jeremy: Dating Conversation for Long-Term Plans or One-Night Stands. In: Psychology Today vom 10. 5. 2011, online veröffentlicht unter http://www.psychologytoday.com/blog/the-attraction-doctor/201105/dating-conversation-long-term-plans-or-one-night-stands. Vgl. zu den Studien, auf die sich Nicholson bezieht, Epstude, Jens und Förster, Kai: Seeing love, or seeing lust: How people interpret ambiguous romantic situations. In: Journal of Experimental Social Psychology Nr. 5/2011, S. 1017–1020.

33 Vgl. Kitz, Volker: Du machst, was ich will. Ariston 2013, S. 198.

34 Vgl. Kelly, Matthew: The Seven Levels of Intimacy. Touchstone 2005 (Neuauflage), zitiert nach Lowndes, Leil: How to Make Anyone Fall in Love With You. McGraw-Hill 1997.

35 Vgl. La Ruina, Richard: The Natural. Kapitel 6.

36 Vgl. zu den vorhergegangenen Absätzen Fox Cabane, Olivia: The Charisma Myth. Portfolio 2012.

37 Vgl. Deißler, Nina: Flirt Talk. Humboldt 2011, S. 133–135.

38 Vgl. Becker, Jan und Bongertz, Christiane Stella: Du wirst
    tun, was ich will. Hypnose-Techniken für den Alltag. Pendo
    2012, S. 171.

39 Vgl. zusammenfassend zu all diesen Erkenntnissen Jarett,
    Christian: Why a Touch on the Arm Is So Persuasive. Online
    veröffentlicht am 6. 7. 2011 unter http://bps-research-digest.
    blogspot.com/2011/07/why-is-touch-on-arm-so-persuasive.
    html. Jarett berichtet auch über das im folgenden Absatz
    dargelegte Experiment. Vgl. speziell zu der Studie über
    Anhalter Gueguen, Nicolas und Fischer-Lokou, Jacques:
    Another evaluation of touch and helping behaviour. In:
    Psychological Reports, 92/2003, S. 62–64.

40 Vgl. Schirmer, Annett und andere: Squeeze me, but don't
    tease me: Human and mechanical touch enhance visual
    attention and emotion discrimination. In: Social
    Neuroscience Nr. 6/2011, S. 219–230.

41 Einen Bericht über dieses Experiment findet man in Ogas,
    Ogi und Gaddam, Sai: A Billion Wicked Thoughts. Dutton
    2011.

42 Vgl. für die folgenden Ratschläge Givens, David: Love
    Signals. St. Martin's Griffin 2006; Heslin, Richard: Steps
    toward a taxonomy of touching. Paper presented at the
    annual meeting of the Midwestern Psychological
    Association, Chicago, IL, 1974; La Ruina, Richard: The
    Natural. How to Effortlessly Attract the Women You Want.
    HarperOne 2012; Nicholson, Jeremy: How to Flirt and
    Seduce With Touch. Part 1. In: Psychology Today vom
    2. 2. 2012, online unter http://www.psychologytoday.com/
    blog/the-attraction-doctor/201202/how-flirt-and-seduce-
    touch-part-1; Nicholson, Jeremy: How to Start (or Restart)
    Your Sex Life with Touch. In: Psychology Today vom
    12. 3. 2012, online unter http://www.psychologytoday.com/
    blog/the-attraction-doctor/201203/how-start-or-restart-your
    -sex-life-touch.

43 Vgl. Nicholson, Jeremy: How to Influence and Persuade
    With Touch. In: Psychology Today vom 8. 2. 2012, online

unter http://www.psychologytoday.com/blog/the
-attraction-doctor/201202/how-influence-and-persuade
-touch.

44 Vgl. Bowden, Mark: Winning Body Language. McGraw-Hill 2010.

45 Vgl. https://play.google.com/store/apps/details?id = dk
.youtec.android.macronos&hl = de.

46 Vgl. Conley, Terri: Perceived proposer personality
characteristics and gender differences in acceptance of
casual sex offers. In: Journal of Personality and Social
Psychology Nr. 100/2011, S. 309–329.

47 Vgl. Hofhansl, Angelika und andere: Clark and Hatfield's
evidence of women's low receptivity to male strangers'
sexual offers, revisited. Psychological Reports, 97/2005,
S. 11–20.

48 Vgl. Nicholson, Jeremy: Just Asking for It! Part II: Why
Dating Partners Say Yes. In: Psychology Today vom
18. 5. 2011, online veröffentlicht unter http://www.
psychologytoday.com/blog/the-attraction-doctor/201105/
just-asking-it-part-ii-why-dating-partners-say-yes.

49 Vgl. Meston, Cindy und Buss, David: Warum Frauen Sex
haben: Rache, Karriere, Lust & Langeweile: Die 237 Motive
für weiblichen Sex. Tolkemitt 2010.

50 Vgl. Weinstein, N. & Ryan, R. (2010). When helping helps:
Autonomous motivation for prosocial behavior and its
influence on well-being for the helper and recipient. Journal
of Personality and Social Psychology, 98(2), S. 222–244.

51 Horan, S. M., & Booth-Butterfield, M. (2010). Investing in
affection: An investigation of affection exchange theory and
relational qualities. Communication Quarterly, 58(4),
S. 394–413.

52 Vgl. Coleman, M. D. (2009). Sunk costs and commitment to
dates arranged online. Current Psychology, 28, S. 45–54.

53 Vgl. Nuber, Ursula: Intime Fragen. Die amerikanische
Sexualforschung. In: Nuber, Ursula: Frauen und Sexualität.
Weinheim/Basel 1991, S. 125–134, hier S. 131–132.

54 Vgl. Fillion, Kate: Lip Service: The Truth About Women's Darker Side in Love, Sex and Friendship. New York 1996, S. 256.

55 Zitiert nach Young, Cathy: Ceasefire! Why Women and Men Must Join Forces to Achieve True Equality. New York 1999, S. 143–144.

56 Vgl. Schenk, Roy: The Other Side of the Coin. Causes and Consequences of Men's Oppression. Madison 1982, S. 173.

57 Vgl. Young, Cathy: Ceasefire! Why Women and Men Must Join Forces to Achieve True Equality. New York 1999, S. 144.

58 Vgl. Fillion, Kate: Lip Service: The Truth About Women's Darker Side in Love, Sex and Friendship. New York 1996, S. 256, sowie Nuber, Ursula: Intime Fragen. Die amerikanische Sexualforschung. In: Nuber, Ursula: Frauen und Sexualität. Weinheim/Basel 1991, S. 125–134, hier S. 132.

59 Vgl. Batten, Mary: Natürlich Damenwahl. Die Paarungsstrategien in der Natur. München 1994, S. 331; Nuber, Ursula: Intime Fragen. Die amerikanische Sexualforschung. In: Nuber, Ursula: Frauen und Sexualität. Weinheim/Basel 1991, S. 125–134, hier S. 132, sowie Thomas, David: Auch Männer wollen aufrecht gehen, oder Warum es heute so schwierig ist, ein Mann zu sein. Bergisch Gladbach 1993, S. 281–282.

60 Vgl. Young, Cathy: Ceasefire! Why Women and Men Must Join Forces to Achieve True Equality. New York 1999, S. 144.

61 Zitiert nach Farrell, Warren: Mythos Männermacht. Frankfurt am Main 1995, S. 346.

62 Vgl. Powers, Dennis: Liebe im Büro. Campus 1999, S. 107.

63 Vgl. Young, Cathy: Ceasefire! Why Women and Men Must Join Forces to Achieve True Equality. New York 1999, S. 174.

64 Vgl. Hannen, Katharina: »Die schwatzhafte Frau Himmelreich«: Ralf Höcker über den Fall Brüderle. Online veröffentlicht unter http://www.wuv.de/medien/die_schwatzhafte_frau_himmelreich_ralf_hoecker_ueber_den_fall_bruederle.

65 Vgl. Willnecker, Marko: Aufschrei – Anspruch und verzerrte Wirklichkeit. Online veröffentlicht unter http://blog-der-wendungen.blogspot.de/2013/02/aufschrei-anspruch-und-verzerrte.html.

66 Warum wir Männer dämonisieren, die zu ihren sexuellen Bedürfnissen stehen, untersucht Clarisse Thorn in einem Onlineartikel unter http://goodmenproject.com/sex-relationships/why-do-we-demonize-men-who-are-honest-about-their-sexual-needs/. (Ja, es handelt sich um dieselbe Clarisse Thorn, die ein kritisches, aber einfühlsames Buch über die Pick-up-Bewegung veröffentlichte, das von verschiedenen deutschen Medien so dargestellt wurde, als würde es sich dabei um eine vernichtende Kritik handeln.)

67 Vgl. Zdrok, Victoria: Dr. Z. Verbotene Tipps für Aufreißer. Wie Sie bei den tollsten Frauen landen. Goldmann 2010, S. 231–232.

68 Vgl. Tavris, Carol: The Mismeasure of Woman. Touchstone 1992, S. 251.

69 Die meisten angegebenen Altersunterschiede sind zitiert nach Beam, Christopher: Don't Mind the Gap. In: Slate vom 28. 12. 2010, online veröffentlicht unter http://www.slate.com/articles/arts/culturebox/2010/12/dont_mind_the_gap.html, sowie Long, Stephanie: Celebrity Couples With Huge Age Differences: Are They Bridging the Gap? Online veröffentlicht am 27. 6. 2013 unter http://www.wetpaint.com/network/gallery/top-11-celebrity-couples-with-huge-age-differences-are-they-bridging-the-gap.

70 Vgl. Beam, Christopher: Don't Mind the Gap. In: Slate vom 28. 12. 2010, online veröffentlicht unter http://www.slate.com/articles/arts/culturebox/2010/12/dont_mind_the_gap.html.

71 Vgl. zu der Affäre um Hugo Schwyzer sehr ausführlich N. N.: HugoLeaks: Male Feminist Hugo Schwyzer's Sexting Scandal Exposed (NSFW). Online veröffentlicht am 31. 7. 2013 unter http://therealpornwikileaks.com/

hugoleaks-male-feminist-hugo-schwyzers-sexting-scandal
-exposed-nsfw/.

72 Vgl. Becker, Jan und Bongertz, Christiane Stella: Du wirst
tun, was ich will. Hypnose-Techniken für den Alltag. Pendo
2012, S. 124 und 126.

73 Die Originalstudie, auf die sich Wilson bezieht, ist: King, L.:
The health benefits of writing about life goals. Personality
and Social Psychology Bulletin 27/2001, S. 798–807.

74 Die Inspiration zu dieser Idee lieferte ebenfalls der
Hypnotiseur Jan Becker, der seine Leser in seinem Buch
(S. 77) darauf hinweist, dass Worte Energie haben, und
ihnen rät, das Wort KRAFT an die Tür zu pinnen: »Jedes
Mal, wenn Sie daran vorbeigehen, bekommen Sie eine Dosis
Kraft injiziert. Sie müssen noch nicht einmal bewusst auf
das Wort schauen. Es wirkt. Glauben Sie mir.«

90 Prozent aller Tierarten sind kleiner als ein Fingernagel

Unnützes und sehr nützliches Wissen von NEON

978-3-453-60102-4

NEON
Unnützes Wissen
978-3-453-60102-4

NEON
Unnützes Wissen 2
978-3-453-60177-2

NEON
Unnützes Wissen 3
978-3-453-60284-7

NEON
Unnützes Wissen Fußball
978-3-453-60244-1

NEON
200 Tricks für ein besseres Leben
978-3-453-60136-9

NEON
Dr. Marco Moor
Lesen Sie mich durch, ich bin Arzt!
978-3-453-60257-1